Jürgen Hartmann

Internationale Beziehungen

Jürgen Hartmann

Internationale Beziehungen

2., aktualisierte und überarbeitete Auflage

Bibliografische Information der Deutschen Nationalbibliothek
Die Deutsche Nationalbibliothek verzeichnet diese Publikation in der
Deutschen Nationalbibliografie; detaillierte bibliografische Daten sind im Internet über
http://dnb.d-nb.de abrufbar.

1. Auflage 2001
2., aktualisierte und überarbeitete Auflage 2009

Alle Rechte vorbehalten
© VS Verlag für Sozialwissenschaften | GWV Fachverlage GmbH, Wiesbaden 2009

Lektorat: Frank Schindler

VS Verlag für Sozialwissenschaften ist Teil der Fachverlagsgruppe
Springer Science+Business Media.
www.vs-verlag.de

Das Werk einschließlich aller seiner Teile ist urheberrechtlich geschützt.
Jede Verwertung außerhalb der engen Grenzen des Urheberrechtsgesetzes
ist ohne Zustimmung des Verlags unzulässig und strafbar. Das gilt insbesondere für Vervielfältigungen, Übersetzungen, Mikroverfilmungen und die Einspeicherung und Verarbeitung in elektronischen Systemen.

Die Wiedergabe von Gebrauchsnamen, Handelsnamen, Warenbezeichnungen usw. in diesem Werk berechtigt auch ohne besondere Kennzeichnung nicht zu der Annahme, dass solche Namen im Sinne der Warenzeichen- und Markenschutz-Gesetzgebung als frei zu betrachten wären und daher von jedermann benutzt werden dürften.

Umschlaggestaltung: KünkelLopka Medienentwicklung, Heidelberg
Druck und buchbinderische Verarbeitung: Krips b.v., Meppel
Gedruckt auf säurefreiem und chlorfrei gebleichtem Papier

ISBN 978-3-531-16689-6

Inhalt

Einleitung   9

1 Die Anfänge der Internationalen Beziehungen (IB)   13
1.1 Klassiker des politischen Denkens   13
1.2 Der „westfälische Staat"   15
1.3 Der Krieg im Industriezeitalter   16
1.4 Entwürfe zur Kriegsverhinderung   17
1.5 Präventives Sicherheitsdenken nach dem Zweiten Weltkrieg   19

2 Theorien der IB im historischen und fachlichen Kontext   21
2.1 Vom Realismus zum Neorealismus: Sicherheitsstreben und Machtkonkurrenz   21
    2.1.1 Realismus: Carr und Morgenthau   21
    2.1.2 Der Neorealismus: Waltz und Mearsheimer   28
2.2 Gegenbilder   40
    2.2.1 Die Englische Schule   40
    2.2.2 Weltgesellschaft/Strukturalismus   42
    2.2.3 Domestic Bases of Foreign Policy   44
    2.2.4 Internationale Politik als Gesamtpolitik   46
2.3 Der Neoliberalismus/Institutionalismus: Die Entdeckung der Zusammenarbeit   48
    2.3.1 Institutionen- und Regimetheorien   48
    2.3.2 Integration und Intergouvernementalismus   54
2.4 Mehrebenenverhandeln   56
2.5 Rational choice   57
2.6 Konstruktivismus   60
2.7 Hard power und Soft power   62
2.8 Der Staat und die internationale Gesellschaft   64
    2.8.1 Gefährdungen des westfälischen Staates   64
    2.8.2 Die fiktive Souveränität des Staates in der Dritten Welt   65
    2.8.3 Die Reichweite und Effizienz des Staates   68
2.9 Fazit   72

3 Die USA: Bespielung zahlreicher Weltbühnen	73
3.1 Der Weg zur Weltmacht: Die bipolare Epoche der Weltpolitik	73
3.2 Weltmachtpolitik nach dem Kalten Krieg	76
3.3 Das politische System als Faktor der Außenpolitik	79
3.4 Gesellschaftliche Parameter der Außenpolitik	82
3.5 Interessen und Prioritäten in der Staatenwelt	85
3.6 Zwischenstaatliche und interkulturelle Kommunikation	88
3.7 Militärische Potenziale und Interessen	92
3.8 Weltmacht und Weltmarkt	95
4 Russland: Regionalmacht in Europa und Asien	99
4.1 Russland auf den Schultern der Sowjetunion	99
4.2 Russland in der vorsowjetischen Retrospektive: Raum und Sicherheit	100
4.3 Russlands Peripherien	102
4.4 Russland ohne Imperium	104
4.5 Innenpolitik als Faktor der Außenpolitik	108
4.6 Ressourcenpolitik und Politik im Nahen Ausland	112
5 Europa	117
5.1 Die europäische Integration	117
5.2 Die Europäische Union: Ein politisches System, kein Staatensystem	120
5.3 Außenpolitik in Europa und europäische Außenpolitik	124
5.4 Europäische Sicherheitspolitik	127
6 Asien: Arrangement als Leitmotiv der Staatenbeziehungen	131
6.1 China und Japan	131
6.1.1 Historische Ausgangspunkte	131
6.1.2 Wahrnehmungen und Interessen	134
6.1.3 Innenpolitik als Faktor der Außenpolitik	142
6.2 Süd- und Südostasien	143
6.3 Die regionalen Organisationen	146
7 Konfliktregion Naher Osten	149
7.1 Historische Voraussetzungen	149
7.2 Das Erdöl	151
7.3 Gesamtarabische Politik	152
7.4 Der Islam in den regionalen Staatenbeziehungen	155
7.5 Regimesicherheit und sichere Grenzen	157

Inhalt 7

8 Hinterhöfe der Weltpolitik 163
8.1 Lateinamerika 163
   8.1.1 Grundzüge der innergesellschaftlichen Entwicklung 163
   8.1.2 Sicherheitspolitik: Der Großkonflikt als Ausnahme 164
   8.1.3 Lateinamerika und die Internationalen Finanzinstitutionen 168
   8.1.4 Brasilien und die inneramerikanischen Beziehungen 169
   8.1.5 Lateinamerika und die USA 172
8.2 Afrika 174
   8.2.1 Fragile Staaten und poröse Grenzen 174
   8.2.2 Staatszerfall, Kriege und Regimeerhalt 177

9 Internationale Organisationen 181
9.1 Internationaler Währungsfonds und Weltbank 182
9.2 Welthandelsorganisation (WTO) 186
9.3 Weltwirtschaftsgipfel 189
9.4 Vereinte Nationen (UN) 191

10 Staatenwelt und Politikwissenschaft 195

Abkürzungsverzeichnis 201

Literatur 203

Einleitung

Die politikwissenschaftliche Teildisziplin der Internationalen Beziehungen macht es dem Neuling, der sich zwischen zwei Buchdeckeln kompakt informieren möchte, nicht leicht. Er hat die Auswahl zwischen Internationale Politik, Internationale Beziehungen und Außenpolitik. Jeder dieser Begriffe setzt streng genommen besondere Akzente, und jeder zeigt das wechselnde Gegenstandsverständnis in einer anderen Epoche der Fachentwicklung.

Die *Außenpolitik* bezeichnet die Handlungen eines Staates, die auf Adressaten in anderen Staaten oder in internationalen Organisationen zielen. Dabei geht es im Kern um das Handeln politischer Akteure wie Regierung oder Parlament. Als Eckpunkte der Außenpolitik gelten die äußere Sicherheit, die gesellschaftliche Wohlfahrt und die Herrschaftssicherung (Seidelmann 2005: 44, Woyke 2000a: 51).

Demgegenüber ist von der *Internationalen Politik* die Rede, wo eine Vielzahl solcher Akteure in mehreren Staaten über die Staatsgrenzen hinweg handeln und auf das Handeln in anderen Staaten reagieren (Meyers 2005: 406f.). Die Internationale Politik erschließt sich dem Beobachter gleichsam aus der Vogelperspektive.

Die *Internationalen Beziehungen (im Folgenden abgekürzt als IB)* teilen diese Perspektive. Sie richten ihr Augenmerk aber nicht nur auf politische Akteure und Inhalte, sondern ganz allgemein auf jedwede Handlungen zwischen Staaten, internationalen Organisationen, innergesellschaftlichen Kräften und Nicht-Regierungsorganisationen, die Sicherheit, Wohlfahrt und Herrschaft berühren (Meyers 2005: 408ff.). In diesem Sinne sind auch religiöse Führer, Interessengruppen, Firmen, Parteien, Untergrundbewegungen und terroristische Vereinigungen Themen der Internationalen Beziehungen.

Diese Differenzierung wird von den meisten Autoren nicht beachtet. Die Begriffe *Internationale Politik* und *Internationale Beziehungen* werden weithin bedeutungsgleich verwendet (Knapp/Krell 2004, Kohler-Koch 2000, Rittberger 1990). Die Internationalen Beziehungen scheinen die Internationale Politik heute als bevorzugter Terminus für die grenzüberschreitende Politik abzulösen. Exemplarisch ist die Veränderung bei Behrens/ Noack (1984) und Schieder/Spindler (2006) in Bestandsaufaufnahmen der einschlägigen Theorien zu erkennen. Ein bekannter Herausgeber einschlägiger Nachschlagewerke zu den IB titelte binnen zehn Jahren in einer weiteren Variante sogar von „International Relations" auf „International Relations and Global Politics" um (Grifftith 2008, 1999). Eine gewisse Verwirrung darüber, dass sich die Fachvertreter so schlecht auf eine gemeinsame Sprache verständigen können, bleibt nicht aus. Dessen ungeachtet soll im Folgenden, um der sich durchsetzenden begrifflichen Präferenz für die IB Rechnung zu tragen, durchweg von den IB die Rede sein, auch dort, wo sich das Gemeinte eher auf die internationale Politik reimt. Ferner soll dieser Begriff, wie inzwischen üblich, sowohl für den Gegenstand als auch für die akademische Disziplin der IB gebraucht werden (wie zum Beispiel bei Czempiel [2004] und Menzel [2001]). Wenn allerdings vom Handeln einzelner Regierungen die Rede ist, soll von Außenpolitik die Rede sein.

Die IB sind eine sehr eigenständige Fachdisziplin. Das zeigt schon der flüchtige Blick auf benachbarte politikwissenschaftliche Fachgebiete. Die politikwissenschaftlichen Theorien drehen sich um den Staat, die Demokratie und die Legitimation politischen Handelns in der Symbiose mit dem Kapitalismus. Die Forschungen über die Innenpolitik und den Vergleich politischer Systeme befassen sich mit Staaten, Gesellschaften und politischen Prozessen. Sie bleiben jedoch an den rechtlichen Grenzen des überkommenen Nationalstaates stehen. Eben dort setzen die IB typischerweise erst an.

Eine so dichte Rechte- und Pflichtenordnung, wie sie der Staat nach innen projiziert, gibt es in der Staatenwelt nicht. Der Weltstaat lässt auf sich warten. Die Frage, ob es eine Weltgesellschaft gibt, ist ob ihrer Bekenntnishaftigkeit hochkontrovers. Die Staatenwelt ist zwar nicht regellos, aber regelarm. Die Macht tritt stärker hervor als das Recht. Aber Macht bietet Anhaltspunkte, um Struktur in die internationale Politik hineinzudeuten. Auch der Blick auf die Geschichte der Staatenbeziehungen und auf Weltbilder verspricht Aufklärung. Die Menschen sind subjektiv zumeist von der inneren Politik betroffen. Äußere Bedrohungen, Rüstungsausgaben und Kriegsängste sowie die handels- und währungspolitischen Auswirkungen der globalen Ökonomie treffen letztlich stets Menschen in nationalstaatlich aufgezäumten Gesellschaften, und vorbeugendes und nachsorgendes politisches Handeln wird beim Staat eingeklagt.

Mit dieser Überlegung sind wir dort angelangt, worauf dieses Buch hinaus will. Die frühen IB mit ihrem traditionell konfliktgeschwängerten Gestus der Sicherheitspolitik interessierten sich ausschließlich für Historisches und Diplomatisches. Kriegsverhinderung und Gefahrenabwehr waren ihre zentralen Themen. Die IB hielten sich bis in die 1980er Jahre vorzugsweise an die Theorien des Realismus und Neorealismus. Deren Schlüsselthema ist das grundlegende Interesse an der Bewahrung der politischen und territorialen Integrität. Seit einiger Zeit schieben sich andere Theorien der IB stärker in den Vordergrund. Sie thematisieren weltwirtschaftliche Probleme, und sie schreiben die Herausforderungen und Dilemmata der Weltpolitik stärker dem Denken der Menschen zu, insbesondere ihren Gesellschafts- und Geschichtsbildern. Ähnlich erschließt sich seit Langem die Länder und Kulturen vergleichende Politikwissenschaft ihren Gegenstand. Die IB befinden sich in einer Such- und Selbstfindungsphase, seitdem der Kalte Krieg vorüber ist, der vor gut zwanzig Jahren noch ihr zentrales Thema war. Ein Indiz dafür ist die lebhafte Theoriedebatte in den IB. Viele Phänomene der zwischenstaatlichen Beziehungen, so etwa die Kooperation zwischen den Staaten und die Menschenrechte als Maßstab der diplomatischen Beziehungen, ferner das Einklagen demokratischer Verhältnisse und schließlich auch die Tatsache der europäischen Zusammenarbeit entziehen sich einem Bild der Staatenbeziehungen, das vornehmlich auf Sicherheits- und Überlebensfragen abhebt.

Der Stoff dieses Buches gliedert sich wie folgt: Zunächst werden nach einer kurzen Skizze zur Entwicklung des Fachs (Kapitel 1) die wichtigsten Theorien der IB in Augenschein genommen (Kapitel 2). Bei der Auswahl haben die Aktualität und der Stellenwert in den IB den Ausschlag gegeben. Sie begnügt sich mit den wichtigsten Varianten des Mainstream der IB. Am Ende dieser Theorienrevue sollten die Leserin und der Leser wissen, woher die Herangehensweisen in den IB kommen, was sie vermutlich recht gut leisten und wo sie Fragen offen lassen.

In weiteren Kapiteln werden aktuelle Akteure und Regionen der Weltpolitik umrissen. Hier geht es zunächst um die USA und Russland. Beide sind so große und mächtige internationale Akteure, dass ihre Außenpolitik auf die Gesamtstruktur der IB ausstrahlt. Die USA bieten als einzige nach dem Kalten Krieg verbliebene Weltmacht Stoff für ein breites Spektrum der Standardfragen in den IB (Kapitel 3). Russland als größtes Staatsfragment aus dem Bestand der früheren Sowjetunion wirft bereits beim Blick auf die Weltkarte die Frage auf, ob nicht allein seine Flächenausdehnung ein globales politisches Engagement erzwingt (Kapitel 4). An dritter Stelle geht die Darstellung auf Europa ein. Auf der europäischen Bühne haben wir es weniger mit klassischer Außenpolitik als mit einer zwischen den Staaten abgestimmten, teilweise sogar integrierten Politik zu tun, also dem Gegenteil dessen, was die zuvor betrachteten Beispiele zeigen. Europa findet in den IB vor allem unter dem Aspekt einer bereits hochgradig institutionalisierten Staatenzusammenarbeit Beachtung. Supranationale Gebilde wie die Europäische Union und das politische Bündnis der NATO sollen bei dieser Schilderung im Vordergrund stehen. Auch Unterschiede zwischen West- und Osteuropa werden in diesem Kapitel erörtert (Kapitel 5). Ostasien verkörpert eine Großregion von wachsender Bedeutung. China liegt im Zentrum des pazifischen Asien. Sein ökonomisches Gewicht prägt – neben der zweiten asiatischen

Wirtschaftsweltmacht Japan – die Region in wachsendem Maße (Kapitel 6). In weiteren Kapiteln werden die konfliktträchtigste Region der Staatenwelt und zwei geräuschärmere Regionen in Augenschein genommen. Am Beispiel der Nahostregion lässt sich die Verknüpfung von äußerer Sicherheit, Herrschaftssicherung, Ressourcenpolitik sowie kultureller Identität aufzuzeigen (Kapitel 7). Es folgt ein Blick auf Lateinamerika und Afrika. Beide Regionen sind unter nachteiligen Bedingungen in den Weltmarkt eingebunden. Hier wird darauf einzugehen sein, dass die lateinamerikanischen Länder ihre Probleme mit regionaler Kooperation zu lösen versuchen, während die afrikanischen Länder ganz im Gegenteil einen Verlust staatlicher Handlungsfähigkeit verzeichnen, der seinerseits wieder zur Quelle internationaler Konflikte wird (Kapitel 8). Schließlich soll auch der Komplex der internationalen Organisationen und Regime berücksichtigt werden. Die Schilderung beschränkt sich hier auf die Vereinten Nationen und die globalen Handels- und Finanzregime (Kapitel 9). Diese beiden letzten Kapitel stehen in einem engen inhaltlichen Zusammenhang. Die Handlungsfähigkeit afrikanischer und lateinamerikanischer Länder unterliegt den Beschränkungen der Internationalen Finanzinstitutionen. Abschließend wird der Status der IB in der Politikwissenschaft erörtert (Kapitel 10).

1 Die Anfänge der Internationalen Beziehungen (IB)

1.1 Klassiker des politischen Denkens

Die IB verdanken ihre Entstehung dem Staat und dem Krieg. Zusammenhängend thematisierte beide Phänomene erstmals der Florentiner Niccolò Machiavelli in seiner berühmten Schrift „De principe" (Machiavelli 1963, [Erstausg. 1532]). Die noch kruden und kleinkammerigen oberitalienischen Fürstenstaaten waren stets zum Kriege bereit, um ihre Existenz zu sichern oder um mit Eroberungen die Macht und Sicherheit der Herrscher zu steigern. Die Souveränität der Staaten nahm auch das politische Denken aller späteren staatstheoretischen Zelebritäten von Hobbes bis Hegel in Anspruch. Die Staaten waren erkennbar Menschenwerk. Als solche mussten sie auf die Natur der Menschen abgestimmt sein.

Thomas Hobbes steht am Anfang eines vernunft- und interessenbezogenen politischen Denkens. Mit guten Gründen kommt die Politikwissenschaft bis heute auf sein Basismodell für das Verhältnis von Mensch und Staat zurück. Hobbes hatte die Idee entwickelt, vernünftig sei der Staat allein, wenn man ihn aus den Interessen der Menschen konstruiere. Gedanklich setzt der Hobbessche Staat einen staatsfreien bzw. gesetzlosen Naturzustand voraus. Darin gilt das Recht des Stärkeren. Weil das Leben unter diesen Voraussetzungen bald unerträglich wird, kommen die Menschen überein, einen Herrscher über sich einzusetzen. Dessen vornehmster Auftrag besteht darin, die Sicherheit und das Leben jedes Untertanen zu schützen. Zu diesem Zweck hat der Herrscher das alleinige Recht, Gewalt anzuwenden und zu strafen. Im Verhältnis zu anderen Herrschern bleibt der Krieg ein zwar nicht notwendiger, aber immerhin möglicher Zustand (Hobbes 1992 [Erstausg. 1651]).

Das politische Denken der folgenden Jahrhunderte blieb an der rechtlichen Grenze zwischen dem Staat und anderen Staaten stehen. Die frühe Völkerrechtslehre erkannte diese internationale Lücke der Vertragstheorie als Problem. Sie schlug ein Äquivalent für den staatsbildenden Gesellschaftsvertrag vor: das freie Kontrahieren der Staaten. Im Verhältnis souveräner Staaten blieb allein der Appell an die Vernunft, um der Gewalt entweder Paroli zu bieten oder um ihren Gebrauch wenigstens gewissen Schranken zu unterwerfen (Forde 1998). Die

Analogisierung der Staatenbeziehungen mit dem vorstaatlichen, allein von Macht und Stärke bestimmten Gesellschaftszustand bei Hobbes zieht sich bis in aktuelle Theorien der IB durch. Mit John Locke leitete ein weiterer bekannter Klassiker des politischen Denkens den Staat aus dem Vernunftkalkül in einem vorstaatlichen Zustand her. Locke unterstellt bereits vor Gründung des Staates die Fähigkeit der Menschen zur Kooperation. So können sich die Menschen schon vor dem Eintritt in den Staat darauf verständigen, was Eigentum ist: Der ausschließliche Gebrauch einer Sache durch den, der sie auf allgemein übliche Art erworben hat (Locke 1989, [Erstausg. 1690]). Wendet man hier die Analogie mit der Staatenwelt an, dann sollten auch die Staaten friedfertig miteinander auskommen können, ohne sich dazu selbst einer Autorität zu unterwerfen. Locke indes thematisiert das zwischenstaatliche Verhältnis nicht weiter.

Vom Freiheitsgedanken her konstruierte Immanuel Kant den Staat. Frei ist der Einzelne, der nach seinem Interesse handelt. Dabei muß er freilich die Interessen des Nächsten respektieren. Die Freiheit des anderen zieht vernünftigerweise die Grenzen für die eigene Handlungsfreiheit. Menschen handeln aber nicht immer nach ihrer Vernunft, sondern manches Mal auch nach ihren Leidenschaften – zum Schaden anderer. Deshalb muß es den Staat geben. Er greift ein, um die Rechte der Geschädigten wiederherzustellen. Es handelt sich beim Staat um eine Notordnung, die auf den Zwang nicht verzichten kann. Ein freiheitswahrender, republikanischer Staat muss vom Willen aller Bürger getragen sein. Staaten, die sich nicht zum Diener freier Menschen machen, bleiben Instrumente ihrer Herrscher. Sie sind eine Ursache für die Kriege in der Welt. Wenn alle Staaten freiheitlich verfasst wären, würde es keine Kriege mehr geben. Jeder Staat würde sich dann in eine friedliche internationale Rechtsordnung einfügen. In seiner Schrift „Zum Ewigen Frieden" hält Kant die Weltrepublik für zwar unerreichbar. Diese wäre wohl zu groß, um den Unterschieden zwischen den kulturellen und geografischen Lebensräumen gerecht zu werden. Hier korrigieren Skepsis und Erfahrung das Vernunftargument. Doch sollten die Staaten unter freiheitlichen Voraussetzungen friedlicher koexistieren als ohne sie (Kant 1968, [Erstausg. 1795]).

Recht besehen, bringen diese klassischen politischen Theorien noch nichts für die IB. Sie sind ganz und gar philosophisch motiviert und auf die Konstituierung des Staates aus individuellen Interessen bezogen (Überblicke zum Denken der Klassiker über das Verhältnis zwischen den Staaten bieten Boucher 1998, Doyle 1997, Bellers 1996).

1.2 Der „westfälische Staat"

Die noch junge Politikwissenschaft entdeckte zu Beginn des 20. Jahrhunderts das handfeste politische Interesse. Im Zeitalter der Industrialisierung und der Klassenkonflikte geriet der Staat unter Druck, Brücken über die Interessenvielfalt zu schlagen. Parlamentarisierung und Demokratisierung waren die Folge, der Staat differenzierte sich stärker aus. Parteien entstanden, die Staatsbürokratie spezialisierte sich in verschiedene Fachsparten, die Teilhabe der Gesellschaft an der Politik nahm organisierte Formen an. Die Massenpresse veränderte die Kommunikation zwischen Politik und Gesellschaft. Diese Entwicklung stimulierte das akademische Politikstudium. Die Politikwissenschaft, die noch nicht überall – wie in den USA – so hieß, entwickelte ihre Triebe in der Geschichtsforschung, in der Soziologie und im Staatsrecht. Frühe Exponenten waren Max Weber, Woodrow Wilson, Robert Michels, Arthur Bentley und Sigmund Neumann, um nur einige zu nennen. Von verschiedenen Richtungen her kommend, nahmen sie Erwerbsinteressen in der Politik wahr. Die Parteien-, die Verbände- und die Parlamentarismusforschung waren die Früchte dieser Erkenntnis (Hartmann 2003, Ricci 1984, Somit/Tanenhaus 1967). Diese Forschungen hielten sich durchweg an den Rahmen des Staates. Das Handeln der Parteien und Verbände respektiert das Recht. Im Recht werden Kompromisse besiegelt oder Standpunkte durchgesetzt. Das Recht gilt, und es ermächtigt die Staatsorgane, es durchzusetzen. Die einzige Gegenwehr bieten nur noch der Bürgerkrieg oder der bürgerliche Ungehorsam. Ihr Gelingen ist eine Erfolgsfrage.

Die Staaten kümmerten sich in der Vergangenheit lange nicht weiter um die inneren Angelegenheiten ihrer Nachbarn. Auch die Politikwissenschaft ignorierte die zwischenstaatlichen Beziehungen bis in die zweite Hälfte des 20. Jahrhunderts. Selbst in den USA, wo es bereits eine sozialwissenschaftlich orientierte Politikwissenschaft gab, harrte die zwischenstaatliche Politik noch der Entdeckung. Diese Situation war nur ein Spiegelbild der scharfen Trennung zwischen Innen- und Außenpolitik im Weltbild der Zeitgenossen. Die Innenpolitik hatte für wissenschaftliche Beobachter zudem den Vorzug, dass sie von den Staatsgrenzen und von der Staatsorganisation strukturiert wurde. Strukturen von solcher Konsistenz gab es nicht, um den Umgang der Staaten untereinander zu entschlüsseln.

Unter einem Staat wird in den IB der „westfälische Staat" verstanden. Der Westfälische Frieden beendete 1648 den ersten, hauptsächlich in deutschen Gebieten ausgetragenen Großkrieg der noch rudimentären europäischen Staatenwelt. In diesem Friedensschluss kamen die Staatenlenker überein, die inneren Angelegenheiten der Nachbarstaaten zu respektieren (Krasner 1993). Damit wurde seinerzeit eine Kriegsursache ausgeschaltet. Ihr Hintergrund war das Neben- und Gegeneinander der Konfessionen in der zersplitterten Staatenlandschaft des Heiligen Römischen Reiches Deutscher Nation – eine Folge der Reformation. Der Nichteinmischungsgrundsatz wurde zum Fundament der Souveränität, ein Merkmal des modernen Staates (Philpott 2000). Als legitime Kriegsgründe blieben allein Eroberung und territorialer Besitzanspruch. Oft boten sie nur Vorwände, um den Status des eigenen Staates in der Staatenwelt zu heben oder um dynastischen Streit (Erbfolge) zu entscheiden. Kriege wurden angesagt – Kriegserklärung – und durch förmliche Friedensschlüsse beendet – nach höfisch-ritterlichen Regeln. Landstriche wechselten den Besitzer, einige Städte und Dörfer wurden in Mitleidenschaft gezogen, etliche Bauernsoldaten und Söldner blieben auf der Strecke. Der Lebensrhythmus der Menschen änderte sich aber kaum. Dieser Hintergrund charakterisiert das gern zitierte Diktum des Kriegstheoretikers Carl von Clausewitz (1980 [Erstausg. 1832]), der Krieg sei die Fortführung der Politik mit anderen Mitteln.

1.3 Der Krieg im Industriezeitalter

Erst das Industriezeitalter veränderte das Clausewitz noch vertraute Gesicht des Krieges (McNeill 1984). Der Staat wurde effektiver, und er mobilisierte mit der Wehrpflicht weite Teile seiner Bevölkerung. Waffen mit ungekannter Zerstörungskraft ließen sich nunmehr in großen Serien produzieren. Der Erste Weltkrieg hatte alle Merkmale einer Vernichtungshochleistung des Maschinenzeitalters (Keegan 1991). Sprenggranaten, Maschinengewehre und Kampfgas säten millionenfachen Tod und grausame Verletzungen. Erstmals trat die heute aus der Dritten Welt schaurig vertraute Gestalt des Kindersoldaten auf, um Lücken zu füllen, die Väter und Großväter hinterlassen hatten. Das Ausmaß von Tod und Zerstörung war so gewaltig, dass die Politik den Preis für den Frieden heraufsetzte, um diese Opfer nachträglich zu legitimieren. Die Kriegsziele wurden jetzt aber nicht mehr nur, wie bisher, in Eroberungen und in Quadratkilometern definiert, sondern der industriellen Epoche entsprechend in industriellen Ressourcen. Hatten deutsche Annexionisten in der Epoche des Ersten Weltkrieges die Kohle- und Stahlzentren Nordfrankreichs und Belgiens im Blick, so wollte Frankreich nach dem Ruhrgebiet greifen und das deutsche Industriepotenzial mit Reparationsleistungen ausbeuten. Die Pflege der Feindbilder avancierte zur hohen Kunst der Massenbeeinflussung. Die Völker, deren politische Führer im Krieg das Leben und die Gesundheit von Millionen Menschen geopfert hatten, mussten mobilisiert und bei der Stange gehalten werden. Der Nationalismus schrieb den Gegnern sinistre Absichten zu und malte den Krieg als gerechte Sache und als Notwehr gegen eine aggressive Feindnation aus.

Mit der Mobilisierung des Nationalismus hatten die europäischen Staaten schon vor dem Ersten Weltkrieg die Geister gerufen, von denen sie nun überwältigt wurden. Deutschland, Österreich-Ungarn und Russland beherbergten bedeutende Minderheiten, denen der Krieg die Chance gab, sich aus der Vormundschaft anderer Völker zu befreien. Der Krieg zündete weitere Nationalismen und fachte ältere an. Die Zermürbung der Gesellschaften durch den Krieg von 1914/18 sprengte in den Verlierernationen schließlich die staatlichen Strukturen. Österreich und Ungarn zerfielen 1918/19 in zahlreiche kleine und mittlere Nationen, denen der Krieg die Gelegenheit verschaffte, an den Friedenskonferenztischen der Pariser Vororte (Versailles, Sèvres, St. Germain, Trianon) eigene Staaten zu erstreiten. In Russland fegte die Revolution von 1917 die Autokratie beiseite und entfachte einen verlustreichen Bürgerkrieg. In Deutschland stürzten die Dynastien, und Preußen verlor große Gebiete an den restaurierten polnischen Staat.

1.4 Entwürfe zur Kriegsverhinderung

Die Zerstörungskraft des Ersten Weltkrieges nach innen und nach außen gab den ersten großen Anstoß, um über Kriegsursachen und über Kriegsverhütung nachzudenken. Betrachten wir zunächst Woodrow Wilson, der als Präsident die USA 1917 in den Ersten Weltkrieg führte. Wilson brauchte einen moralischen Grund, um diese schwierige Entscheidung zu rechtfertigen. Er fand ihn in der Idee des Selbstbestimmungsrechts der Völker. Ein Krieg, an dem sich die USA beteiligten, durfte um kein geringeres Ziel geführt werden, als damit den Ansteckungsherd des Krieges selbst auszulöschen. Dazu waren zwei Operationen vonnöten: Erstens sollte jede Nation, die es wünschte, ihren eigenen Staat erhalten. Soweit dies aufgrund der Streulagen nationaler Siedlungsmuster nicht möglich war, sollten die nationalen Minderheiten Garantien zur Bewahrung ihrer Eigenarten erhalten. Zweitens sollte die künftige Aggression eines Staates gegen einen anderen Staat von der Völkergemeinschaft sanktioniert werden. Dies setzte voraus, dass sich die Staaten zu einer Rechtsgemeinschaft zusammenschlossen. Diese Staatengemeinde sollte auf dem Grundsatz des gewaltlosen Umgangs basieren. Im Völkerbund, der Vorläuferorganisation der heutigen Vereinten Nationen, sollten die Wilsonschen Ideen Gestalt annehmen. Wilson gilt mit diesem Entwurf als ein Begründer der *Liberalen Schule* in den IB (Ambrosius 1991).

Halten wir uns nicht groß bei Einzelheiten auf und beschränken uns auf die Erinnerung, dass im Gefolge des Ersten Weltkrieges kleine europäische Neustaaten entstanden waren, deren nationale Mehrheiten mit umgekehrtem Vorzeichen dort weitermachten, wo sie zuvor als Minderheiten in einem größeren Staatsgebilde diskriminiert worden waren. Der Völkerbund krankte daran, dass seine Friedenserzwingung davon abhing, ob die großen Staaten bereit waren, auch ohne eigene Betroffenheit für das Prinzip des Selbstbestimmungsrecht in den Krieg zu ziehen.

Damit kommen wir zum zweiten Anstoß für die akademischen IB: die Integrationsidee David Mitranys (1933, 1948). Mitrany behauptete den Nationalstaat als die eigentliche Kriegsursache. Der Nationalismus kann ohne den Staat nicht auskommen, weil er Machtmittel braucht, um sich Geltung zu verschaffen. Selbst der demokratische Staat kann sich dem Nationalismus nicht entziehen. Die Völker müssen sich in Zukunft ganz vom Staat verabschieden. Damit wird der Nationalismus verkümmern. Mit dem Verblassen von Staat und Nation wird die Politik überflüssig. An ihre Stelle treten Experten, die wissen, wie eine gestellte Aufgabe gelöst werden muss. Der Staat wird durch Behörden ersetzt, die Sachprobleme mit fachlichem Know-how bearbeiten.

Dieser Entwurf ist utopisch und wirkt in der Rückschau frappierend naiv. Wo Mitrany den Ausweg in einer Expertokratie suchte, die den Nationalstaat ablöst, setzte Wilson auf das Völkerrecht, um den kriegsfördernden Nationalismus in Schach zu halten. Mitranys Vorstellung erinnert an das Engelssche Diktum des Übergangs vom bürgerlichen Staat zum Sozialismus als Wechsel von der „Politik" zur „Verwaltung von Sachen" (Engels 1976 [Erstausg. 1884]: 296). Entfällt der Klassengegensatz, dann braucht es keinen Staat mehr, der seine Funktion in der Sicherung der Klassenverhältnisse hat. Mitranys Integrationstheorie hält sich an „Unpolitik". Nach 1945 allerdings sollte sie die Theorie der IB in der Version des Neofunktionalismus bereichern.

In Wilsons Idee einer völkerrechtlich verpflichteten Staatenwelt, dem Völkerbund, ist die Analogie zur Theorie und Praxis der zeitgenössischen USA nicht zu übersehen. Der US-amerikanische Schmelztiegel bot deutschen, irischen und italienischen Einwanderern sowie Anhängern der verschiedensten Konfessionen Entfaltung. Er forderte lediglich das Kredo in den American way of life sowie den Respekt vor dem Gesetz ein. Diese Vorstellung wurde auf die damals noch fast ausschließlich europäische Staatenwelt übertragen. Formale Institutionen sollten Probleme lösen – auch in den internationalen Beziehungen. So sollte in der Staatenwelt künftig die Mehrheit herrschen, wie sie es in den Einzelstaaten der amerikanischen Union tat, und sie musste, so wie der amerikanische Bund nicht in die Staaten hineinregieren darf, die Souveränität der Staaten respektieren. Rechtsbrecher hatte die Weltregierung des Völkerbundes zur Ordnung zu rufen. Wilson kreierte mit seiner Idee ein weiteres Stichwort der akademischen IB: die *Institution*.

Es handelte sich bei Wilsons Ideen um eine soziozentrische Weltsicht, die an den europäischen Verhältnissen scheitern musste (Kahler 1997: 24). Aus der

Sicht des Jahres 2009 dürfte sie gnädiger und tragfähiger beurteilt werden als noch 1950. Dennoch: Die Wilsonsche Völkergemeinschaft blieb allzu deutlich ein Postulat. Mittel- und Osteuropa waren bis zum Ausbruch des Zweiten Weltkriegs Dorados der Diktaturen und Nationalismen, die den ethnischen Minderheiten das Leben schwer machten. Der Wilsonsche Plan einer Rechtsgemeinschaft der Völker, der im Völkerbund Ausdruck gefunden hatte, hatte sich schon zwischen den Kriegen den Vorwurf zugezogen, die Staatenwelt *idealistisch* zu betrachten – so, wie sie sein sollte. Und damit sind wir bei einem dritten Schlagwort angelangt, das in den IB bis heute anzutreffen ist: Ideale als Richtschnur außenpolitischen Handelns. Heute lauten diese Ideale auf die Förderung der Demokratie und der Menschenrechte. Von ihrer weltweiten Verbreitung verspricht man sich die Dämpfung der Kriegsursachen.

Nun war der Völkerbund ein politisches, kein wissenschaftliches Projekt. Die Politikwissenschaft war damals auf Fragen der Innenpolitik konzentriert. Sie war noch ganz davon in Anspruch genommen, überhaupt die Grenzen einer Analyse der verfassungsrechtlichen Strukturen zu überschreiten und zur informellen Politik vorzudringen. Die politische Theorie, verstanden als das Studium staatsphilosophischer Klassiker und zeitgenössischer Ideologien, war selbst dort, wo die Politikwissenschaft als Disziplin bereits etabliert war, ein deutlicher Schwerpunkt geblieben. Die IB waren nicht einmal in den sonst Schritt machenden USA im Fach angekommen. Dies sollte sich mit dem Zweiten Weltkrieg rasch ändern. Die modernen IB verdanken ihren stärksten Anfangsimpuls diesem zweiten politischen Katastrophenereignis des 20. Jahrhunderts. Lange sollten sie von den politischen Einschätzungen und Wertungen durchtränkt bleiben, die in dieser Epoche ihre Wurzeln haben.

1.5 Präventives Sicherheitsdenken nach dem Zweiten Weltkrieg

Deutschland betrieb nach 1935 offen die Revision der Ergebnisse des Ersten Weltkriegs. Es schaltete nach 1938 sogar auf Expansion um. Die europäischen Demokratien sahen mit wachsender Unruhe zu. Sie hielten es für klüger, Hitlers Deutschland nicht mit einem Krieg in den Arm zu fallen. Lange hofften sie darauf, es würde sich irgendwann mit seinen Neuerwerbungen zufrieden geben (Appeasement-Politik). Sie sahen ihre Gesellschaften nicht bereit zum Krieg. Erst der Überfall auf Polen (1939) erschöpfte ihre Geduld. Der Krieg hatte sich nicht vermeiden lassen. Der Streit ob der Klugheit eines Nachgebens um des lieben Friedens willen und das Unbehagen ob der ungerechten Behandlung

Deutschlands in Versailles sollten das Denken der Staatenlenker in den vier Jahrzehnten nach dem Zweiten Weltkrieg maßgeblich bestimmen. Das wiederholte Nachgeben vor Hitlers Provokationen, so der Vorwurf, habe den Diktator in der Auffassung bestärkt, es fehle den Demokratien an Entschlossenheit, einen Krieg zu führen, sofern sie nicht selbst angegriffen würden. Die glaubhafte Bereitschaft zum Krieg hätte womöglich ein Signal gesetzt, das die Serie der Aggressionen zu einem Ende gebracht hätte. Die Anti-Hitler-Koalition um die Hauptallianzmächte Großbritannien, Sowjetunion und USA knüpfte gegen Ende des Krieges an Wilsons Weltregierungskonzepte an. Die 1945 gegründeten Vereinten Nationen waren in vielerlei Hinsicht eine Neuauflage des Völkerbundes. Sie wiesen aber einen entscheidenden Unterschied auf. Die Welt wurde in fünf Sektoren unterteilt. In jedem Sektor sollten große Staaten als Polizeimacht walten: Die USA für die beiden Amerikas, Frankreich und Großbritannien für den Westen Europas sowie für das koloniale Afrika und Asien, China für den Fernen Osten und die Sowjetunion für den Balkan und Osteuropa.

Die Sowjetisierung Mittel- und Osteuropas führte diese Regionalisierung internationaler Aufsichts- und Sanktionsmacht ad absurdum. Stalins Sowjetunion wollte ein Sicherheitsvorfeld aus Staaten, die von ihr beherrscht wurden. Der internationalistische Anspruch des Marxismus-Leninismus bot dafür eine wohlfeile Legitimation. Das sowjetische Verhalten wurde vom Westen fortan im Einklang mit der Theorie des internationalen Klassenkampfes als Welteroberungsplan gedeutet. Dem ließ sich nur mit vereinten politischen und militärischen Mitteln entgegentreten.

Die USA und der Westen schalteten auf die Wahrnehmung einer Bedrohung um. Sie reagierten mit der Gegendrohung des Krieges. Die Lehre aus dem Appeasement, dass sich Nachgeben und Beschwichtigen nicht ausgezahlt hatten, rastete jetzt ein, nicht nur in Europa, sondern überall dort, wo weltpolitische Entwicklungen der Sowjetunion Vorteile zuzuspielen schienen. Selbst koloniale Befreiungsbewegungen wurden übertreibend als Instrumente sowjetischer Politik missdeutet. Am fatalsten geschah dies in Südostasien, wo diese Politik im Desaster des Vietnamkrieges einen Kulminations- und Wendepunkt erreichte. Die akademische Welt der USA registrierte dies alles zunächst mit Beifall. Das habituelle Abklopfen des Staatenhandelns auf drohende Nachteile für die äußere Sicherheit wurde für Jahrzehnte zur Tagesparole von Wissenschaftlern, Kommentatoren und Politikern. Unter diesen Umständen reiften die IB zur politikwissenschaftlichen Disziplin. Das nächste Kapitel wird dort anknüpfen.

2 Theorien der IB im historischen und fachlichen Kontext

2.1 Vom Realismus zum Neorealismus: Sicherheitsstreben und Machtkonkurrenz

2.1.1 Realismus: Carr und Morgenthau

In den IB wird eine lebhafte Theoriedebatte geführt. Die wichtigsten Theorienstränge sollen im Folgenden vorgestellt werden. Die Leserin und der Leser werden bald bemerken, dass, wie Meyers es ausdrückt (1990: 58), selbst die großen Theoriensysteme letztlich – wie alle sozialwissenschaftlichen Theorieaussagen – interpretierende Beschreibungen der Realität darstellen. Auch die IB kommen, wie die gesamte Politikwissenschaft, nur eklektizistisch weiter: wenn sie jeder Theorie die Teilerklärung einer komplexen Wirklichkeit abgewinnen.

Die Realistische Schule steht am Anfang der Verselbständigung der IB zur akademischen Disziplin. Ihre politische Basis ist der westfälische Staat. Er markiert präzise seine Grenzen und stellt jedem, der sie zu verletzen droht, den Krieg in Aussicht. So fasste es Edward Hallett Carr in seiner berühmten, am Vorabend des Zweiten Weltkrieges veröffentlichten Studie über die europäische Politik der Zwischenkriegszeit. Carr vertrat die Auffassung, dass es bei den Kriegen der letzten hundert Jahre nicht um den Gewinn von Territorien, sondern um die Demonstration militärischer Überlegenheit ging. Er folgerte daraus, dass die Wirtschaft und die politische Öffentlichkeit im Verhältnis der Staaten keine Rolle spielten. Sie zählten nur, soweit sie sich für militärische Zwecke nutzen ließen. Dies ist der Kern der Carrschen Politiksicht: Militärische Stärke deckt beliebige Ziele. Einem Starken, der unlautere Zwecke verfolgt, mit Moral in den Arm fallen zu wollen, hat keinen Sinn. Der Mächtige versteht nur eine Sprache: Gegenmacht! Und je nachdem, wie er das Risiko einer Machtprobe kalkuliert, kommt es zum Kräftemessen im Krieg, oder der Krieg wird mit Entschlossenheit verhindert oder aufgeschoben (Carr 1939: 109ff.).

Dem britischen Historiker lag es fern, große Theorie vorzuführen. Er wollte lediglich einige Beobachtungen in der düsteren Atmosphäre zwischen den beiden

Weltkriegen verallgemeinern. Als Kronzeuge für die *Realistische Schule* wurde Carr erst später vereinnahmt. Trotzdem macht es guten Sinn, sein Werk näher zu betrachten. Seine im Stil des Historikers vorsichtig formulierten Schlussfolgerungen enthalten im Kern bereits das ganze Programm dieser ersten und bis heute einflussreichen Denkrichtung in den IB. Sie lässt sich wie folgt charakterisieren:

1. Den Staat wird vor allem in seiner Territorialität wahrgenommen. Die klassische Drei-Elemente-Lehre des Staates führt neben dem Staatsgebiet noch die Kriterien des Staatsvolkes und der Staatsgewalt auf, wobei Letzterer, d.h. der Wirksamkeit des Staatshandelns, besonderes Gewicht beigemessen wird. Diese Staatsdimension erschließt sich nur mit einer soziologischen Betrachtung (Jellinek 1976 [Erstausg. 1900]: 406ff.). Die Territorialität aber stellt auf jene Eigenschaft des Staates ab, die sich mit militärischen Mitteln verteidigen lässt. Carr betrachtet den Staat an dieser äußeren, durch Grenzen gehärteten Seite. Was sich innerhalb der Grenzen abspielt, ethnische Konflikte, Unterdrückung oder Wohlfahrtspolitik, interessiert nur soweit, als es sich im Außenverhalten manifestiert (Carr 1939: 229).
2. Macht schafft ihr Recht, oder: In den IB gilt das Recht des Stärkeren. Moral und Ideen sind Schall und Rauch. Nun gibt es unter den Staaten einige, die groß und stark genug sind, um sich eindrucksvolle militärische Rüstungen zuzulegen. Auf der anderen Seite gibt es viele Staaten, denen die Zufälle der Geschichte ein kleines Staatsgebiet zugespielt haben. Wieder andere Staaten haben zwar eine stattliche Ausdehnung, aber geringe ökonomische Ressourcen. Noch andere kennen instabile politische Verhältnisse, die keine starke Staatsgewalt zulassen. Letztere sind dazu verurteilt, blanke Objekte des Machtspiels der Starken zu sein. Um das internationale Geschehen zu begreifen, Krieg und Frieden, genügt es, die großen Mächte im Auge zu behalten.

Beide Themen sind historisch konditioniert. In der Vorstellungswelt des westfälischen Staates wurden Wirtschaftsräume, Sprache und Kultur gebietlich kodiert und wahrgenommen. Staaten erschienen einfach als völkerrechtliche Konstrukte mit rechtlich unantastbaren Grenzen. Sie waren scheinbar auch gesellschaftlich homogen. Die Wirtschaftstätigkeit vollzog sich damals tatsächlich noch stärker als je danach in Volkswirtschaften. Die Fixierung auf Grenzen, Bevölkerungszahlen und Wirtschaftskraft gelangte ganz von selbst zu einer Hierarchisierung in mächtige und weniger mächtige Staaten.

Dieser Hintergrund ist beim Begründer der *Realistischen Schule*, Hans J. Morgenthau, zu beachten. Sein grundlegendes Werk „Politics among Nations (deutsch übers.: Macht und Frieden)" erschien in mehreren Auflagen. Carr hatte

2.1 Vom Realismus zum Neorealismus

sich noch damit begnügt, anhand historischer Beispiele die militärisch unterfütterte Macht als das bestimmende Phänomen der internationalen Politik herauszuarbeiten. Morgenthau hob demgegenüber mit der Feststellung an, dass die Politik, wie die Gesellschaft überhaupt, von objektiven Gesetzen beherrscht werde (Morgenthau 1963 [Erstausg. 1948]: 49). Für die Beziehungen zwischen den Staaten gilt, dass diese nach ihren Interessen handeln. Das Interesse wird mit Macht umschrieben, und Macht heißt wie bei Max Weber die Fähigkeit, anderen den eigenen Willen aufzuzwingen (Weber 1976 [Erstausg. 1922]: 79ff.). Jeder Staat hat ein nationales Interesse.

Dieses nationale Interesse ist eine feststehende Größe (Morgenthau 1963: 57ff.). Es zu erkennen und nach ihm zu handeln ist die Aufgabe des Staatsmannes. Hier kommt ganz von selbst die Redensart des „Männer machen Geschichte" in den Sinn. Wenn das nationale Interesse missachtet wird, rächt sich dieses Versäumnis mit dem Machtgewinn anderer Staaten, die konsequenter ihr eigenes Interesse verfolgen. Wie in der Ökonomie das Geld, so ist in den IB die Macht das Medium, mit dem die Staaten ihren Interessen Nachdruck verleihen und ihren Status in der Staatenwelt ausdrücken.

Der Krieg ist die schärfste Form des Widerstreits nationaler Interessen. Nur das Kontern von aggressiv gebrauchter Macht mit Gegenmacht kann den militärischen Konflikt verhindern. Darin steckt die Logik der Bündnisse und Allianzen. Si vis pacem, para bellum! Die Bereitschaft zum Krieg verhindert den Krieg am besten. Ein taugliches Friedenserhaltungsszenario verlangt das Austarieren bzw. Ausbalancieren eines mächtigen Gegners. Welche Gestalt diese Balance annimmt, die einer Pentarchie, wie bei den europäischen Mächten im 19. Jahrhundert, oder die der Bipolarität wie im Kalten Krieg, ist für den Erkenntniswert des Spiels von Macht und Gegenmacht nicht von Belang.

Morgenthau erhob – in gewollter Abgrenzung Woodrow Wilsons Idee des Völkerbundes, die ihm als idealistisch galt – den Anspruch einer realistischen Theorie. Persönlich war er stark vom christlichen Realismus des Theologen Reinhold Niebuhr beeinflusst (Niebuhr 1960). Niebuhr behauptete – stark vereinfacht –, der Mensch sei unfähig, der Sünde zu widerstehen. Vertrauen ist deshalb eine heikle Sache. Auch der Mensch mit den edelsten Motiven muss wissen, was der Schurke im Schilde führt und mit welchen üblen Mitteln er arbeitet. Nur so kann er dessen Absichten notfalls mit gleichwerten Mitteln durchkreuzen. Auch Machiavellis Welt des Lauerns auf Gelegenheiten, um die eigene Macht auf Kosten anderer zu mehren, bestimmte Morgenthaus intellektuellen Hintergrund.

Will man Morgenthau aber in das politische Denken der Neuzeit einordnen, das um den Staat kreist, so kommt seiner Bezugnahme auf Hobbes die größte Bedeutung zu (dazu die Würdigung Morgenthaus bei Guzzini 1998: 24ff.). Ein friedliches, durch Gesetz geregeltes Zusammenleben ist demnach allein im Staat möglich. Ohne Staat leben die Menschen nach dem Recht des Stärkeren. Aber zwischen den Staaten gilt unverändert das Faustrecht: Einen Weltstaat, dem sich die Staaten zu fügen hätten, gibt es eben nicht. Deshalb gleichen die Beziehungen der Staaten dem vorstaatlichen Zustand bei Hobbes, in dem die blanke Macht herrscht. Morgenthaus Bezug auf Hobbes ist insoweit richtig, als Hobbes allein Interessen als soziale Regulative gelten lässt. Ideen wie die Vorstellung vom Gerechten oder Ähnliches haben bei Hobbes keinen Platz. Betrachten wir nun den disziplinhistorischen Kontext der Realistischen Schule.

Morgenthau hatte die Ambition, Gesetze zu finden, denen das äußere Verhalten der Staaten folgt. Dazu ein Blick auf den Stand der Sozialwissenschaft seiner Zeit. Die Suche nach Regelhaftigkeiten und Ursache-Wirkung-Zusammenhängen charakterisierte die nach 1945 rasant expandierenden Sozialwissenschaften der USA, darunter auch die Politikwissenschaft. Die exakten, Daten verarbeitenden Wissenschaften – Physik, Psychologie, Ökonomie – standen hoch im Kurs. Der Nutzen wissenschaftlicher Erkenntnis für das ökonomische Management und für die Rüstung war erkannt worden. Politikwissenschaftliche Fachvertreter, die nach Lage der Dinge vor allem mit historischer und zeitgenössischer Anschauung zu arbeiten hatten, maßen ihr eigenes Tun am Renommee dieser Disziplinen. Sie verlegten sich zusehends darauf, ihre Arbeiten in der Art einer vom Experiment und exakter Messung geprägten Untersuchung zu präsentieren. Sie erhofften sich davon bessere Akzeptanz bei Vertretern anderer Wissenschaften und last but not least auch Gehör bei Politikern und Behörden, die wissenschaftlichen Rat suchten. Der szientistische, den exakten Wissenschaften nacheifernde Gestus der Politikanalyse hinterließ seine Spuren auch in den frühen IB (Kahler 1997: 25ff.).

Wenden wir uns jetzt der kritischen Betrachtung des Morgenthauschen Realismus zu. Morgenthaus Analogisierung der Staaten mit Individuen und der persönlichen mit staatlichen Interessen wirft Fragen auf: Können Kollektive überhaupt ein gemeinsames Interesse haben? Kollektive bestehen aus vielen Einzelnen. Die Alltagserfahrung lehrt, dass es einen kollektiven Willen lediglich fiktiv, als Mehrheitsbeschluss oder als das Mandat beauftragter Personen und Gremien gibt. Außenpolitik ist, wie alle Politik, umstritten. Vielleicht mag in demokratisch regierten Staaten um die Außenpolitik weniger gestritten werden als um die Themen der Innenpolitik. Im Prinzip macht dies keinen Unterschied. Ein nationales Interesse kann es bei genauer Betrachtung nur als das Ergebnis eines Verfahrens geben, das sich in parlamentarischen Willensakten manifestiert. Es kann auch sein, dass ein Autokrat oder eine Oligarchie behauptet, das nationale Interesse zu repräsentieren.

2.1 Vom Realismus zum Neorealismus

Morgenthau verdinglicht den Staat zum homogenen politischen Subjekt. Er schreibt ihm in ähnlicher Weise unwandelbare Persönlichkeitsmerkmale zu, wie man es bei einem erwachsenen Menschen täte. Mit dieser Gleichsetzung verfehlte Morgenthau allerdings bereits den sozialwissenschaftlichen Erkenntnisstand seiner Zeit. Die psychologische Chicagoer Schule um Charles Merriam und Robert Lasswell hatte in den 1940er und 1950er Jahren längst belegt, wie sehr die öffentliche Meinung und die Wählervoten wechselnden Stimmungen folgen. Die Pluralismustheorie und die Verbändeforschung hatten gezeigt, dass Mehrheiten keine starren Größen sind, sondern vielmehr aus den wechselnden Kombinationen der verschiedensten Gruppierungen resultieren.

Bei Morgenthau heißt es tautologisch anmutend, Interesse werde als Macht verstanden und umgekehrt. Fragen wir deshalb, was mit Macht gemeint ist. Hier spricht Morgenthau vom Weberschen Machtbegriff, der besagt, Macht zeige sich in der Fähigkeit von X, bei Y ein bestimmtes Tun oder Unterlassen zu bewirken (Weber 1976 [Erstausg. 1922]: 79ff.). Macht wäre in diesem Sinne eine soziale Beziehung, und genauso geht Morgenthau auch damit um. Ob Macht nun auf militärischen Potenzialen oder auf Verhandlungskunst, etwa auf der Bündnisartistik, beruht, oder aber auf der Fähigkeit, in den Adressatenländern gezielt die öffentliche Meinung zu beeinflussen, ist für ihn nicht von Belang.

Das Problem bei der Gleichsetzung von Macht und Interesse ist ein anderes. Das Interesse ist kein leerer Begriffsbehälter, sondern es gewinnt seine Aussagekraft erst dadurch, dass es Forderungen oder Vorstellungen transportiert. Macht kann ein Interesse fördern oder behindern. Aber Macht ist lediglich ein Medium. Sie besagt nichts über Inhalte. Analytische Schärfe gewinnt sie erst durch das Gespann mit dem Interesse. Das Interesse erschöpft sich nicht im blanken Wollen, sondern es wirbt um Akzeptanz und rekurriert dabei auf allgemein akzeptierte Anschauungen von Billigkeit und Gerechtigkeit. Was billig oder recht ist, existiert allein in den Köpfen. Was des einen Eule, ist des anderen Nachtigall! Interessen kommen nicht ohne politische Ideen oder Werte aus. Doch von Ideen hält Morgenthau nichts. Brechen wir diese Konfrontation Morgenthaus mit der Sozialwissenschaft ab. Morgenthau ist ein Autor in vorsozialwissenschaftlicher Denkweise. Angesichts der verwirrenden Unkonventionalität der Begriffe muss es andere Gründe geben, warum sein Werk in den IB so große Wirkung hinterlassen hat.

Aufklärung über diesen Punkt verspricht die ganz unsozialwissenschaftliche Übersetzung nationaler Interessen mit historisch-politischen Staatsidentitäten. Beispiele gibt es hier zu Hauf. Das historische britische Nationalinteresse etwa wäre die Freiheit der Meere, das russische Interesse die Bewahrung des gewaltigen eurasischen Reiches durch die Verteidigung des strategischen Vorfeldes. In diesem Sinne ließe sich jedem Staat ein Charakterzug zuschreiben, der in der historischen Rückschau sein Handeln bestimmt hat. Ein markantes Prüfkriterium wäre die Frage, ob ein Staat jemals bereit war, für dieses Interesse in den Krieg zu ziehen. Morgenthau hält sich an den westfälischen Staat mit seinem völkerrechtlichen Sanktum der bestehenden Grenzen. Er hebt aber die Relativierung der westfälischen Staatseigenschaften durch Größenordnungen und Rüstungstechnologien hervor. Wie John Herz, ein Zeitgenosse Morgenthaus, auch er ein bekennender Realist, seinerzeit schrieb, haben Flugzeuge, Lenkwaffen und Massenvernichtungsmittel den klassischen Schutz gesicherter Grenzen entwertet (Herz 1959, 1957). Das Sicherheitsbedürfnis der Staaten freilich bleibt. Morgenthau läßt hier eine gewisse Verwandtschaft mit der vor allem in Deutschland beheimateten älteren Denkrichtung der Geopolitik erkennen. Sie schreibt politisches Handeln konstanten Gegebenheiten wie Räumen und Größenordnungen zu (exemplarisch Kjellen 1915).

Es bedarf nicht unbedingt militärischer Mittel, um dem Sicherheitsinteresse des Staates Rechnung zu tragen. Zur Sicherheit trägt auch die Nachbarschaft von Staaten bei, wie sie in Europa und Nordamerika anzutreffen sind, in denen die politischen Geschicke von Regierungen gelenkt werden, die durch freie Wahl legitimiert sind. Solche Regierungen werden nicht leichtfertig Kriege anzetteln, weil sie es sich nicht leisten können, ohne gute Gründe das Leben ihrer Bürger aufs Spiel zu setzen.

Mit solchen historischen Umschreibungen macht die Lektüre Morgenthaus Sinn. Die Unterstützung der letzten Bastion der Demokratie in Europa, Großbritannien, war es den USA 1939/40 schlicht wert gewesen, sich als offiziell neutrale Macht bis an den Rand einer Krieg führenden Partei zu manövrieren. Sowjetische Raketenbatterien vor der Küste Floridas waren für die politische Führung der USA 1962 bedrohlich genug, um den Heißen Krieg zu riskieren. Für eine Militärintervention gegen das Abdriften der Tschechoslowakei aus dem sozialistischen Staatenbündnis nahm Moskau 1968 die Empörung der Weltöffentlichkeit in Kauf. So gelesen gewinnt die Lektüre Morgenthaus bis heute analytische Schärfe.

Die Grenzsituation des Krieges führte Morgenthaus Feder, nicht die Vision einer Welt, die den Krieg ächtet und diesen mit der weltpolizeilichen Ahndung zu ersticken versucht. Der in Deutschland aufgewachsene Morgenthau hatte die philosophische Perspektive seines Geburtslandes im Gepäck. Hegel mit seinen Volksgeistern lässt grüßen, auch die Geopolitiker hinterlassen ihre Spuren, und die nach Gesetzmäßigkeiten forschende Geschichtsbetrachtung atmet eher den Geist der deutschen Philosophie als den kühlen Blick eines historisch geschulten angelsächsischen Zeitbeobachters wie Carr.

2.1 Vom Realismus zum Neorealismus

Morgenthau und viele Wissenschaftler seiner Generation waren von der zögernden Reaktion der Demokratien auf Hitlers Eroberungsdrang traumatisiert. Morgenthau hielt nichts von der Vision einer kraft ihrer Ideale besseren Welt. Er projizierte die Dilemmata der Zwischenkriegszeit in die Vergangenheit und auf die Gegenwart. Thykidides und die Rivalität zwischen Athen und Sparta mussten für den Beleg herhalten, dass es sträflich sei, sich in einer konfrontativen Grundsituation nicht auf den Ernstfall einzustellen. Machiavellis Schilderung der Intrigen und des Familiengerangels in den italienischen Staatsoligarchien der frühen Neuzeit avancierten zum Anschauungsunterricht, dass schon damals Misstrauen in die Absichten der Nachbarn erste Staatsmannpflicht gewesen war. Wo bei Hobbes die noch nicht von der Staatserfahrung beglückten Einzelnen einander mit Kraft und Tücke das Leben schwer machten, dort hatten in der Geschichte Franzosen, Briten und Russen mit einem Milieu zu kämpfen, das zwar Staaten, aber keine überstaatliche Autorität kannte.

Die Staaten verändern sich. Manche Staaten verschwinden von der Weltbühne, andere treten an ihre Stelle. Ihre Interessen dürften solche Vorgänge nicht unberührt lassen. Das Deutschland des Jahres 1914, des Jahres 1934 und des Jahres 1994 hatten weithin den geografischen Schauplatz gemeinsam, viel mehr nicht. Das Russland von 1917 war ein ander' Ding, als es die Sowjetunion bis zu ihrem kläglichen Ende (1991) war, und das Russland des Jahres 2009 ist schon wieder eine ganz andere Angelegenheit als das Russland der 1990er Jahre. Die USA zur Zeit der Monroe-Doktrin (1823) und die der zweiten Jahrtausendwende unterscheiden sich denkbar stark. Das Großbritannien der 1950er Jahre war ein blasser Schatten des britischen Empire, das noch beim Tode der Queen Victoria 1901 die erste Macht in Europa und in der Welt gewesen war. Diese Beispiele beziehen sich allein auf die Neuzeit. Weitaus problematischer noch sind Morgenthaus Rückflüge in die Antike: die Illustration des Staatenverhaltens und -interesses mit Beispielen aus den politischen Welten der Hellenen und Römer. Der Realismus bedient sich aus einem historischen Setzkasten.

Die tragende Rolle beim Erkennen des nationalen Interesses hat der Staatsmann, genauer der Außenpolitiker, vorzugsweise ein Regierungschef, Außenminister oder strategischer Chefdenker (Morgenthau 1963: 50). Sie sind die Helden und Schurken in Morgenthaus Stück. Und es sind nicht irgendwelche Politiker, sondern die der großen Mächte, also jener Staaten, die Kraft der Geografie, ihrer wirtschaftlichen Bedeutung und ihrer militärischen Kapazität eine Herausforderung oder eine Bedrohung füreinander darstellen. Intakte und gestörte Machtbalancen fesseln die Betrachtung (so in Trend setzender Weise: Kissinger 1962). Morgenthau und die Wissenschaftler in seiner Tradition betrachten eingehend die Motive und Einschätzungen, die sich bei den Großen der Welt nachweisen lassen. Zeitnahe Diplomatiegeschichte ist das gemeinsame Merkmal ihrer Analysen (exemplarisch: Hacke 2005, Kennedy 1989).

2.1.2 Der Neorealismus: Waltz und Mearsheimer

Der Neorealismus hat mit der realistischen Schule Morgenthaus auf den ersten Blick nicht viel gemeinsam. Sein Begründer und bis heute bekanntester Vertreter, Kenneth Waltz, hat in einer berühmt gewordenen Unterscheidung drei Bilder (Images) der IB herausgearbeitet: Erstens die Beschaffenheit der menschlichen Natur – first image –, womit im wesentlichen die politische Anthropologie der Klassiker des politischen Denkens gemeint ist (z.b. Hobbes, Locke). Davon unterscheidet er zweitens das Bild der innerstaatlichen Interessen – second image –, d.h. die Idee von der Außenpolitik als ein Reflex der Innenpolitik. Schließlich arbeitet Waltz drittens das Bild der zwischenstaatlichen Interaktionen – third image – heraus, d.h. die Verhaltensmuster im zwischenstaatlichen Umgang (Waltz 1959). Waltz interessierte sich in seinem weiteren Werk nur noch für das dritte Bild. Er konstruierte in seinem Hauptwerk einige Zeit später das Internationale System (Waltz 1979).

Beim Systembegriff handelt es sich leicht erkennbar um eine Standardvokabel der sozialwissenschaftlichen Theoriesprache (Walter 2005). Talcott Parsons, David Easton und Gabriel Almond hatten mit – funktionalistischen – Systemtheorien eine ganze Generation von Politikforschern inspiriert. Die Spuren zeigten sich zunächst hauptsächlich im Gegenstandsbereich der Länder und Kulturen vergleichenden Politikwissenschaft. Werfen wir einen kurzen Blick auf diese Systemmodelle. Sie gleichen sich darin, dass sie ein System nach seinen funktionalen Bedürfnissen definieren. Gewisse Funktionen oder Aufgaben müssen in einem politischen System erfüllt sein, damit es sich in einem vorgegebenen Umfeld behaupten kann.

Parsons geht es in einem großen systemtheoretischen Wurf darum, die funktionalen Erfordernisse für die Erhaltung der Gesellschaft in ihrer natürlichen Umwelt und im Nebeneinander mit anderen Gesellschaften zu bestimmen. Sein bekanntes AGIL-Schema – Adaption, Goal attainment, Integration und Latenz – gehört inzwischen zum Kanon der soziologischen Theorie. Jede dieser Funktionen bedarf gewisser Strukturen, die den Erwartungen an eine Funktion gerecht werden. Die Art dieser Strukturen ist nachrangig. Ein Beispiel: Die Funktion der Anpassung (Adaption), die Versorgung mit materiellen Ressourcen, kann in der Struktur des Marktes oder in derjenigen einer zentralisierten Zuteilungs- oder Planwirtschaft besorgt werden (Parsons 1953).

2.1 Vom Realismus zum Neorealismus

Easton definiert das politische System als Kreislauf zwischen gesellschaftlichen Impulsen (Inputs), die auf die Politik einwirken, und politischen Handlungen (Outputs), die das gesellschaftliche Umfeld verändern (Easton 1965). Grundlegend für sein Modell ist die Existenz einer politischen Autorität, die verbindlich entscheidet und über entsprechende Sanktionsgewalt verfügt. Almond wiederum verfeinerte dieses Modell mit der Unterscheidung von Funktionen und Strukturen. Alle politischen Systeme fußen auf der Erfüllung bestimmter Funktionen. Werden diese Funktionen – Kommunikation zwischen Staat und Gesellschaft, Erneuerung des politischen Personals, Gesetzgebung, Verwaltung – vernachlässigt, dann verliert das System seine Stabilität; im Extremfall bricht es zusammen. Wie das System freilich die Verbindungen zwischen Staat und Gesellschaft gestaltet, wie es seine Rekrutierung besorgt und wie es sich verwaltet – dies alles sind Strukturen. Funktionelle Erfordernisse lassen sich mit verschiedenen Strukturen erfüllen (Almond 1966).

Blenden wir nun zurück auf Waltz. Das Ensemble souveräner Staaten bildet das internationale System. Die grundlegende Leistung der Waltzschen Theorie besteht darin, in diesem Staatensystem eine Struktur zu erkennen. Diese Struktur verbürgt Sicherheit, wenn sich die Staaten systemadäquat verhalten. Die Staatenlenker machen mächtige und weniger mächtige Staaten aus, und sie stellen ihr Sicherheitskalkül darauf ab. Die Struktur des internationalen Systems folgt keinem Plan. Hier liegt der grundlegende Unterschied zur Struktur eines politischen Systems mit seinen in Verfassungs- und Verwaltungsregeln fixierten Autoritätsstrukturen. Das internationale System ergibt sich aus den Handlungen der Staaten bei der Herstellung ihrer äußeren Sicherheit – anders ausgedrückt: aus ihrer Außenpolitik. Seine Elemente bleiben stets gleich. Es besteht aus Staaten. Die Struktur dieses Staatensystems, d.h. die Verteilung der Macht zwischen den Staaten, ist jedoch wandelbar.

Das internationale System verweist also auf das Verhalten der Staaten. Wissenschaftliche Modelle vereinfachen, und je schlanker ein Modell gerät, desto größer ist sein heuristisches Potenzial. Waltz' Vorbild einer Theorie, die mit einem Minimum von Annahmen auskommt, ist die Mikroökonomie (Waltz 1979: 89). Ihr beherrschendes Paradigma ist der Markt. Das Bewegungsprinzip des Marktes ist das Eigeninteresse des Einzelnen. Der ideale Markt kennt allein konkurrierende Unternehmen. Der Staat hält sich vom Markt fern. Es liegt an den Unternehmen, mit der Produkt- und Preisgestaltung zu wachsen, abzusteigen oder aus dem Markt auszuscheiden. Große Unternehmen bestimmen das Marktgeschehen stärker als kleinere (Waltz 1979: 70ff.). Der Markt ist nach Waltz eine anarchische oder anders ausgedrückt: eine herrschafts-, aber durchaus keine machtfreie Angelegenheit. Hier setzt seine Parallele mit den IB an.

Auch das Staatensystem kennt keine übergeordnete Autorität. Rechtsgleich zwar, agieren die Staaten doch mit höchst unterschiedlichen Ressourcen nebeneinander. Die innerstaatlichen Verhältnisse sind hingegen hierarchisch konstruiert. Der Staat als integraler Bestandteil eines politischen Systems steht über dem Markt, und er hat die Macht, die Ressourcen neu zu verteilen. Im politischen System hat der Staat die Funktion, Interessen zu kanalisieren, den Rechtsfrieden in der Gesellschaft zu organisieren und ihn zu garantieren. Da es im Staatensystem aber keine übergeordnete Autorität gibt, bleibt den Staaten allein die Selbsthilfe, um Aggressoren abzuwehren und den Krieg zu verhindern (Waltz 1979: 72, 91).

Hier liegt die grundlegende Gemeinsamkeit mit dem Morgenthauschen Realismus. Gegen drohende oder erlittene Verletzungen der äußeren Souveränität hilft allein die vorsorgliche Demonstration von Stärke oder das Heimzahlen in gleicher Münze, im äußersten Falle der Krieg. Letztlich besitzen nur die größeren Staaten die Fähigkeit zur Selbsthilfe. Dort, wo sich kleine Staaten mit den Großen anlegen, haben sie meist einen starken Partner im Rücken. Selbsthilfe bedeutet für kleine Staaten in der Regel das Stillhalten oder den Anschluss an Verteidigungsallianzen.

Die Struktur der IB ist anarchisch – sie kennt zwar keine Herrschaft, aber durchaus Regelhaftigkeiten und Muster. Das wichtigste darunter ist das Gleichgewicht. Das internationale System bzw. das Staatenverhalten ist auf stabile Machtlagen, insbesondere auf die Ausbalancierung des mächtigsten Staates im System angelegt. Der Krieg ist keineswegs notwendig oder unvermeidlich. Die Staaten stellen ihre Selbsthilfe auf die Art und das Ausmaß der Bedrohung ein. Ihr Verhältnis ist von Konkurrenz geprägt. Im Auspendeln der Kräfte gewinnt das internationale System bei lediglich zwei bedrohungsfähigen Staaten eine bipolare Struktur. Sind mehr Staaten im Spiel, so wird die Balance schwieriger. Das Wechselspiel von Bedrohung, Selbsthilfe und Remedur in der Machtbalance bleibt. Es handelt sich um eine Art Regelkreis. Das System gleicht instabile Machtlagen durch die Neujustierung des Kräfteparallelogramms aus.

Diese Eigenschaft des internationalen Systems lässt sich nach Waltz für die Antike ebenso nachweisen wie für das Mittelalter, für die frühe Neuzeit und für die Gegenwart. Die Konstellation der Staaten ist der entscheidende Punkt. Die Binnenstruktur der Staaten ist bei alledem ohne Belang (Waltz 1990: 37). Waltz schöpft aus demselben historischen Fundus wie Morgenthau.

Versuchen wir nun, diese Theorie im zeitgenössischen Theorienbestand zu verorten. Waltz' Modell und seine Sprache sind von der politisch als seriös geschätzten Wirtschaftswissenschaft geborgt. Aus den Sicherheitsinteressen und aus den Selbsthilfekapazitäten der Staaten konstruiert er einen Machtmarkt. Dieser Markt lebt, wie Märkte nun einmal funktionieren, von der Konkurrenz. Der

2.1 Vom Realismus zum Neorealismus

Ökonomie ist die Rationalität entlehnt, die das Verhalten der Teilnehmer an diesem Machtmarkt steuert. Waltz schlägt alle Themen des klassischen Realismus an, verschlankt sie jedoch in einem bewusst karg gehaltenen Modell. Mit seiner Vorsilbe „neo" bringt es den szientistischen Anspruch dieser Variante des Realismus zum Ausdruck Waltz' Staatenwelt ist – wie die der klassischen Realisten – eindimensional. In den IB zählt allein das Sicherheitsmoment. Die Struktur des internationalen Systems ist variabel. Einige Mächte steigen ab, andere treten hinzu, wieder andere verschwinden gänzlich. Indem sich Waltz auf ein damals aktuelles Buch zur Typologie der Parteiensysteme bezieht, zeigt er auf, dass die Staatenwelt zwischen einem hochkonzentrierten Zweimächtesystem, einem Vielemächtesystem und einem hochgradig zersplitterten System changiert, ganz so, wie es auch schwierige Parteiensysteme mit vielen kleinen und mittelgroßen Parteien oder wie es überschaubare Parteiensysteme mit zwei oder drei größeren Parteien gibt (Sartori 1976). Staaten, die genügend Potenzial besitzen, um eine Großmacht zu werden, d.h. die bestehenden Kräfteverhältnisse zu beeinflussen, werden dies auch tun. Sonst verhalten sie sich abnorm. Ihr Verhalten ist stets aus dem internationalen System herleitbar (Waltz 1979: 97ff.). Und je nachdem, wie zwischen den Staaten die Potenziale verteilt sind, werden sie sich jeweils verhalten (Waltz 1979: 96, 105, siehe dazu auch Halliday/Rosenberg [1998] im Interview mit Waltz).

Die Vernunft gebietet es, mit den vorhandenen Ressourcen hauszuhalten. Die Verpflichtungen und Interessen dürfen nicht größer bemessen werden, als sie mit den gegebenen Machtressourcen (capabilities) realisiert werden können (so auch in einer brillanten Skizze des neorealistischen Modells: Krasner 1992: 43). Wo also eine Weltmacht ihre Ressourcen strapaziert, um ihre politischen Werte in der Welt zu verbreiten, handelt sie eventuell gegen ihre wohlverstandenen eigenen Interessen.

Die großen Mächte verhalten sich wie „satisficers" (Taliaferro 2000/2001: 159). Die Figur des „satisficers" hat der amerikanische Wirtschaftswissenschaftler Herbert Simon (1985) konstruiert. Im Unterschied zum Wirtschaftssubjekt der ökonomischen Theorie kalkuliert der „satisficer" nicht unablässig, wie er mit minimalen Kosten den größtmöglichen Vorteil erwirtschaften kann. Er vermeidet übermäßige Zeit- und Informationskosten. Er greift auf Erfahrung zurück und gibt sich mit einem Ergebnis zufrieden, das ihm genügend Vorteile bringt. Er schätzt Berechenbarkeit und den Rahmen eines vertrauten Status quo. Morgenthau wie auch Waltz waren Kritiker des Vietnamkrieges und des US-Engagements jenseits des engeren atlantischen Raumes. Beider Realismus reimt sich auf Augenmaß.

Den idealismusfremden Impulsen des Morgenthauschen Realismus bleibt die neorealistische Schule treu (Mearsheimer 1994/95). Kleine Staaten müssen sich so oder so arrangieren. Hier kommt die Rolle der Bündnisse im internationalen System ins Spiel. Dabei bieten sich die Alternativen des Bandwagoning und des Balancing an. Im ersteren Falle geht es um die Suche nach Wohlwollen im Verhältnis zu einer bedrohlichen Gefahrenquelle, im letzteren um die Allianz mit Stärkeren, die diese Gefahrenquelle neutralisiert. Letztlich wird die Geografie den Ausschlag geben (Walt 1987). Wo Staaten mit großen Potenzialen und unvereinbaren Interessen aufeinander treffen, dort entsteht notwendigerweise ein Konkurrenzverhältnis. Kleine Staaten handeln klug und rational, wenn sie ihre Interessen im Einklang mit starken Staaten in ihrer Nachbarschaft definieren und wenn sie im Bündnis mit diesen Schutz suchen (Walt 1987: 127). In einer multipolaren Konstellation müssen die mächtigen Staaten oft über die Bande spielen, d.h. eine diskrete, mit viel Diplomatie gewürzte Konkurrenz praktizieren. In einer ungeschlachten bipolaren Konstellation, wie sie die Epoche des Kalten Krieges kennzeichnete, werden eher Potenziale gegen Potenziale gesetzt. Dort steht die Diplomatie im Dienst des Bemühens, das Konkurrenzverhältnis im Sektor des Politischen zu halten und sein Umschlagen in eine heiße militärische Konfrontation zu verhindern. Die daraus entstehenden Gleichgewichte produzieren Stabilität (so auch: Link 1998). Stabilität garantiert in einer Welt der Machtkonkurrenz den Frieden.

Als Waltz nach dem Ende des Kalten Krieges mit einer Staatenwelt konfrontiert war, die ihren bipolaren Charakter verloren hatte und nur mehr die Weltmacht USA übrig ließ, prognostizierte er, China, Deutschland und Japan seien dafür prädestiniert, den USA ein Stück dieser Rolle streitig zu machen. Diese Überlegung ist eine Folgerung aus der neorealistischen Prämisse, dass Stabilität aus Konkurrenz- und Gleichgewichtslagen resultieren muss (Waltz 1993: 50, 66ff.). Konkurrenzfreie Märkte, so könnte man spitz einwenden, sind ein Unding (so auch der Neorealist Layne 1993: 11f.). Der schlichte Beobachter des Weltgeschehens fragt sich jedoch, warum Deutschland und Japan aus ihrer weltpolitischen Zurückhaltung herausstreben sollten. Sie gehören mit den USA der Wertegemeinschaft der Demokratien an. Sie stellen füreinander kein Sicherheitsrisiko dar, ja sie bilden jeweils sogar eine vertragliche Sicherheitsgemeinschaft mit den USA. Der Einwand, unipolare Strukturen würden sich in der Staatenwelt nicht lange halten können, enthüllt eine Schwäche dieses Ansatzes: Die Fixierung auf das Risiko des Krieges zwischen mächtigen Staaten, der nur durch Selbsthilfe abgewendet werden kann. Wo sich die Zahl der Mächtigen auf einen reduziert, verliert das Modell seinen Gegenstand.

Die Neorealisten haben ihre Theorie fortentwickelt, um sie den veränderten Zeitläufen anzupassen. So stellt Wohlforth (1994/95) die bemerkenswerte Frage,

2.1 Vom Realismus zum Neorealismus

ob nicht auch die Bipolarität des Kalten Krieges lediglich ein Gleichgewicht vorgespiegelt und tatsächlich eine bereits vorhandene globale Hegemonie der USA kaschiert habe. Denn warum sei die Sowjetunion zusammengebrochen? Doch wohl deshalb, weil ihre Kapazität für die Rivalität mit den USA nicht mehr ausgereicht habe! Mit diesem Gedanken ließe sich Waltz' Balancethese leicht in Frage stellen. Mit dem Nachweis einpoliger Hegemonie in der Weltpolitik könnte die These des „Macht produziert Gegenmacht" widerlegt werden (exemplarisch Wagner 1993). Doch so leicht lässt sich das neorealistische Paradigma nicht entkräften.

Neuere neorealistische Arbeiten nehmen zur Kenntnis, dass sich die Welt in große geografische und kulturelle Regionen gliedert. Charles Kupchan hat das Großszenario des internationalen Staatensystems in regionale Staatensysteme heruntergebrochen. Darin konkurrieren jeweils bedeutsame Regionalmächte (Kupchan 1999). Das Einlassen auf die regionalisierte Welt nach dem Kalten Krieg verlangt die Neubestimmung stabiler Gleichgewichtslagen. In gedanklichen Operationen, denen die Eleganz modellkonformer Interpretation nicht abgesprochen werden kann, wird von neorealistischen Autoren heute darüber nachgedacht, wie im internationalen System unter neuen Voraussetzungen Stabilität erreicht werden kann. Die Ergebnisse deuten auf einen globalen Pluralismus regionaler Staatensysteme. Jedes dieser Systeme gravitiert auf eine mit überlegenen Fähigkeiten ausgestattete hegemoniale Regionalmacht. Auf den amerikanischen Subkontinenten sind die USA für diese Rolle prädestiniert und in Europa das informelle deutsch-französische Direktorium in der EU. Auf der ostasiatischen Staatenbühne agieren zwei Schwergewichte, China und Japan. Ihr Verhältnis hat noch keine dauerhafte Struktur gewonnen. Im Prinzip haben die Regionalmächte heute dieselbe Rolle zu übernehmen, nämlich das internationale System zu stabilisieren, die zuvor – überregional – von den beiden Weltmächten USA und Sowjetunion wahrgenommen worden ist (Kupchan 1999).

John Mearsheimer arbeitet Überlegungen dieser Art in eine eigene Theorie des internationalen Systems ein (Mearsheimer 2001). Auch er geht von einer anarchischen Welt aus, auch hier streben die Staaten nach Sicherheit, und auch hier bilden sich Gegenallianzen, um den stärksten Staat im System auszubalancieren. Doch erstens bricht auch Mearsheimer das internationale System auf regionale Staatensysteme herunter und trägt damit dem Abschied von der bipolaren Mächtekonstellation Rechnung. Zweitens stellt er die Staaten nicht, wie es Waltz tut, als „satisficers" dar, die sich an irgendeinem Punkt mit ihrem Sicherheitsstatus zufrieden geben. Bei ihm treten sie als unerbittliche Machtmaximierer auf. Sie arbeiten stetig daran, ihre Sicherheit auf Kosten der Sicherheit anderer zu steigern. Die dem internationalen System innewohnende Ungewissheit über die letzten Absichten der Akteure treibt die Staaten dazu an, konkurrierende

Macht immer weiter zu übertrumpfen, um so ihre potenzielle Gefährlichkeit zu verringern. Mearsheimer versieht diese Theorie mit dem Etikett eines offensiven Realismus (Mearsheimer 2001: 5, 21, 30f., 83ff.). Wie bei den Realisten aller Couleur zählen bei Mearsheimer allein die großen Mächte im System. Jede von ihnen will Hegemonie. Diese aber lässt sich nur mit militärischer Überlegenheit erreichen. Sie verlangt die Fähigkeit, über Land erreichbare Staaten sicherheitspolitisch zu dominieren (Mearsheimer 2001: 37, 40f.). Hier weicht Mearsheimer in einem dritten Punkt von Waltz' Modell des internationalen Systems ab. Die Meere sind keine Bahnen der Machtprojektion auf andere Kontinente, sondern Wassergräben, die der Reichweite des Hegemon eine natürliche Grenze ziehen. Hegemonie buchstabiert sich stets auf regionale Hegemonie. Nicht einmal die USA sind nach Mearsheimers Auffassung in der Lage, eine globale Hegemonialmacht zu werden.

Die USA stellen im asiatischen und europäischen Staatensystem mit ihrer Truppenpräsenz einen mächtigen Akteur dar. Russland ist aufgrund seiner Größe, Ressourcen und militärischen Potenziale in Europa, China ist aus den gleichen Gründen in Asien auf die Rolle des Hegemon programmiert. Weil jeder potenzielle Hegemon in seiner Region Gegenkräfte mobilisiert, setzt überall ein Prozess des Ausbalancierens (balancing) ein. An diesem Balancing beteiligen sich in Asien und Europa auch die USA. In Ostasien und Europa gibt es keinen Hegemon, da die USA in beiden Regionen als Sicherheitsleister präsent sind. Für Staaten wie Deutschland und Japan gibt es keinen Grund, hegemoniales Verhalten an den Tag zu legen. Sollten die USA aber eines Tages ihre Truppen aus Übersee abziehen, ergibt sich für Deutschland und Japan ein Motiv, aufzurüsten und die Ressourcen der stärksten Staaten in ihrer Umgebung zu übertreffen. Kleine Staaten haben in diesen Szenarien bloß die Optionen des Balancing und des Buckpassing (Mearsheimer 2001: 267ff.). Entweder schließen sie sich einer Macht an, die dem sich abzeichnenden regionalen Hegemon Paroli bietet, oder sie halten still und warten ab, bis es ihnen ein Staat in der weiteren Nachbarschaft abnimmt, eine gegengerichtete Koalition zu organisieren.

Mearsheimers Spielart des Neorealismus ist das Musterbeispiel einer deduktiven Theorie. Sie setzt einige Thesen und konstruiert daraus Befunde und Prognosen. Das internationale System des genügsamen Waltzschen Sicherheitsbeschaffers lässt noch Raum für Diplomatie und Lernprozesse, für Historie und Gesellschaft, um das tatsächliche Sicherheitsbedürfnis und seine Grenzen zu bestimmen. Mearsheimers Welt ist demgegenüber auf Hegemonialbestrebungen und Gegenbewegungen programmiert, und das Verhalten der Staaten ist durch militärische Potenziale und geografische Lage determiniert. Die Vorgänge im internationalen System laufen gleichsam physikalisch ab. Für Ermessen und Einschätzungen – für Politik – bleibt kein Raum (Snyder 2002).

2.1 Vom Realismus zum Neorealismus

Mearsheimers Modell hat eine Affinität zum wirkungsmächtigen neokonservativen Denken in den USA. Diesem zufolge darf die amerikanische Weltmacht nicht in der Anstrengung nachlassen, ihre Superiorität zu wahren und sie noch weiter auszubauen. Andere Staaten warten nur auf die Gelegenheit, eine Schwäche oder ein Nachlassen auszunutzen. Wissenschaftlich verkleidet, wird hier dem Hochrüsten und dem präventiven Niederhalten potenzieller Störer einer hegemonialen Ordnung das Wort geredet (Keller 2008). Im Unterschied zu Mearsheimer laden die Neokonservativen die Hegemonie aber idealistisch bzw. moralisch auf. So konstruiert der publizistisch überaus rege Robert Kagan die Weltpolitik als das Großszenario eines Kampfes zwischen dem Frieden bringenden Dreiklang der Demokratie, der Persönlichkeitsrechte und des freien Marktes einerseits und der vielgestaltigen Autokratie andererseits. Mit der letzteren schert er so verschiedene Staaten wie China, Russland, den Iran und Nordkorea über einen Kamm. Ohne militärische Überlegenheit lässt sich dieser Kampf nicht führen (so etwa Kagan 2008, 2003). Der offensive Neorealismus kennt und benennt Konkurrenten und Gegner und lässt es damit bewenden. Erst seine Verbindung mit Moralität produziert neue Feinde anstelle des vor zwanzig Jahren abgetretenen Weltkommunismus.

Gehen wir nun zur kritischen Betrachtung des Neorealismus über. Sie beschränkt sich hier auf Waltz, der das wirkungsmächtigere und wissenschaftlich seriösere Modell des internationalen Systems entwickelt hat. Das neorealistische Staatenmodell besagt nichts über die Funktion der Staaten für die Gesellschaft oder über die Struktur von Staat und Gesellschaft. Die Staaten existieren einfach, sie wollen Sicherheit (für wen, eine Clique, eine freie Gesellschaft?). Ungeachtet der ökonomischen und sozialwissenschaftlichen Terminologie lässt sich bei Waltz in der Substanz, wie bei Morgenthau, ein Kredo ausmachen: Die Staaten sind gnadenlose Konkurrenten, und sie tragen diese Konkurrenz auf dem gefährlichen Turnierplatz der internationalen Sicherheit aus. Diese Botschaft wird teilweise auch heute noch gern vernommen. Sie ist das tägliche Brot der Sicherheitspolitiker und Anwälte der Rüstungsmodernisierung. Nicht, dass Waltz die Situation des Kalten Krieges schlecht getroffen hätte. Dem war durchaus so, und deshalb hatte seine Theorie auch Wirkung. Aber er schoss eine Momentaufnahme. Dies allein ist noch kein tragender Einwand gegen die neorealistische Theorie.

Wie Kupchans Überlegungen zur multipolaren Weltordnung zeigen, lässt sich die Theorie den veränderten Umständen nach der Ära der bipolaren Weltpolitik anpassen (Kupchan 1999). Die Struktur des Staatensystems hat sich in Richtung auf Multipolarität entwickelt. Da nach der neorealistischen Theorie die Struktur des internationalen Systems, also die Machtverteilung in der Staatenwelt, das Verhalten der Staaten bestimmt, sind jene Verhaltensweisen, die in der Zeit der bipolaren Rivalität der Supermächte angemessen waren, heute nicht mehr adäquat. Das hieße für die gegenwärtige amerikanische Außenpolitik ganz konkret, dass sie das jahrzehntelange weltweite Engagement auf kleinere Dimensionen zurückfahren sollte. Die Sicherheitsparameter einer transatlantischen Hegemonialmacht würden jedoch ein dauerhaftes Engagement im Nahen Osten erzwingen. In dieser Region mit ihren Ölvorkommen müssen die USA die materiellen Grundlagen ihrer Lebensgewohnheiten und ihres Wohlstands schützen. Eines bleibt gleich, ob die Neorealisten nun die Staatenwelt des Kalten Krieges oder die Welt danach analysieren. Sie reifizieren den Staat personengleich zu einer Spielfigur auf dem unebenen und asymmetrischen Schachbrett des internationalen Systems. Wie bereits bei Morgenthau, so scheint die Folie der Geopolitik durch.

Wenden wir uns dem Staatenbild der Neorealisten zu: Staaten leben im Zustand der Herrschaftslosigkeit. Dem kann man noch gut folgen. Über die äußere Sicherheit der Staaten ist nur noch die überlegene Macht anderer Staaten gesetzt. Aber die gern gewählte Analogie mit dem von notorischer Gewalt und Furcht beherrschten Hobbesschen Naturzustand der Menschen, die aus schierer Not ihre Freiheit dem Staat opfern, überzeugt nicht. Der Staat ist ein Konstrukt vernunftgesteuerter Berechnung. Es funktioniert, wenn es überlegt und klug gebraucht wird. Als Menschenwerk hat der Staat keinen Instinkt. Seine Lenker haben ein Interesse, ihn zu erhalten, weil sonst der Rückfall in die Wolfsgesellschaft droht, geprägt von Individuen, die sich um ihr Leben ängstigen.

Der Staat entsteht nur gedanklich in der Grenzsituation des Krieges aller gegen alle anderen. Aber sein Alltag und seine Routine kommen nicht aus dem Szenario des drohenden Krieges. Dies kann selbst nach den Hobbesschen Prämissen nicht so sein. Laut Hobbes strapaziert der Staat den Gehorsam seiner Untertanen am stärksten, wenn er sie in den Krieg führt (Williams 1996). Die Realisten aller Richtungen überzeichnen den Ausnahmezustand. Hobbes hat den Staat im Übrigen davor gewarnt, das Leben der Untertanen bzw. Bürger mehr als unbedingt notwendig zu regulieren, also sparsam mit seiner Kraft umzugehen. Ganz unplausibel sind die neorealistischen Erklärungen, wie sie hier referiert wurden, trotz allem nicht. Heuristisch sind sie allemal fruchtbar.

Der Wissenschaftlichkeitsanspruch der Neorealisten ist vom behavioralistischen Strom der Politikwissenschaft geprägt, und dieser misst sich am experimentellen Wissenschaftsideal eines Karl Popper: Thesen müssen sich von Mal zu Mal und unter den verschiedensten Randbedingungen beweisen, um die Gesetzes- oder Regelhaftigkeitsvermutung für sich in Anspruch nehmen zu können (Popper 1973: 44ff.). Weil die Politik aber nicht den rechten Stoff für präzise Labormessungen bietet, bleibt nichts anderes als das weite Feld historischer Ereignisse, um politikwissenschaftlichen Aussagen die Dignität exakter wissenschaftlicher Erkenntnis zu verleihen (Ashley 1986: 261f.). Waltz und seine Epigonen sind bei weitem nicht die Einzigen, die sich auf den verblassten Schauplätzen der Geschichte tummeln, um Beweismaterial zu sammeln. Aber sie müssen sich allemal an geläufigen Erkenntnissen über die politische Verfasstheit vergangener politischer Formationen prüfen lassen.

Die Grundstruktur der IB ist dem Neorealismus zufolge zeitstabil. Schon immer haben Staaten um Vorteile gerungen. Nehmen wir nur das beliebte Illustrieren mit Thykidides' Schilderung des Peloponnesischen Krieges. Die Rivalität zwischen Athen und Sparta musste dafür herhalten, den Preis mangelnder Wachsamkeit in der Zweimächterivalität des späteren 20. Jahrhunderts zu unterstreichen. Sparta zog demnach den Kürzeren, weil es Athen allzu lange nicht ernst genommen hatte (Waltz 1979: 66). Aber darf man Athen und Sparta wirklich als Staaten bezeichnen? Die Frage stellen heißt sie beantworten. Es handelte sich um befestigte antike Städte mit umliegenden Dörfern. Politik war die Amateurangelegenheit weniger Bürger, die eine Minderheit in einer sonst rechtlosen Sklavenbevölkerung waren. Diese Sklaven ermöglichten überhaupt erst die Subsistenz der griechischen Polis (Boucher 1998: 67f., Bagby 1994). Es gab noch keine Grenzen im modernen Sinne, eigentlich auch noch kein Staatsvolk, und eine unabhängig von den Bürgern existierende Staatsgewalt mit Verwaltungen und Gerichten gab es erst recht nicht. Die griechische Polis war eben noch kein Staat nach gegenwärtigem Verständnis, sondern eine historisch längst überlebte Form der politischen Gemeinschaft. Dieses Argument lassen die Neorealisten nicht gelten.

Waltz hat es konsequent abgelehnt, sich auf die historische Bindung des von ihm beschriebenen internationalen Systems an die Neuzeit überhaupt einzulassen. Markus Fischer, ein bekennender Neorealist, versuchte hingegen anhand des feudalen Europa zu belegen, dass sich bereits in den Lehns- und Vasallenverhältnissen zwischen 800 und 1300 ein staatengleiches internationales System verborgen habe, das sich aus dem Self-interest und dem Streben der Herrscher nach relativen Machtvorteilen erklären lasse (Fischer 1992). Er erntete eine deftige Replik, die den Konsens der Geschichtsforschung dagegen ins Feld führte; das Mittelalter habe demnach die politische Form des Staates überhaupt noch nicht gekannt (Hall/Kratochwil 1993). Der modern verstandene Staat ließ tatsächlich wohl noch einige Jahrhunderte auf sich warten. Lassen wir auch ihm eine kurze Betrachtung angedeihen.

Der Staat der frühen Neuzeit entstand in einem unzählig oft beschriebenen Prozess mit der Ausdifferenzierung von Politik und Gesellschaft. Exemplarisch sei auf die Arbeiten Tillys verwiesen (z.B. Tilly 1992). Das Erwerbsleben entwickelte seine eigenen Regeln, der Adel verlor das Herrschaftsrecht (nicht das Besitzrecht). Der Souverän wiederum organisierte die ihm zuwachsende alleinige Herrschaft in bürokratischen Apparaten wie Gerichten, Polizei, Steuerverwaltung und Militär. Es wurde ihm sogar zugestanden, die Religion seiner Untertanen zu bestimmen. Im Herrscher vereinigten sich beide Seiten der Souveränität. Nach innen galt sein in Gesetzen und Anweisungen ausgedrückter Wille. Nach außen verkehrte er als Gleichgestellter mit anderen Herrschern, die – außer im Krieg – als Herrscher über ihre Gebiete respektiert wurden. Im Staatenverkehr stand der Herrscher repräsentativ für seinen Staat.

Dieses Staatenbild geriet ins Wanken, als in den Staaten die Demokratie einkehrte. Fortan konterkarierten lautstark Parlamente, Parteien und Medienöffentlichkeiten die Außenvertretung durch die Regierungen. Außenpolitik ist seit spätestens einem Jahrhundert keine Domäne der Exekutive mehr. Andere Staaten zielen häufig bewusst am Regierungsadressaten als förmlichem Ansprechpartner vorbei, um die innenpolitischen Faktoren der außenpolitischen Entscheidung zu beeinflussen. Zumindest in den Demokratien ist die Gesellschaft in das Staatsdenken integriert. Aber – horribile dictu – diese Befindlichkeit jedes Staates sucht man bei Waltz vergeblich. Sein Staat ist hierarchisch gebaut, und als Regulator und Polizist steht er über der Gesellschaft. Das genügt bereits, um die Spitzen des Staates als Teil für das Ganze zu nehmen. Innenpolitische Constraints lässt Waltz nicht gelten (so kritisch Milner 1993: 154f.). Für eine bestimmte Epoche ist dies auch nicht falsch, besonders für das 18. und 19. Jahrhundert, die Blütezeit der Diplomatie sowie der kalkulierten und begrenzten Kriege. Hier mochte die Billardkugel-Metapher Raymond Wolfers' ihren Sinn haben. Die Staaten stoßen mit ihrer beinharten äußeren Schale zusammen, sie rollen aneinander vorbei oder laufen langsam aufeinander zu (Wolfers 1962: 19). Heute taugt dieses Bild nicht mehr.

Die Innenpolitik erklärt ein gutes Teil der Außenbeziehungen. Das vom frühen Waltz aufgezeigte, vom späteren Waltz aber vernachlässigte „second image" der IB lässt sich, wie Gourevitch (1978) zeigt, auch zum „second image reversed" umkehren. Danach werden die inneren Verhältnisse der Staaten vom internationalen Umfeld mit bestimmt. Die Staaten passen sich nicht nur im Außenverhalten, sondern auch mit ihrer inneren Struktur der Staaten- und Gesellschaftswelt in ihrer Umgebung an. Der entscheidende Punkt beim Einlassen auf das „second image" ist die poröse Außenverkleidung der innenpolitischen Bühne.

Einige Neorealisten wollen empirische Schwachstellen ihrer Theorie durch den Blick ins Innere der Staaten retten (Buzan/Jones/Little 1993: 121). Die Staatenlenker müssen nicht allein auf die Schranken Acht geben, die ihrer Handlungsfähigkeit in den Gegebenheiten des Staatensystems gezogen sind. Sie reagieren auch auf die Zwänge der Innenpolitik. Diese unterscheiden sich aber von Land zu Land, teilweise sogar erheblich. Mit dieser Operation desavouieren die Neorealisten keineswegs den Geltungsanspruch der Waltzschen Theorie. Sie geben lediglich die Annahme des zum „unitary actor" reifizierten Staates auf, der

2.1 Vom Realismus zum Neorealismus

allein die Machtpositionen des Staatenumfeldes im Blick hat, der nüchtern die Züge anderer Staatenlenker registriert und kühl auf diese reagiert. Die Erweiterung des Staatensystems um eine innenpolitische Dimension ist plausibel. Die damit konzedierte Kakophonie von Parlamentariern, Parteitagsbeschlüssen, Talkshows und Straßendemonstrationen als Faktoren der IB verträgt sich allerdings schlecht mit dem Bild eines von harter Außenschale umgebenen Staates, der durch ein einziges Außenfenster mit dem Rest der Welt kommuniziert.

Wie Kritiker anmerken, die das Ausblenden der Dritten Welt aus dem Politikbild der Neorealisten beklagen, waren die meisten Kriege der letzten 50 Jahre Bürgerkriege, und etliche internationale Kriege sind aus Bürgerkriegen entstanden (David 1998). Mit dem Einlassen auf die Innenpolitik bekennen sich diese neorealistischen Autoren allemal zur Historizität des Staates. Sie werfen damit gleichzeitig die Frage auf, ob sich das internationale System denn tatsächlich seit Jahrhunderten nach den selben Gesetzen bewegt hat.

Der Neorealismus kultiviert die Ablehnung internationaler Institutionen und internationaler Zusammenarbeit. Nur die Staaten zählen als Akteure. Bei näherem Hinsehen entbehrt dies nicht einmal einer gewissen Plausibilität. Internationale Organisationen funktionieren nur deshalb und nur soweit, wie die Staaten ihre Regeln respektieren. Dennoch überrascht Waltz' ausschließliche Betonung der Staaten im internationalen System, hält er doch auf die Wirtschaftstheorie so große Stücke, vor allem auf ihr Bild einer gesellschaftlichen Aktivität, die ganz ohne hierarchische Beziehungen auskommt (Ruggie 1996: 135, 138). Zur Erinnerung: Die Staaten haben in Waltz' Staatensystemmodell den gleichen Status wie die Individuen im idealen Markt. Ihr Innenleben interessiert so wenig, wie sich die Wirtschaftstheorie für die psychische Befindlichkeit rationaler Marktteilnehmer interessiert. Doch selbst der Markt kommt ohne Institutionen nicht aus.

Die Zentralbank ist eine solche Institution, oder die Börse. In der Praxis gibt es irgendwann Schwierigkeiten mit dem puren Markt, sonst gäbe es diese ökonomischen Institutionen wohl kaum. Der Markt ist ein gewaltiges Kooperationsunterfangen. Anbieter und Kunden arbeiten zusammen. Auftragnehmer vergeben Aufträge an zuliefernde Unternehmen. Käufer beauftragen gegen Provision Agenten, das günstigste Angebot für sie herauszufinden. Wo gibt es aber einen Markt für die äußere Sicherheit der Staaten? Sicherheit ist ein intangibles Gut, und vor allem ist Sicherheit nicht teilbar.

Gerade internationale Sicherheit entsteht durch Zusammenarbeit. Warum sonst war die NATO so attraktiv für die kleinen Staaten Ostmitteleuropas, ja sogar für ganz und gar nicht kleine wie Polen? Zusammenarbeit prägt die historischen Ruhe- wie auch die Kriegsperioden des 20. Jahrhunderts. Die Weltkriege waren auf westlicher Seite Koalitionskriege, im Übrigen ein bereits seit dem 18. Jahrhundert geläufiges Phänomen. Mit guten Gründen lässt sich darüber streiten, ob die NATO ein Instrument amerikanischer Hegemonie geworden ist. Wie dem auch sei: Nur in der Zusammenarbeit der Staaten kann ein europäisches Verteidigungsinstrument entwickelt werden, das die Abhängigkeit von den US-amerikanischen Potenzialen vermindert. Kurz: Kooperation ist mehr als nur eine Randnotiz in der Weltpolitik.

Der Neorealismus koppelt die Staatenbeziehungen vom Innenleben der Staaten ab. Die internationale Politik erklärt sich aus sich selbst heraus, aus der Positionierung mächtiger Staaten in der Staatenwelt. Objektive Größen wie militärische Kraft, Wirtschaftsleistung und Geografie gilt es im Auge zu behalten, um Veränderungen in der internationalen Politik zu erkennen. Die übrige Politikwissenschaft befasst sich aber mit der Gesellschaft und mit politischen Prozessen. Sie untersucht, wie und warum gesellschaftliche Probleme als politische Herausforderungen aufgenommen werden und Entscheidungen verlangen. Sie zeigt ferner, dass identische Probleme in verschiedenen Gesellschaften höchst unterschiedliche Betroffenheit auslösen und dass sie auf verschiedenen Wegen bearbeitet werden. Kurz: Ihr großes Thema ist die Bedingtheit der Politik durch Ideen, durch Verfahren, durch Institutionen zwischen Staat und Gesellschaft und durch die Struktur der staatlichen Institutionen selbst. Das breite Spannungsfeld zwischen beiden Betrachtungsweisen des Staates, hier der Blick auf äußere Gegebenheiten und dort auf die innergesellschaftlichen und staatlichen Verhältnisse, bestimmt bis heute die Theoriedebatte in den IB. Diese Debatte lässt sich kaum verstehen, wenn man nicht das verbreitete Bild der IB als ein dem innenpolitischen Treiben weit entrücktes, ganz von Macht, Konkurrenz und Gleichgewicht determiniertes Geschehen bedenkt. Für das Verständnis der IB ist die Auseinandersetzung mit dem Neorealismus unverändert wichtig.

2.2 Gegenbilder

Die realistische Sicht auf die internationalen Beziehungen hat eine Fülle von Alternativentwürfen angeregt. Diese greifen von verschiedenen Seiten her zentrale Merkmale der realistischen Theorien an. Im Mittelpunkt dieser Gegenbilder steht der Blick auf Normen, auf ökonomische Beziehungen und auf die innenpolitische Bindung der Akteure.

2.2.1 Die Englische Schule

Unter dem Namen der Englischen Schule haben britische Wissenschaftler der Machtfixiertheit der Staaten, wie sie dem Morgenthauschen Realismus vor Au-

2.2 Gegenbilder

gen steht, widersprochen. Die Konturen dieser Schule sind nicht sonderlich scharf. Auch gibt es mit Ausnahmen wenig Konsens, wer dazu gehört. Der oben referierte E. H. Carr jedenfalls gehört schon deshalb nicht dazu, weil er am Anfang einer Analysetradition steht, die auf Kriegsverhinderung durch eine Politik der Stärke setzt. Bemerkenswert ist die Englische Schule, weil sie mit dem gleichen Herangehen, wie es Carr wählt, d.h. mit der diplomatiehistorischen Betrachtung, zu anderen Schlüssen kommt. Ihr Anliegen ist die Frage, warum friedfertige Beziehungen zwischen den Staaten die Regel sind. Nicht das Hobbessche und Machiavellische Paradigma führt hier die Feder, sondern die Perspektive eines vom Völkerrecht und diplomatischer Konvention gesteuerten Umgangs der Staaten. Mit den realistischen/neorealistischen Schulen teilt die Englische Schule jedoch die Prämisse, dass die Staaten die Zentralakteure der internationalen Beziehungen darstellen. Sie geht auch davon aus, dass die Beziehungen zwischen den Staaten anarchisch strukturiert sind. Die innere Verfasstheit der Staaten ist kein Thema für sie, das Gleiche gilt für die internationalen Organisationen. Mit der Selbsthilfethese der Realisten hat die Englische Schule also keine Schwierigkeiten. Sie schreibt die Bedingtheit der Staatenbeziehungen durch Selbsthilfesituationen aber sehr viel kleiner, als es die Realisten tun (kompakt zur Englischen Schule: Linklater/Suganami 2006).

Die wichtigsten Vertreter dieser Schule sind Martin Wight und Hedley Bull. Sie heben die Rolle sozialer Regulative in den IB hervor. So, wie die Menschen in der Gesellschaft gewisse Umgangsformen beachten, wie sie bestimmte Werte respektieren und damit eine Gesellschaft konstituieren, so bilden auch die Staaten eine Gesellschaft (Bull 1977, 1966a: 48 f.). Ein tragendes Element des zwischenstaatlichen Umgangs sind die Regeln der Diplomatie. Die Respektierung territorialer Grenzen ist ein weiteres. Aus dem Völkerrecht, das den Kern dieser Normen ausdrückt, erklärt sich, warum zwischen den Staaten kein regelloses Gegeneinander herrscht (Bull 1966b: 52).

Das Völkerrecht ist ein Produkt der europäischen Staatenwelt. Die postkolonialen Staaten des 20. Jahrhunderts haben seine Normen und die mit ihm verbundenen Gepflogenheiten jedoch akzeptiert (Wight 1966). Verträge, Usancen und Anstandsregeln bilden indes kein Äquivalent für einen Weltstaat. Sie versagen sporadisch, wo die überlegene Macht großer Staaten im Spiel ist. Aber sie bringen doch so etwas wie eine Staatengesellschaft zustande, deren Teilnehmer üblicherweise verträglich miteinander umgehen.

Diese Staatengesellschaft ist keineswegs statisch. Ihrem Wandel lässt sich mit dem Epochenvergleich auf die Spur kommen. Die Vertreter der Englischen Schule durchstreifen zu diesem Zweck die europäische Antike, die Neuzeit und die Geschichte Asiens. Sie tun dies mit der gleichen Unbefangenheit, die ihre realistischen Kollegen auszeichnet. So folgte Europa im Zeitalter der Kabinettskriege einer anderen Etikette als im Zeitalter des Nationalismus. Das alte China fand im Konstrukt der Suzeranität eine Formel, mit der es die Welt um sich herum beherrschte, ohne dass es dazu großer militärischer Macht bedurfte. Der Abgleich historischer Erkenntnisse mit Beobachtungen aus der Gegenwart erlaubt es abzuschätzen, welche Wandlungen sich in der gegenwärtigen Staatenwelt womöglich anbahnen (Butterfield/Wight 1966). Verliert das in den vergangenen Jahrhunderten geformte, später in Afrika und Asien übernommene Staatenbild seine Verbindlichkeit, dann steht die heute vertraute Staatengesellschaft auf dem Spiel. Die Staaten tun allemal gut daran, eine kultursensible Diplomatie zu betreiben. In einer friedfertigen Welt verhalten sich die Staaten wie Weltbürger und gute Nachbarn, die gegenseitig ihre Eigenarten respektieren (Wight/Bull 1977).

2.2.2 Weltgesellschaft/Strukturalismus

Für die Analyse der Gegensätze zwischen den Wohlfahrts- und Industriegesellschaften und den armen Ländern Afrikas, Asiens und Lateinamerikas taugen die Bilder des internationalen Systems und der Staatengesellschaft nicht. Diese Themen stehen im Mittelpunkt einer Theorienfamilie, die mit dem Begriff der Weltgesellschaft arbeitet. Das Modell der Weltgesellschaft ist dem marxistischen Ansatz verhaftet. Die Ökonomie ist die Basis der Gesellschaft. Kultur, Recht und Politik sind Überbauphänomene. In Anlehnung an die Imperialismustheorie wurde dieses Basis-Überbau-Denken auf die IB angewandt. Wladimir Iljitsch Lenin behauptete zu Beginn des 20. Jahrhunderts, der Imperialismus, d.h. die Aneignung afrikanischer und asiatischer Länder als europäische Kolonien, verkörpere das höchste Stadium des Kapitalismus (Lenin 1971[Erstausg. 1917]: 334ff.). Fußend auf der Annahme, der Staat trete in den westlichen Industrieländern lediglich als Agent der Kapitalinteressen auf, geht die Imperialismustheorie davon aus, dass die Nationalstaaten für das Profitstreben der Kapitalisten irgendwann zu eng werden. In ihrer unerbittlichen Konkurrenz um Märkte wollen sie die Kontrolle über Rohstoffreserven. Mit der Unterjochung kolonialer Völker beuten sie billige Arbeit aus und erweitern sie ihre Märkte. Der Wettlauf um Ressourcen und Gewinne, in den auch die Regierungen eingespannt werden, mündet in den Krieg.

Diese Grobstruktur der Imperialismustheorie zieht sich durch bis in die Theorien der Weltgesellschaft. Die bekanntesten Vertreter dieser in verschiedenen Varianten vorgetragenen Theorie sind Immanuel Wallerstein, Dieter Senghaas und Johan Galtung (Wallerstein 1974ff., Senghaas 1972, Galtung, 1981, 1971). Ihre gemeinsame Argumentationslinie sei hier knapp umrissen. Der Aus-

2.2 Gegenbilder

gangsbefund lautet: Hier Metropolen, dort Peripherien! Es sind nicht so sehr Staaten, von denen die internationalen Beziehungen strukturiert werden, sondern vielmehr multinationale Konzerne und Banken in den Metropolen sowie die Regierungen und das Import-Export-Business in den armen Ländern. Die Struktur der globalen Wirtschaft ist so beschaffen, dass der Wohlstand der Einen auf dem Elend der Anderen aufbaut. Deshalb findet sich für diese Art der Theorien auch die Bezeichnung des Strukturalismus (Menzel 2001: 22f.). Die hier gemeinte Struktur lässt sich auch im Schlagwort des Nord-Süd-Gegensatzes ausdrücken. Der Norden beherrscht den Süden. Industrielle Entwicklung findet im Süden nur soweit statt, wie sie den Exportinteressen der Metropolen und dem Wohlstand der herrschenden Klassen im Süden nützt. Letztere akzeptieren diese internationale Arbeitsteilung. Sie haben sich darüber hinaus in eine kulturelle Abhängigkeit von den Metropolen begeben. Sie leben und konsumieren so, wie es ihnen die Metropolen vormachen, und sie erkaufen diese Lebensweise damit, dass ihre Völker in Armut, Hunger und Analphabetismus verharren. Diese Allianz der Metropolen mit den privilegierten Klassen des Südens ist das Thema der Dependenztheorien, die in den 1960er Jahren von lateinamerikanischen Wissenschaftlern entwickelt wurden (Cardoso/Faletto 1976, Frank 1869).

Das Jammertal der Weltgesellschaft verkörpert „strukturelle Gewalt". Es schreit nach Veränderung. Hoffnung winkt allein von einer grundlegenden Wandlung der Produktionsbedingungen, d.h. von der Überwindung des kapitalistischen Systems. Als isolierte Bemühungen versprechen solche Bemühungen wenig Erfolg. In den Metropolen selbst muss der Hebel angesetzt werden. Es gilt, der Politik den Primat vor dem Ökonomischen zu geben. Im Modell der Weltgesellschaft wird die Unterscheidung von Staat und Gesellschaft, von Innen- und Außenpolitik überflüssig. Politisch-soziale Kämpfe und emanzipatorische Ideen bergen die Chance, den internationalen Beziehungen ihren Ausbeutungscharakter zu nehmen.

Diese Position ist in der Theoriediskussion der IB randständig. Dabei bietet sie eine brauchbare Heuristik, um die Beziehungen zwischen armer und reicher Welt zu verstehen. Ein Grund liegt darin, dass die Theoriedebatte von Fachvertretern in den USA bestimmt wird, wo kapitalismuskritische Ansätze nicht hoch im Kurs stehen. Die Mehrheit der Politikwissenschaftler, die Vertreter der IB nicht ausgenommen, lebt und publiziert in den USA. Wenn es um Themen, Publikationsmöglichkeiten und Konferenzen geht, zeigt der Kompass europäischer Politikwissenschaftler über den Atlantik. So wichtig diese Faktoren auch sind, geben letztlich andere Gründe den Ausschlag für die Isoliertheit des Weltgesellschaftsmodells.

Die Verbannung der Politik an die Seitenlinie der IB überzeugt nicht. Für das Operieren von Kapitalgesellschaften sind Staaten und Regierungen durchaus relevant. Warum in Ostasien und Indien ein Aufholen mit den alten Metropolen stattfindet, in Afrika und im Orient aber nicht, lässt sich nicht mit den Verwerfungen zwischen arm und reich in der Weltgesellschaft beantworten. Die Strukturalisten sind nicht weniger kulturblind als die Realisten aller Schattierungen. Sie scheren die ungeheure Vielfalt historischer und kultureller Entwicklungen über den kapitalistischen Kamm. Es handelt sich hier um eine Theorienfamilie, die stark an den Kontext der 1960er, 1970er und 1980er Jahre gebunden ist, d.h. an die weltpolitische Konkurrenz zwischen westlichem und sowjetischem Lager und ganz allgemein an die Hochkonjunktur der marxistischen Analyse in der Sozialwissenschaft. Mit dem Abflauen dieser Konjunktur ist es auch um diese Theorien der Weltgesellschaft still geworden.

2.2.3 Domestic Bases of Foreign Policy

Keine der bis hier referierten Theorien lässt sich auf die innenpolitischen Quellen der Außenpolitik ein. Dabei gab es zu der Zeit, da sie debattiert wurden, längst empirisch fundierte Entwürfe, die Außen- und Innenpolitik miteinander verknüpften. John Jervis hatte, von der Psychologie inspiriert, für die Erklärung der Außenpolitik die Analyse von Selbst- und Fremdbildern vorgeschlagen: Gesellschaften entwickeln Vorstellungen von sich selbst, und daraus ergibt sich die Unterscheidung von anderen Gesellschaften. Die Unterschiede sind entweder mit den Essentials der eigenen Identität kompatibel, dann ist der Umgang leicht, und unterschiedliche Interessen werden nicht als bedrohlich wahrgenommen, oder sie geraten in Art und Ausmaß so groß, dass die Fremdheit bedrohlich wirkt. Im letzten Falle stellt sich die Sicherheitsfrage (Jervis 1976).

Richard Snyder, H. W. Bruck und Burton Sapin (1962) unterschieden die Parameter außenpolitischen Handelns nach einem „internal setting", d.h. dem innenpolitischen Handlungsrahmen wie z.B. staatliche Institutionen, Parteien und Öffentlichkeit, und nach einem „external setting", d.h. geostrategische Lage, Ressourcen, Bedrohungsszenarien und Bündnisoptionen. Karl Deutsch, ein Politikwissenschaftler, der das Fach insgesamt mit geprägt hat, hatte – der gleichen Idee folgend – in einem bereits mit „Internationale Beziehungen" betitelten Buch gesellschaftliche Akteure in anderen Staaten als Faktoren der nationalen Außenpolitik ausgemacht. Er ließ damit die später so genannte Interdependenzidee anklingen (Deutsch 1968). James Rosenau hatte mit der Vorstellung verschiedener „issue areas" betont, dass außenpolitische Wahrnehmungen und Handlungen – ähnlich wie in der Innenpolitik – nach Gegenständen und Problemzonen variieren. Handelspolitische Rivalen können sicherheitspolitische Partner sein, und Konkurrenten um militärische Überlegenheit mögen zum beiderseitigen Vorteil

2.2 Gegenbilder

Handel treiben. Wohlfahrtspolitische Überlegungen beeinflussen sicherheitspolitische Kalküle und umgekehrt (Rosenau 1967). Diese Betrachtungsweisen holen den Regierungssystemvergleich in die IB hinein. Denn offensichtlich erschwert ein „internal setting" in der Art des präsidialen Regierungssystems der USA außenpolitische Entscheidungen, während parlamentarische Regierungssysteme kraft des engen Verbundes von Regierung und Parlamentsmehrheit im Regelfall handlungsfähiger sein dürften. Autoritäre politische Systeme riskieren mit einer unpopulären Außenpolitik oder mit militärpolitischen Fehlleistungen Erschütterungen durch eine mächtiger werdende innere Opposition. Die Fremdeinschätzung von Regierungen, die weder eine politische Öffentlichkeit noch freie Parteien und Verbände kennen, dürfte wenig zuverlässig geraten. Sie muss personal gebundene Macht einschätzen. Demokratische Regierungen agieren demgegenüber auf offener Bühne. Die Spieler sind bei Freund und Feind bekannt und lassen sich mehr oder minder berechnen.

Die Sicherheitspolitik ist eine Sache für Spezialisten. Sie involviert in der Regel überschaubare Netzwerke. Mit ihren komplexen und häufig abstrakten Themen dringt sie aber selten in die breitere Öffentlichkeit vor. In der Außenwirtschaftspolitik hingegen geht es um Investitionen und Arbeitsplätze. Arbeit, Einkommen und Verteilung sind der Betriebsstoff der demokratischen Politikmaschine.

Exemplarisch für ein Studium der Außenpolitik, das sich mit den Konzepten der innenpolitischen Analyse verbindet, ist Graham T. Allisons Pionierstudie. Sie dekliniert am Beispiel der Kuba-Krise von 1962 drei Erklärungsansätze durch (Allison 1971). Ihr Ziel war es, die Entscheidungen Moskaus und Washingtons nach der Stationierung sowjetischer Raketen auf Kuba zu rekonstruieren. Zunächst wurde beiden Staaten die konsequente Suche nach einem strategischen Vorteil, d.h. ein Überlegenheitsstreben unterstellt. Hier war der realistische Ansatz des sicherheitswahrenden und -steigernden Interesses impliziert. Ergänzend wurde danach gefragt, wie die mit der Außen- und Verteidigungspolitik befassten Institutionen agiert hatten: Ob sie hier genauso handelten, wie in anderen Fällen auch, oder ob hier auffallend von der bürokratischen Routine abgewichen wurde. Schließlich wurde geprüft, ob die Beteiligten vernünftig gehandelt hatten, d.h. ob sie eine Lösung angestrebt hatten, die das Interesse des Gegenübers ins Kalkül zog, ohne die eigenen Ziele aus dem Auge zu verlieren. Mit diesem Aspekt wurde die seinerzeit in die Sozialwissenschaft driftende Spieltheorie – Rational choice – integriert. Allison zeigte in dieser bis heute als Standard zitierten Studie, dass jede Sichtweise ihre Vorzüge und Schwächen hat. Er konnte allerlei Merkwürdigkeiten aus der Sicht eines rationalen Vorteilsstrebens damit erklären, dass Militärs, Diplomaten oder Politiker auch in dramatisch erscheinenden Situationen oft nichts anderes tun als sonst auch: dass sie in schlichter Routine handeln. Bürokratische Institutionen gelten als stabil, wenn sie eine feste Aufgabe nach bewährten Regeln abarbeiten. Entscheidungen der politischen Führung mögen bisweilen aus dem Gewohnten herausreißen. Aber Institutionen reagieren träge. Deshalb sind sie der Zement des politischen Zusammenhalts. Andererseits sollen politische Führer und ihre Berater die Fähigkeit zur Empathie besitzen, d.h. sich die in Lage anderer hineinversetzen können. Doch Gefühlshaushalte sind eine prekäre Sache. Sie sind biografisch und kulturell vermittelt. Ihre Analyse verlangt Interpretation und setzt viele Informationen voraus.

Die strikt dem Vorteil folgende, aber das vernünftige Kalkül des anderen erfassende Ratio ist eine andere Sache. Sie ermöglicht bei bereits geringer Kontextinformation die Verständigung. Berechnung, Risiko, Innovation, Routine und Intuition fließen jedoch in schwer kalkulierbarer Mischung in außenpolitische Entscheidungen ein. In alter Sprache hieß dies Staatskunst. Das Neue seit Allison aber: Außenpolitik entsteht nicht vor Landkarten und in Tagträumen – sie hat eine Grundlage: den Staat mit seiner Innenorganisation. Allison nahm einfach zur Kenntnis, dass es eine politikwissenschaftlich interessante Bürokratieforschung gibt und dass ferner Kosten-Nutzen-Kalküle, wie sie in der Ökonomie gang und gäbe sind, einiges zum Verstehen der internationalen Politik beitragen können. Er war nicht der Einzige, der den Blick über die Zäune der IB ins weitere Fach und darüber hinaus auf die Argumentationsmuster anderer Disziplinen richtete. Aber er repräsentierte zu seiner Zeit ebenso wenig wie Snyder, Bruck und Sapin den Mainstream der IB.

Streng besehen handelt es sich bei diesen Gegenbildern nicht um Theorien der IB. Eher handelt es sich um wohlbegründete Einwände gegen Blind- und Schwachstellen der Annahme, die Staaten folgten einem objektiven, von politischen Mehrheiten, Verfassungen und ökonomischen Gegebenheiten unabhängigen Handlungsprogramm, das allein auf Impulse aus der übrigen Staatenwelt reagiert.

2.2.4 Internationale Politik als Gesamtpolitik

John Burton schlägt vor, sich vom Bild einer Staatenwelt zu verabschieden. Das internationale Geschehen spielt sich eher in einer Weltgesellschaft ab. Unter dieser Weltgesellschaft versteht Burton jedoch etwas anderes als die oben kurz vorgestellten strukturalistischen Autoren (Dunn 2004). Ausgehend von der Erkenntnis, dass es zu kurz greift, die Staaten wie Billardkugeln auf einem globalen Spieltisch zu beobachten, stellt er die Frage nach der Beschaffenheit der

2.2 Gegenbilder

Staaten. Die isolierte Betrachtung allein des nach außen gerichteten Verhaltens gibt wenig Aufschluss über Motive, Prozesse und Entscheidungen. Erst in der Verknüpfung der inneren Politik mit dem Außenverhalten der Staaten lässt sich verstehen, was sich in der internationalen Arena abspielt (Burton 1967: 149, Burton 1965: 28ff.). Innergesellschaftliche Akteure kommunizieren grenzübergreifend sowohl untereinander als auch mit der eigenen und mit anderen Regierungen. Ideen und Geschichtsbilder konstituieren die IB nicht weniger als das Handeln einzelner Regierungen und das Kalkül mit militärischer Hardware. Blickt man aus der Vogelperspektive auf die IB, so gleichen die vielfältigen Interaktionen einem ungleichmäßig gewobenen Spinnennetz (Burton 1972).

Ernst-Otto Czempiel wendet, deutlich inspiriert von Burton, gegen vereinfachende heuristische Modelle der IB ein, es sei unmöglich, die verwirrende Vielfalt der Beziehungen zwischen den Staaten in einer Theorie darzustellen: Zwischenstaatliche Beziehungen besitzen unterschiedliche Intensität, und sie verlaufen in unterschiedlicher Tiefe. Die Welt ist keine Einheit und weder ausschließlich eine Staatenwelt noch eine Welt der Banken und Unternehmen. Alle Akteure sind miteinander verknüpft. Die Punkte, an denen sie interagieren, lassen sich in Strukturen beschreiben.

Diese Strukturen sind kein Werk individueller Entscheidungen. Individuelle Entscheider sind in soziale Zusammenhänge eingebunden, in Regierungsapparate, Parteien, Armeen und Unternehmen. Gruppen bilden Routine und Gewohnheiten aus, sie vermitteln Werte und bevorzugen bestimmte Herangehensweisen. Deshalb muss die Betrachtung der IB stets die innenpolitische Dimension berücksichtigen (Czempiel 1981: 101, 104, 2003: 15ff.).

Czempiel erweitert seine Überlegungen zum normativen Gegenentwurf: Die rationalere, friedlichere Politik wird von denjenigen Staaten betrieben, die demokratisch verfasst sind. Demokratie bedeutet an sich nicht schon Friedfertigkeit und Konfliktabbau. Sie kommt diesem Zustand aber eher entgegen als jede andere Herrschaftsformen. Auch Czempiel etikettiert seine Überlegungen als Analyse der Weltgesellschaft. Er bezieht sich hier auf die philosophische Tradition Kants. Die entscheidende Voraussetzung für eine Welt ohne Krieg ist die innergesellschaftliche Geltung der individuellen Freiheitsrechte (Krell 2004: 203ff.). Die Gesellschaft soll die primäre Kraft in der Politik sein, der Staat lediglich ihr Instrument. Solange die Gesellschaften noch ungerecht verfasst sind, wird es Ursachen für innergesellschaftliche und internationale Konflikte geben (Czempiel 1999: 74ff., 1998: 147ff., 1991).

2.3 Der Neoliberalismus/Institutionalismus: Die Entdeckung der Zusammenarbeit

Die Gegenentwürfe zum Neorealismus werden in der angelsächsischen Fachliteratur allgemein mit Neoliberalismus umschrieben. Ihr Gegenstand ist das Phänomen der internationalen Zusammenarbeit. Damit grenzen sie sich vom neorealistischen Basismodell der Machtkonkurrenz im internationalen System ab. Diese zwischenstaatliche Zusammenarbeit gewinnt in Institutionen, d.h. in internationalen Regimen und internationalen Organisationen, eine dauerhafte Struktur. Hier liegt der Grund, weshalb einige Fachvertreter und insbesondere diejenigen im deutschen Sprachraum für diese Theorien die Bezeichnung des Institutionalismus vorziehen (Schieder 2006, Krell 2004: 239ff., List/Behrens/Reichardt/ Simonis 1995: 34ff.). Auch vom neoliberalen Institutionalismus ist in diesem Zusammenhang die Rede (Menzel 2001: 165ff.). Doch ob Neoliberalismus oder Institutionalismus. Es handelt sich um Synonyme, welche dieselbe Sache umschreiben.

2.3.1 Institutionen- und Regimetheorien

Der ältere Liberalismus in den IB, von dem oben im Zusammenhang mit Woodrow Wilson die Rede gewesen ist, hatte seine Wurzeln in der Idee einer friedlichen und friedenswahrenden Zusammenarbeit souveräner Staaten. Der neue Liberalismus aber ist – ähnlich wie der neue Realismus – aus der Auseinandersetzung mit wissenschaftlichen Theorien hervorgegangen. In der Terminologie der Institutionalisten läßt sich bedeutungsgleich ein älterer und neuer Institutionalismus unterscheiden. In der von modebewussten Politikwissenschaftlern derzeit hoch geschätzten Denkweise der Rational choice ist jede Art der dauerhaften gemeinsamen Problemlösung eine Institution. So verstandene Institutionen bilden sich als die Schnittmenge der im Übrigen unterschiedlichen Interessen einzelner Akteure (Shepsle 1989).

Die Institutionentheoretiker teilen sich in zwei Lager. Das eine betrachtet die Institutionen lediglich als gemeinsames Hilfsmittel der Staaten, wo diese im Alleingang nicht mehr weiterkommen. Die Institutionen sind dort zwischen den Staaten angesiedelt. Sie stehen nach ihrer Bedeutung aber *unter* den Staaten. Das zweite Lager läßt die Institutionen *neben* die Staaten treten (Hellmann/Wolf 1993, Keck 1991). Nicht genug damit, dass der Institutionalismus ergänzend attributiert werden muss, um den gemeinten Inhalt zu erschließen, muss inzwischen auch noch bestimmt werden, was genau unter einer Institution verstanden wird. Handelt es sich um eine förmliche internationale Organisation mit Satzung,

2.3 Der Neoliberalismus/Institutionalismus

Sekretariat und Partizipationsmechanismen für die Staaten, wie z. B. UN, NATO oder IWF? Oder handelt es sich im soziologischen Sinne einfach um eingeübtes, regelmäßiges und erwartungssicheres Verhalten wie zum Beispiel die Anmeldung von Militärmanövern, die Information über bevorstehende Raketenstarts und die Konsultation befreundeter Staaten vor beabsichtigten wichtigen Entscheidungen?

Der Neorealismus konstruiert das Verhältnis der Staaten zueinander als konkurrenzfixiert und von Misstrauen durchdrungen. Sieg und Platz in der Staatenwelt bestimmen sich nach der Behauptung und der Verschiebung relativer Macht. Die Kooperationstheorien halten dagegen, dass in den zwischenstaatlichen Beziehungen Vereinbarungen getroffen werden können, die alle Beteiligten besser stellen: Eine Vereinbarung mag vielleicht einige stärker begünstigen als andere. Sie bringt aber selbst den weniger Begünstigten immer noch so viele Vorteile, dass diese am Ende besser dastehen, als wenn sie der Vereinbarung fernblieben. Anders ausgedrückt: Die Ergebnisse internationaler *Kooperation* sind *teilbar*. Das Weltbild der Neorealisten kennt demgegenüber *keine teilbaren* Güter, es kennt allein Verlierer und Gewinner.

Theorien, die sich auf das Kooperationsphänomen einlassen, tummeln sich auf einem Feld, das die neorealistische Perspektive traditionell ignoriert: die internationalen Wirtschaftsbeziehungen (Baldwin 1993a: 10). Fragen der Weltwirtschaft wurden als Problem der IB erst seit 1973 deutlich wahrgenommen. Anlass war das mit lautem Getöse zusammenbrechende Gerüst der internationalen Währungsordnung von Bretton Woods. Diese war nach 1944 um die tragende Rolle der USA herum errichtet worden, insbesondere um feste Wechselkurse in Relation zur Leitwährung des Dollar zu administrieren. Im Laufe der Jahre drang Japan mit hochwertigen Konsumgütern auf den amerikanischen Markt vor. Die EWG machte mit ihrem lodengrünen Protektionismus den US-amerikanischen Agrarexporteuren das Leben schwer. Steigende Energiepreise schwächten das internationale Wirtschaftswachstum. Der Dollar war in seiner bisherigen Aufgabe überfordert. Für viele Schwellenländer bedeutete dies den Verlust erwarteter Märkte, wachsende Energiekosten und die Unfähigkeit zur Rückzahlung von Krediten.

Die hier schlagworthaft angesprochenen Ereignisse fanden in kürzester Zeit ihren Platz auf der Agenda der akademischen IB. Diese waren auf solche Themen nicht vorbereitet. Solange die Unternehmen ihre Aktivitäten hauptsächlich auf den nationalen Märkten abwickelten, hatten die IB keinen Grund, sich überhaupt mit ihnen zu beschäftigen. Sobald die Unternehmen ihre Investitionen indes unübersehbar stärker ins Ausland verlagerten und damit auch die inländische Arbeitsnachfrage verknappten, warfen sie innerstaatliche Probleme auf. Wie Richard Rosecrance schreibt, ist die Zahlungsbilanz (balance of payments) für moderne Staaten vielfach wichtiger als die Machtbalance (balance of power). Der Handelsstaat, den Rosecrance mit Deutschland und Japan exemplifiziert, folgt in seinen Außenaktivitäten dem Imperativ des Wohlfahrtsgewinns. Er erwirbt Macht, Prestige und Wohlstand durch die Beteiligung am Welthandel (Rosecrance 1987). Um die Antriebskräfte der grenzüberschreitenden Zusammenarbeit zu verstehen, fassen die Neoliberalen die Gesellschaften ins Auge. Das Agieren der Unternehmen, Handelskonflikte und Währungsturbulenzen lenken den Blick auf staats- und politikfreie internationale Transaktionen mit ihren gleichwohl beträchtlichen Auswirkungen auf die Politik. Mit dieser Perspektive erweitert sich die Internationale Politik zu den Internationalen Beziehungen.

Susan Strange behauptet, längst hätten die Banken, der IWF, die Börsenspekulanten und innovative Unternehmen die Staaten und Gesellschaften überwuchert. Sie ist eine Autorin, die sich von einem neorealistischen Standpunkt aus eine stärkere Rolle des Staates in den weltwirtschaftlichen Beziehungen wünscht. Tatsächlich sei für die IB die Ressourcenausstattung der Unternehmen wichtiger geworden als die Konkurrenz zwischen den Gesellschaftsmodellen und die Differenz zwischen schwachen und mächtigen Staaten. Die Weltökonomie habe der Staatenwelt den Rang abgelaufen. Die Folge sei ein dramatischer Legitimitätsverlust für die Staaten und auch für die von ihnen getragenen internationalen Institutionen (Strange 1997a; 1997b).

Die Neoliberalen teilen diese pessimistische Einschätzung nicht. Robert Keohane und Joseph Nye gelten als maßgebliche Mitbegründer der neoliberalen Richtung in den IB (Keohane/Nye 1977: 24ff.). Bei ihnen stehen durchaus die Staaten im Zentrum der Weltpolitik, und sie konzedieren auch die Sicherheit als das Primärziel staatlicher Interessen. Aber die Agenda der Außenbeziehungen wird nicht ausschließlich von Sicherheitsfragen und militärischen Machtkalkülen beherrscht: Diese sind in der Hierarchie der tagespolitischen Sorgen recht weit unten angesiedelt. Beschäftigung und Wohlstand sind die zentralen Bewährungsfelder erfolgreicher Parteien und Regierungspolitiker. Angesichts der erreichten weltwirtschaftlichen Verflechtungen haben die Regierungen im Nationalstaat gar keinen richtigen Zugriff mehr auf Erfolg versprechende Problemlösungen. Banken und Unternehmen folgen im internationalen Geschäft der Erwerbs- und Gewinnlogik. Sie schaffen dabei Tatsachen, die keiner um ihre Mehrheit besorgten Regierung gleichgültig sein dürfen. Das Kapital ist hochgradig mobil, und es sucht sich jene Anlageplätze, auf denen es von der Politik nicht groß behelligt wird. Oft stehen die Grundsätze der Wirtschafts- und Handelsfreiheit dagegen, etwas zu unternehmen (Keohane/Nye 1977: 24ff.).

Der Staat hat unter diesen Umständen nur dann die Chance, handlungsfähig zu bleiben, wenn er zusammen mit anderen Staaten Regeln oder Usancen entwickelt, die das grenzüberschreitende Agieren der Unternehmen regulieren. Der

2.3 Der Neoliberalismus/Institutionalismus 51

Staat versucht also, die drohenden oder bereits eingetretenen nationalen Handlungsverluste auf der Ebene der Regierungskooperation aufzufangen. Die für diesen Zweck bestimmten Regelwerke bilden *internationale Regime*. Regime lassen sich ganz allgemein als Selbstverpflichtungsprogramme der Staaten beschreiben (dazu Efinger/Rittberger/Wolf/Zürn 1990). Das Regime hat in den IB eine andere Bedeutung als in der übrigen Politikwissenschaft. Dort werden unter dem Regime die Regeln der politischen Legitimation und Machtverteilung verstanden. Regime zeigen an, wer nach welchen Regeln die Herrschaft ausübt. Der Staat ist ein Instrument des Regimes, die Gesellschaft ist sein Adressat (Fishman 1990, Lawson 1993).

Die zwischenstaatliche Zusammenarbeit in Gestalt internationaler Regime hat nach Einschätzung der Neoliberalen ihre Ursachen im nationalen Politikversagen: Der nationalstaatliche Rahmen ist für die Politik zu eng geworden. Um herauszufinden, wo sich Anknüpfungspunkte für eine Zusammenarbeit mit anderen Staaten erkennen lassen, ist der Blick ins Innere der Staaten gefordert (Keohane 1989: 3ff.). Typischerweise lassen sich Neorealisten, die das Phänomen internationaler Regime akzeptieren, nur zögernd auf die innenpolitische Relativierung ihres Staatenbildes ein. Für den Neorealisten Stephen Krasner sind es allein nationale Interessen, die Staaten dazu anhalten, sich auf Regime einzulassen. Regime sind Konstruktionen für das Festmachen von Machthierarchien, sozusagen eine Lösung mit geringen Transaktionskosten, wo die Alternative des fortwährenden Wettlaufs um relative Positionsvorteile nicht sinnvoll erscheint oder wo sie immense und unerwünschte Nebenkosten verursacht (Krasner 1985: 5ff.).

Die Neoliberalen berufen sich üblicherweise nicht auf politiktheoretische Altvordere. Versuchen wir dennoch in ähnlicher Weise, wie oben Hobbes für die Realistische Schule ins Spiel gebracht worden ist, den Neoliberalismus mit dem Denken der Klassiker zu konfrontieren. Und welcher Klassiker eignete sich besser als John Locke – Erzvater der Legitimation des Staates aus den Bedürfnissen der bürgerlichen Gesellschaft heraus? Locke ruft den Staat erst dann auf den Plan, wenn sich herausstellt, dass die frei vereinbarten Eigentumsrechte der Menschen nicht mehr anders als von einem mit dem Gewaltmonopol bewehrten Staat geschützt werden können. Doch bevor der Staat seinen Auftritt bekommt, gibt es immerhin schon Vernunftregeln des Zusammenlebens. Diese reichen dann nur irgendwann nicht mehr aus. Hier lässt sich eine Parallele zu den IB konstruieren. Das Verhältnis der Staaten untereinander, insbesondere in Gestalt internationaler Regime, ist nicht regelfrei – ganz ähnlich wie das Zusammenleben der Menschen bei Locke nicht gesellschaftsfrei ist, bevor sie den Staat bemühen.

Internationale Regime gleichen einem internationalen Gesellschaftszustand, in dem eine internationale Staatlichkeit noch weit hinter dem Horizont liegt. Regime sind dazu bestimmt, die Zusammenarbeit auf einem bestimmten Politikfeld zu regeln. Sie setzen deshalb zunächst einen Regelungsbedarf voraus, den alle beteiligten Staaten in gleicher Weise anerkennen (zum Folgenden informiert umfassend und verständlich: Müller 1993). Einen Weltstaatsersatz, wie man ihn der ursprünglichen Idee der Vereinten Nationen zuschreiben könnte, wollen Regime nicht bieten. Stets kreisen sie um einen bestimmten Zweck. Dieser mag sehr breit definiert sein, wie im Falle der Welthandelsorganisation, oder er mag eng beschrieben sein, wie z.b. ein Artenschutzabkommen, oder das Regime mag erhebliche Komplexität aufweisen, wie ein Arrangement zum Schutz des Weltklimas. Voraussetzung für die Zusammenarbeit der Staaten in einem Regime ist die Verständigung auf Fakten und Zusammenhänge, die ein gemeinsames Vorgehen sinnvoll und notwendig erscheinen lassen. So genannte Epistemic communities erarbeiten und kommentieren diese Fakten. Es handelt sich um Gremien, in denen unabhängige Experten ein lösungsbedürftiges Problem beschreiben und mit wissenschaftlicher Autorität dessen Ursachen aufzeigen. Solche Gemeinschaften spielen in der internationalen Klimapolitik eine herausragende Rolle (Haas 1992).

Regime funktionieren, solange sie von den Staaten implementiert werden. Das Regime hat eine Funktion für den Staat, der Staat aber auch eine Funktion für das Regime. Bei internationalen Regimen handelt es sich nicht vordergründig um Vertragswerke. Zwar gehen alle Regime mit Verträgen einher. Die spezifische Eigenschaft des Regimes ist jedoch seine Wirkung in die Gesellschaften der souveränen Staaten, die sich an ihm beteiligen. Regime regulieren nicht nur das Verhalten der Regierungen, sondern um nichts weniger dasjenige privater Akteure, z.B. Firmen, Verbraucher, Arbeitnehmer. Für das regimekonforme Verhalten der Marktteilnehmer müssen die Regierungen sorgen.

Die innere Beschaffenheit der Staaten ist eine wichtige Komponente des Regimes. Dessen Wirksamkeit hängt von der Effizienz der Staatstätigkeit ab. Regime funktionieren am besten zwischen ähnlich strukturierten Staaten und zwischen ähnlichen Gesellschaften. Die Europäische Union organisiert demokratische Staaten mit der parlamentarischen Regierungsweise und mit sozialstaatlich moderierten Märkten. Sie ist in vielen Bereichen schon über ein Regime hinaus in die höhere Qualität eigener europäischer Staatlichkeit hineingewachsen. Die größten Spannungen dürften sich in Regimen aufbauen, die Staaten mit demokratischen, halb-autoritären und unverbrämt autoritären Systemen einzubinden versuchen. Die Organisation für Sicherheit und Zusammenarbeit in Europa (OSZE) bietet dafür ein Beispiel im Bereich der Sicherheitspolitik. Selbst ein ökonomisches Regime wie die Welthandelsorganisation laboriert bereits heftig an der recht unterschiedlichen Rollenbestimmung des US-amerikanischen und des europäischen Staates im Marktgeschehen. Die verteilungspolitischen Auffassun-

2.3 Der Neoliberalismus/Institutionalismus

gen der wohlhabenden und der ärmeren Ländern über die Regeln des Welthandels klaffen geradezu auseinander. Kein Regime kann auf organisatorische Strukturen verzichten. Insofern stellen internationale Regime in der Regel auch internationale Organisationen dar (Beispiele: Rittberger 1994). Bei diesen Strukturen dürfte es sich um eine regelmäßig tagende Versammlung, ein tagungsvorbereitendes Büro oder ein Sekretariat sowie um eine Schiedsstelle (Gericht) handeln. Die markantesten Beispiele für internationale Regime mit einer organisatorischen Infrastruktur sind die Welthandelsorganisation (WTO), die Weltbank und der Internationale Währungsfonds (IWF). Regime entstehen als Instrumente der Staaten, und sie behalten diese Eigenschaften auch dann, wenn sie sich erfolgreich um den Kern förmlicher Institutionen verstetigen. Sie neigen zwar dazu, wie Bürokratien schlechthin, ein organisatorisches Eigenleben zu entwickeln. Sie können aber nicht über den Willen der Staaten hinauswachsen, die sie konstituieren.

Aus der gesellschaftlichen Seite der IB entwickelt Robert Keohane das Konzept der Interdependenz (Keohane/Nye 1977). Nicht nur Regierungen interagieren, sondern ebenso nicht-gouvernementale Akteure wie Firmen, Nicht-Regierungsorganisationen und auch internationale Organisationen (Milner/Keohane 1996: 15ff.). Was immer große Unternehmen tun, wirkt nicht nur auf die Märkte, sondern auch auf die Regierungen. Gruppen, die im politischen Prozess der Staaten selbst nicht weit gekommen sind, setzen die Hebel in internationalen Organisationen an oder sie ziehen ein ursprünglich innenpolitisches Thema außenpolitisch auf. Czempiel spricht in dem selben Zusammenhang vom Mit- und Nebeneinander einer Staatenwelt und einer internationalen Gesellschaftswelt (Czempiel 1981). Welche Vorteile sollten die Staaten in einer internationalen Zusammenarbeit suchen, die nicht ihren Gesellschaften zukämen? Selbst wenn man die Annahme teilt, dass internationale Regime als zweitbeste Lösungen für die verloren gegangene Gestaltungsmacht der Regierungen angestrebt werden, dann sollte es auch innergesellschaftliche Klientelen geben, die den Staat bei grenzüberschreitenden Kooperationen unterstützen. Schließlich gibt es gesellschaftliche Interessenten, die ihren Vorteil außerhalb der Staatsgrenzen und auf Kosten anderer nationaler Interessenten verfolgen. Das beste Beispiel dafür bietet noch immer das Kapital. Große Kapitalgesellschaften vagabundieren auf der Suche nach der besten Rendite über die Staaten- und Kontinentalgrenzen hinweg. Der Faktor Arbeit ist demgegenüber immobil.

Innergesellschaftliche Gruppen nehmen Einfluss auf das Ob und das Wie der Zusammenarbeit. Diese Erkenntnis ist in der Erforschung des innenpolitischen Kräftefeldes gereift. Das neoliberale Denken profitiert von der Kommunikation mit dem politikwissenschaftlichen Mainstream. Raymond Bauers, Ithiel de Sola Pools und Lewis Dexters bekannte Fallstudie über das US-amerikanische

Handelsgesetz von 1962 hatte dem Fachpublikum in einem weithin beachteten Buch erstmals vor Augen geführt, dass die Außenwirtschaftspolitik innenpolitische Interessenten kaum weniger mobilisiert als Themen der binnenwirtschaftlichen Politik (Bauer/Pool/Dexter 1967).

Mag auch leichthin akzeptiert werden, dass nicht nur Staaten in der Welt interagieren, sondern auch gesellschaftliche Akteure, so ist für diese Beobachtung gleichwohl die Tatsache maßgeblich, dass in den IB eine dem Staat gleichwertige politische Autorität als Regelgarant fehlt. Im Sicherheitsbereich wie in der Ökonomie obliegt es bis auf weiteres den Staaten selbst, kooperative Arrangements wie internationale Regime mit Substanz zu füllen. Dies heißt nicht, den Neorealismus als aussagekräftigste Theorie der IB zu deklarieren. Es läuft freilich darauf hinaus, den Staat in den IB letztlich doch höher zu bewerten als die gesellschaftlichen Akteure (Doyle/Ikenberry 1997a: 11f., Grieco 1988: 490ff., Lipson 1984: 22f.). Selbst wenn es privaten Akteuren gelingen sollte, die eigenen Regierungen auszuflankieren, kommen sie meist doch nicht an den Regierungen anderer Länder vorbei. Die IB sind in all ihrer Vielschichtigkeit an die Staaten gebunden (List/Behrens/Reichardt/Simonis 1995: 60ff.).

2.3.2 Integration und Intergouvernementalismus

Ernst Haas' neofunktionalistische Politiktheorie knüpft an die funktionalistische Theorie des oben erwähnten David Mitrany an. Haas ist einer der wenigen Fachvertreter, die auch die politische Sprache mitgeprägt haben. Sein monumentales Werk über die europäische Einigung erschien 1958. Es hatte den bescheidenen Anspruch, den Motiven bei der Gründung der Montanunion (Europäische Gemeinschaft für Kohle und Stahl) auf die Spur zu kommen (Haas 1958). Zu diesem Zweck entwickelte Haas eine Theorie, warum die europäischen Staaten Aufgaben vergemeinschaften. Am Anfang dieses Prozesses stehen nationale Eliten, die erkannt haben, dass es für ihre Völker vorteilhaft ist, wenn sie sich gemeinsamen Regeln und Institutionen unterwerfen. Soweit dies der Fall ist, macht die zwischenstaatliche Konkurrenz um Vorteile keinen Sinn mehr. An die Stelle eines Wohlfahrtswettlaufs der Nationen tritt jetzt in den vergemeinschafteten Politikbereichen das Ringen der gesellschaftlichen Akteure – Unternehmen, Gewerkschaften, Verbände – um Einfluss auf die Politik eines über den Staaten angesiedelten politischen Organs. Fazit: Das Konkurrenzgebaren der Staaten läuft leer, wo ihm der Gegenstand abhanden kommt. Politik, die sich auf den entstaatlichten Bereich bezieht, muss sich auf neue, supranationale Institutionen einstellen.

Im weiteren Verlauf des Integrationsgeschehens baut sich in den Grenzbereichen zur noch nicht integrierten Politik ein Druck auf die Anpassung der Poli-

2.3 Der Neoliberalismus/Institutionalismus

tikformate an den supranationalen Zuschnitt auf. Positive Erfahrungen mit dem anfänglichen Integrationsinstrument räumen Vorbehalte gegen eine weitergehende Integration aus. Im weiteren Verlauf des Integrationsprozesses findet ein Prozess des „spill-over" supranationaler Problemlösungen auf benachbarte Politikfelder statt.

Haas' Neofunktionalismus setzt bei der Differenz von Staat und Gesellschaft an. Die Gesellschaften werden als das Primäre angenommen, die Staaten lediglich als ihr Instrument. Verliert der Staat seinen Nutzen, tritt das neue supranationale Gebilde an seine Stelle. So erklärte sich Haas die europäische Integration. Bekannterweise haben sich die europäischen Staaten als zählebiger erwiesen, als in diesem Modell angenommen. Selbst in den supranationalen Organen der heutigen Europäischen Union (EU), vor allem im Rat der EU (Ministerrat), sind die Staaten die Hauptakteure geblieben.

Die Gesellschaften unterliegen einem fortlaufenden Wandel. Damit verändern sich auch die Interessen, die als Ergebnis innenpolitischer Prozesse in die IB eingebracht werden. Die Zusammenarbeit in der EU hat in Teilbereichen bereits die Qualität internationaler Regime überschritten. Die Mitgliedstaaten haben durch Souveränitätsverzicht das Entstehen europastaatlicher Strukturen (eigene Institutionen, europäisches Recht) ermöglicht. Der EU-Forscher Andrew Moravcsik geht davon aus, dass im Rat der EU (früher Ministerrat) nach wie vor die Regierungen den Rahmen für die Inhalte und das Tempo der europäischen Politik abstecken. Sein Modell des „Liberalen Intergouvernementalismus" zeigt mit dem – im amerikanischen Englisch auf den regulierenden und verteilenden Staat deutenden – Beiwort liberal an, dass die Regierungen jeweils das Ergebnis eines innergesellschaftlichen Kräftespiels repräsentieren. Die Regierungen müssen zu einem Verhalten finden, das die Innenpolitik als Restriktion des außengerichteten Handelns berücksichtigt, wie auch umgekehrt internationale Verpflichtungen ihre innenpolitischen Spielräume einengen (Moravcsik 1991, 1993, 1999). Die Regierungen bilden das Scharnier zwischen innergesellschaftlicher und zwischenstaatlicher Politik.

Ein Konzept wie der Liberale Intergouvernementalismus weist den IB den Weg zur Kommunikation mit der übrigen Politikwissenschaft, etwa zur Forschung über Interessengruppen, Ministerialbürokratien, Politikstile und Politikarten (Regulierung, Umverteilung). Man denke nur daran, welche sozialpolitische Vielfalt die EU zulässt: Hier ein Großbritannien, das sich vom klassischen Sozialstaat am liebsten verabschieden möchte, dort ein Deutschland, das seine überkommene Struktur soweit wie möglich zu konservieren versucht, sowie dort wieder die Niederlande und Skandinavien, die ihn erhalten, aber gründlich umbauen wollen – und auf diesem Wege bereits recht weit gelangt sind.

2.4 Mehrebenenverhandeln

Internationale Verhandlungen privilegieren bei der Entscheidungsfindung die Regierungen. Dies hat der amerikanische Politikwissenschaftler Robert Putnam mit einem plastischen Bild, dem Two-level game, demonstriert. Er verlegt das diplomatische Geschehen in einen Konferenzsaal. Putnam leitet den Mehrebenencharakter des internationalen Verhandelns aus der Notwendigkeit her, für Vereinbarungen mit anderen Regierungen innenpolitischen Rückhalt zu beschaffen. Die Verhandlungsführer einer Regierung müssen im Konferenzverlauf stets zwei Zielmarken im Auge behalten. Zum einen darf der Gesprächsfaden zu den Verhandlungspartnern nicht abreißen. Zum anderen kommt keine Abrede in Frage, die an innerstaatlicher Ablehnung scheitern könnte (Putnam 1988: 433ff.). Keine demokratisch legitimierte Regierung wird der heimischen Öffentlichkeit ein Verhandlungsergebnis verkaufen wollen, das ihr bei den nächsten Wahlen als Hypothek angelastet werden könnte. Die Verhandlungs- und Regierungskunst verlangt unter diesen Umständen ein Manövrieren, das beide Ziele kombiniert: den konsensfähigen völkerrechtlichen Vertragsentwurf und die Vermeidung innenpolitischer Nachteile. In Richtung Verhandlungspartner wird mit innenpolitischen Zwängen um Rücksichtnahme geworben und in Richtung auf das heimische Publikum mit der Gefahr des Scheiterns der Verhandlungen und dessen nachteiligen Konsequenzen für Wohlstand und Sicherheit.

Der Blick auf innenpolitische Verhandlungssituationen mag dies verdeutlichen. Als Prüfstein bietet sich die Analogie mit Koalitionsverhandlungen an, wie man sie aus dem Regierungsalltag der meisten europäischen Länder kennt. Auch dort wird ein Two-level game ausgetragen, sei es bei der Regierungsbildung, sei es bei kontroversen Themen, die eine geräuscharme Koalitionsroutine sprengen. Die Verhandlungsführer mit und ohne Ministerrang sind dann zum Balancieren zwischen dem Koalitionsfrieden und den Forderungen ihrer eigenen Partei aufgefordert. Trotz vordergründiger Ähnlichkeit in der Ausgangssituation überwiegen hier die Unterschiede zum internationalen Politikbetrieb. Platzt eine Regierungskoalition, so bieten die Regierungsumbildung, der Regierungswechsel oder die Neuwahl eine Lösung. Eine andere Regierungsmehrheit mag erfolgreicher sein als das Team, das an einem Problem gescheitert ist. Die Wählerschaft ist mobil. Wen sie gestern noch gewählt hat, wird sie nicht unbedingt bei nächster Gelegenheit bestätigen. Weil dem so ist, wird eine Koalition auch nicht leichtfertig aufs Spiel gesetzt.

Auf internationaler Ebene wirkt ein sehr viel stärkerer Einigungszwang (Wallace 1985: 454ff.). Wenn es auf internationaler Ebene zwischen den Regierungen hakt, helfen keine Neuwahlen. Zur Wahl stehen Abbrechen oder Weitermachen. Oft bleibt nichts anderes übrig, als weiterzumachen. Der nichtssagende kleinste gemeinsame Nenner wird im Zweifel dem offen zugestandenen Scheitern vorgezogen. Er erlaubt es, unter der Fiktion des Teilerfolgs im Gespräch zu bleiben. Dieses Two-level bargaining ist in demokratischen Staaten einerseits von inhaltlicher Kontinuität und andererseits von quälender Langsamkeit, von marginalen Fortschritten und von einem Wust politischer Leerformeln gekennzeichnet. Letztere täuschen Substanz vor. Sie tragen ihren Sinn darin, dass sie von allen Beteiligten als Erfolg verkauft werden können.

2.5 Rational choice

Theorien der Rational choice sind Allzwecktheorien der Sozial- und Wirtschaftswissenschaften. Sie vertragen sich gut mit den Theoriesträngen des Neoliberalismus und des Neorealismus (Grieco 1997: 174f., Zangl/Zürn 1994: 83f.). Zwei oder mehr Spieler, denen ein vernünftiges Handeln unterstellt wird, werden in eine hypothetische Situation versetzt, in der sie verlieren oder gewinnen können. Beides hängt vom Verhalten der Beteiligten ab. Jeder Spieler ist auf seinen Vorteil bedacht und verhält sich misstrauisch gegen seine Mitspieler. Das Risiko einer Fehleinschätzung lässt sich mindern, wenn eine Strategie gefunden wird, die allen Spielern kalkulierbare Vorteile in Aussicht stellt. Finden die Spieler durch rationales Handeln zu einer konsensualen Lösung, so kann selbst der relativ am wenigsten Begünstigte mehr gewinnen, als wenn es zu keiner Einigung kommt. Wo alle einen Vorteil von einem Prozent des Ausgangskapitals gewinnen, spielt ein Kapital von 5.000 Euro zwar 50 Euro ein, eines von 500 Euro aber immerhin noch fünf Euro.

Den größten Erfolg versprechen Lösungen, die das „defecting" sanktionieren: Wer sich nicht an die vereinbarte kooperative Lösung hält, zahlt dafür einen Preis – vielleicht nicht jetzt, aber später, wenn der getäuschte Partner für eine Zusammenarbeit in anderen Fragen gebraucht wird. Die innenpolitischen Akteure haben kurzfristige Perspektiven. So sind die Zeithorizonte der Regierungen in den Bereichen der Wirtschafts- und Innenpolitik nach Amtsperioden und Wahlrhythmen gestaffelt. Regierungs- und Oppositionsparteien wollen zu allererst die nächsten Wahlen gewinnen. Um dem Wähler mit vorzeigbaren Resultaten gegenüberzutreten, ist es für die Parteien eines Regierungsbündnisses vernünftig, zu kooperieren. Wenn sie die Kooperation im Vorfeld der anstehenden Wahl lockern bzw. wenn sich die Koalitionspartner laut streiten, so ist auch das rational, geht es jetzt doch darum, die Urheberschaft für das Ergebnis der gemeinsamen Regierungsarbeit zu reklamieren. Nach der Wahl beginnt eine neue Spielrunde.

Die Rational choicers setzen in den IB zwar, wie die Realisten aller Schattierungen, nonchalant den „unitary actor" voraus: einen als geschlossene Einheit verstandenen Staat, vertreten durch seine Regierung (Fallbeispiele: Oye 1986). Sie gehen aber nicht von Einmalspielen aus. Vielmehr setzen sie auf die Lern- und Gewöhnungseffekte in vielfach wiederholten und variierten Spielsituationen. Auf diese Weise lernen die Spieler in Trial-and-error-Prozessen einander einzuschätzen. Für die IB haben die Wiederholungsspiele einen besonders großen Erkenntniswert (Axelrod 1988: 182ff.).

In den Staatenregionen und teilweise über kontinentale Distanz hinweg haben immer wieder dieselben Staaten miteinander zu tun. Die Staaten verändern ihren Status als Akteure selten, und wenn, dann längerfristig – anders als Akteure in der Innenpolitik, wo Parteien, Koalitionen und Personen auf- und absteigen, Wahlen verlieren, womöglich in die Bedeutungslosigkeit abrutschen oder aber ganz neuen politischen Kräften und charismatischen Politikern Platz machen. Die Langzeitwirkung eines Regel- und Vertrauensverstoßes (defection) in der internationalen Politik, z.B. das Platzenlassen einer Absprache, mag weit über die Amtsdauer einer Regierung hinausreichen. Verlorenes Vertrauen wieder herzustellen wird höhere Kooperationskosten verursachen, als mit dem Verstoß kurzfristig an Gewinn erzielt werden kann.

Die Chance der Kooperation und das Risiko ihres Aufkündigens werden gern in Bildern umschrieben, die charakteristische Dilemmata verdeutlichen. Beim „Tit-for-tat" geht es darum, dass sich gewisse, für beide Seiten vorteilhafte Gewohnheiten einspielen. Wer sie verletzt, muss mit einer Replik rechnen, die mindestens genauso empfindlich bemessen ist wie der Regelverstoß. So gelangen beide Seiten wieder dahin, die Regeln zu respektieren. „Stag hunt" arbeitet mit der Vorstellung einer Jägerschar, die einem Hirschen auflauert. Wenn nur einem Waidmann das Warten auf die große Beute zu langweilig wird und er lieber einen sich als günstigeres Ziel darbietenden Hasen erlegt, ist das Unternehmen umsonst gewesen. Der Hase reicht nicht, um die Nimrodjünger beim Grillen der Beute zu sättigen und für den Aufwand stundenlangen Frierens in freier Natur zu entschädigen. Alle diese Bilder gleichen sich darin, dass sie das Vertrauen in die Kooperation mit rationalem Kalkül unterlegen.

Für die IB hat dies alles, so mit Robert Axelrod einer der bekanntesten Rational-choicers, keinen empirischen Erkenntniswert, wenn nicht gleichzeitig der erwartete Gewinn einer geglückten Kooperation oder der kalkulierbare Schaden einer Täuschung oder Provokation definiert wird (Axelrod/Keohane 1986: 247ff., Axelrod 1988: 182, dazu kritisch: Jervis 1988). Die Rational choice hat inzwischen Wege gefunden, um der unterkomplexen Verdinglichung der im Staat wirkenden politischen Kräfte und Institutionen zum singulären Akteur zu entrinnen.

Tsebelis hat für die Komparatistik das Bild des „nested game" kreiert (Tsebelis 1990). Politische Akteure wie Regierungs- oder Parteiführer mögen jeweils rational handeln. Aber typischerweise agieren sie auf mehreren Bühnen, die

2.5 Rational choice

unterschiedliche Maßgaben für rationales Handeln erzwingen. Eine innerparteiliche Opposition mag den Regierungsflügel bremsen und eine Korrektur der Regierungspolitik bewirken, just damit jedoch eine Zusammenarbeit mit gesellschaftlichen Gruppen torpedieren, die für die Erfolgschance in der nächsten Wahl gebraucht werden. Umgekehrt mag sich die Regierung um Widerspruch an der Parteibasis nicht kümmern. Sie provoziert damit aber so heftige Reaktionen, dass die Öffentlichkeit ihr wegen des schwindenden innerparteilichen Rückhalts nicht mehr vertraut (Snidal 1986: 55f.). Letztlich gilt es Kompromisse nach beiden Seiten einzugehen, um das Geschehen auf beiden Bühnen einigermaßen zu synchronisieren.

Das „nested game" lässt sich leicht auf die IB übertragen. Dazu muss von Fall zu Fall ermittelt werden, wie wichtig den Beteiligten die Sache eigentlich ist. Für den einen Staat mag sie überragende Bedeutung haben, für den anderen eine geringere. Prioritäten und Präferenzen sind durch kollektive Sinnzuschreibungen diktiert. Sie holen unter anderem die Geografie, die Geschichte, die Religion und die Sprache in das Handeln hinein. In einem internationalen Konflikt und in einer Verhandlungssituation treffen nicht selten unterschiedliche Weltbilder aufeinander. Deshalb geht es bei Verhandlungen in einer ersten schwierigen Annäherung darum, sich auf die gemeinsame Definition des Problems zu verständigen. Erst dann kann über das „mehr oder weniger" gesprochen werden.

Auch in internationalen Verhandlungen geht es zwischen den Akteuren rational zu. Es finden zwei Spiele statt: eines im internationalen Rahmen, ein weiteres in der nationalen Politik. Entscheidungen, die mit Blick auf die nächste Wahl getroffen werden, nehmen ggf. Abstriche an wirtschafts- und sicherheitspolitisch optimalen Verhandlungsergebnissen in Kauf. Das Gleiche kann auch umgekehrt eintreten. Außenpolitisch rationale, doch innenpolitisch unpopuläre Entscheidungen können eine Regierung die Mehrheit kosten. Was letztlich vorgeht – das innen- oder das außenpolitische Kalkül – lässt sich mit der Rational choice erst dann herausfinden, wenn sie mit Kontextinformation gespeist wird, mit Wissen über Geschichte und Gesellschaft, über Werte, kollektive Erfahrungen, Verhaltenskodierungen u.ä.m. (Shepsle 1989). Diese Beobachtungsbedürftigkeit der Rational choice hält die Verbindungswege zur übrigen Politikwissenschaft weit offen. Eine besondere Theorie der IB bietet die Rational choice zwar nicht an (Legro 1996: 118f.). Sie stellt aber ein Interpretationsschema dar, das einen wichtigen Ausschnitt der Realität in den IB trifft (Snidal 1986: 55f.). Zweckrationales Kalkül dürfte bei allen bedeutenderen politischen Interaktionen mitspielen.

2.6 Konstruktivismus

Der Konstruktivismus stellt Wahrnehmungen und Ideen und den sinngebenden internationalen Kontext politischer Handlungen in den Mittelpunkt. Sein bekanntester Advokat Alexander Wendt charakterisiert ihn mit folgenden Annahmen: (a) Staaten sind die wichtigsten Analyseeinheiten in der Theorie der IB, aber die Beziehungen zwischen den Staaten sind (b) sozial konstruiert, und schließlich beruhen (c) die Identität und die Interessen der Staaten auf Selbst- und Fremdbildern, die in der Gesellschaft verwurzelt sind (Wendt 1994: 385). Kurz: Politiker deuten Sinn in das Weltgeschehen hinein, namentlich in das Verhalten der Regierungen. Gedankliche Konstrukte von der Beschaffenheit der Staatenwelt geraten ins Wanken, wenn die Umstände wechseln, in denen sie sich als brauchbar erwiesen haben. Kriege und Friedensphasen enden mit Neu- und Umbewertungen der Weltbilder. Mit dem Ende des Kalten Krieges erlosch die Feindperzeption Russlands im Westen (Wendt 1992: 397). Umgekehrt wuchs Japan in den 1980er Jahren mit seinen allgegenwärtigen Produkten auf dem US-Binnenmarkt bei der amerikanischen Regierung zeitweise zur wirtschaftlichen Feindnation heran.

Mit Überlegungen solcher Art rezipierten Theoretiker der IB Peter Bergers und Thomas Luckmanns „gesellschaftliche Konstruktion der Wirklichkeit", ein Standardwerk der Wissenssoziologie (Berger/Luckmann 1977). Menschen entschlüsseln die Welt, in der sie leben, mit Bildern. Solche Bilder stellen einen Sinn zwischen den eigenen Alltagserlebnissen und den Ereignissen in der ferneren Welt her. Soweit sich diese Bilder nicht allzu gravierend und nicht allzu häufig an den Ereignissen stoßen, die sie zu verarbeiten beanspruchen, ermöglichen sie es, gleichsam reflexhaft Eindrücke und Informationen zu sortieren und zu bewerten. Sie stellen das Resultat erfolgreichen Lernens dar. Versagen diese Bilder häufiger, weil sie in einer sich wandelnden Welt immer weniger Sinn produzieren und weil der Griff auf die großen Zusammenhänge nicht mehr gelingt, dann ist es an der Zeit, die gesellschaftliche Wirklichkeit neu zu konstruieren (Wendt 1995: 72ff.). Sofern dies aber nicht geschieht und weiterhin nach den alten Lektionen gehandelt wird, haben wir es mit pathologischem Lernen zu tun. Dieses gibt auf Fragen, die sich in neuen Situationen stellen, wiederholt die alten und damit die falschen Antworten.

Das Umlernen der politischen Eliten und der Medien braucht seine Zeit. So sah sich die amerikanische Öffentlichkeit nach dem Ersten Weltkrieg in der Auffassung bestätigt, ihre Regierung sollte sich aus den europäischen Angelegenheiten heraushalten. Die Beteiligung der USA am Krieg war hochkontrovers gewesen. Erst die Eroberung des europäischen Kontinents durch Hitlers Armeen und der japanische Überfall auf Pearl Harbor sollten 20 Jahre später einen dauerhaften Stimmungsumschwung bewirken. Auf dessen Grundlage konnten Präsident und

2.6 Konstruktivismus

Kongress ihr Land im Kalten Krieg zu einem weltweiten Engagement führen (Legro 2000). Politische Katastrophen und vernichtende militärische Niederlagen zeitigten in der deutschen und japanischen Außenpolitik ähnliche Brüche. Deutschland wie Japan folgten nach dem Krieg dem Primat des Handelsstaates und der Einbindung in kollektive und bilaterale Sicherheitsarrangements.

Die konstruktivistische Sichtweise verweist auf die Vielfalt der Welt- und Gesellschaftsbilder und auf Traditionen, Religionen und bewährte soziale Praktiken. Manches scheinbare Rätsel um die Verschiedenheit der Politik in Europa, in Nordamerika, in Ostasien und im arabischen Raum findet darin eine plausible Erklärung, so etwa die auf Anhieb schwer durchschaubare Etikette und Informalität der chinesischen und japanischen Politik oder die legitimatorische Herausforderung eines politisierten Islam für die arabischen Regierungen.

Blicken wir kurz über den Zaun der IB, um nach verwandten Betrachtungsweisen Ausschau zu halten. Aaron Wildavskys Modell der Lebensweisen definiert konservative, egalitäre und liberale Einstellungen als im Kern rationale Gesellschaftsbilder. Sie finden sogar in ein und derselben Gesellschaft nebeneinander Platz. Diese Bilder entschlüsseln in unterschiedlicher Kombination den politischen Gesamtzuschnitt einer Gesellschaft (Wildavsky 1987). In der Wirtschaftswissenschaft zeigt Douglas North, dass ökonomische Verhaltensweisen plausibel als Erwartungen und Gewohnheiten erklärt werden können, ohne dass damit die Grundannahme aufgegeben werden müsste, die Menschen handelten vernünftig zu ihrem eigenen Vorteil (North 1990: 3ff.). Die Gleichzeitigkeit solcher Ideen in verschiedenen Wissenschaften deutet darauf hin, dass die Anziehungskraft jener Theorien nachzulassen begann, die ohne das Eingehen auf handlungsleitende Normen und Usancen auszukommen versuchen (dazu auch Keohane 1988). Der Konstruktivismus repräsentiert ein entsprechendes Umdenken in den IB. Er entdeckt Sozialisation, Ideen und Kultur in ihrer doppelten Bedeutung als Grundlagen wie auch Ursachen der internationalen Politik (Wendt 2006: 93, 142ff., 165f.). Dabei ist der Konstruktivismus – ähnlich wie die Rational choice – weniger eine Theorie, auch keine Theorie der IB, als vielmehr ein Interpretationsrahmen für politisches Handeln: ein Leitfaden für die kontextbewusste Politikanalyse (Wendt 2006: 7, 193, Finnemore 2001: 392f.).

Nehmen wir noch ein Beispiel für den Erkenntnisertrag konstruktivistischen Denkens: Die Sowjetisierung Ost- und Mitteleuropas hatte nach dem Zweiten Weltkrieg ein dauerhaftes Bedrohungsempfinden heranreifen lassen, aus dem eine langfristige weltpolitische Rivalität der USA mit der Sowjetunion erwuchs. Der Kalte Krieg ging in den späten 1980er Jahren endgültig zu Ende (Keohane/Martin 1995: 41). Zwischen 1989 und 1991 änderte sich nichts am militärischen Kräfteverhältnis zwischen den USA und der Sowjetunion. Aber Polen hatte 1988 eine durch das Resultat freier Wahlen konstituierte Regierung erhalten, und die Sowjetunion hatte 1990 die DDR aufgegeben. Den rhetorischen Proklamationen politischen Wandels waren in der sowjetischen Politik Taten gefolgt. Damit erwirtschaftete Moskau einen gigantischen Glaubwürdigkeitsbonus. Das bipolare Konkurrenzverhältnis zu den USA verlor seine Grundlage. Der politische Kontext im Verhältnis beider Weltmächte hatte sich dramatisch verändert (Koslowski/Kratochwil 1994: 217ff.). Das Ende des Kalten Krieges, der Einsturz des sozialistischen Staatensystems und der politische Ruin der marxistisch-leninistischen Ideologie führten zur Rekonstruktion der Weltbilder. Die Sowjetunion büßte in der westlichen Wahrnehmung ihren bedrohlichen Charakter ein. Das nuklear bewaffnete China löst bis heute keine so großen Bedrohungsängste aus, wie etwa die Sowjetunion zu Beginn des Kalten Krieges. Es hat nie militärisch unterlegte Macht jenseits seiner Grenzen gesucht (Ferguson 1998: 15ff.).

Die konstruktivistische Perspektive setzt nicht einfach Ideen an die Stelle ökonomischer oder militärischer Ressourcen. Weltbilder entfalten in mächtigen Staaten größere internationale Wirkung als in kleinen und peripheren Staaten. Der Konstruktivismus verträgt sich deshalb gut mit dem Theoriebild der Neorealisten. Der Neorealismus verschließt sich nicht gegen die soziale Konstruktion von Bedrohungsszenarien. Er macht sie nur nicht zum Thema (Sørensen 2008: 7ff.).

Die fortlaufende Interaktion zwischen den Staaten erzeugt in realen Spielen Übereinstimmungen, Regelhaftigkeiten und dauerhafte Verständigungsdefizite (Wendt 1992: 402ff.). Daraus gewinnen die IB einen bedeutenden Teil ihrer Struktur. Diese Struktur stützt sich im Unterschied zur Innenpolitik zum geringeren Teil auf organisatorische Elemente, wie sie den Staat mit seinem Legitimations- und Verwaltungsapparat kennzeichnen. Aber diese Verhaltensmuster sind als Struktur vorhanden. Die Struktur der IB resultiert hier aus historisch gewachsenen und standardisierten Erwartungen. Diese fließen wiederum in Normen ein, die das Verhalten der Staaten regulieren. Diese Normen gilt es durch verstehendes Beobachten zu erkennen. Dafür sind deduktive Theorien ungeeignet, die sich die Physik und die Ökonomie zum Vorbild nehmen (Simon 1987: 26 f., Wendt 1987: 344).

2.7 Hard power und Soft power

Macht lässt sich, wie Joseph Nye betont, mit Schlagen oder Locken, mit Druck oder mit Anreizen ausüben. Es handelt sich in beiden Fällen um Ausdrucksformen harter Macht (hard power). Die eine Variante setzt auf militärisches Potenzial, die andere auf wirtschaftliche Vorteile. Von beiden unterscheidet Nye die weiche Macht (soft power). Es handelt sich hier um eine Machtressource, die es A leicht macht, B für das von ihm Gewollte zu gewinnen. B will im Prinzip das

2.7 Hard power und Soft power

Gleiche wie A und muss nicht mit großem Aufwand überredet werden. B bewundert oder imitiert sogar die Werte und die Lebensweise, die A repräsentiert. Diese Art der Macht ist ungleich kostengünstiger als harte Macht. Das Phänomen der Soft power lässt sich auch als kulturelle Definitionsmacht beschreiben, als die Ausstrahlung der Lebensweisen, Leistungen und Werte einer Gesellschaft auf die übrige Welt (Nye 2004: 5ff., Nye 1990: 193ff.).

Selbst die harte Macht ist eine vielschichtige Sache. Selten wird sie direkt, als Zwang, ausgeübt. Meist ist sie in Diplomatie, in Usancen und Verträge verpackt. Auch internationale Institutionen bringen die Macht des Stärkeren zum Ausdruck. Bei Institutionen handelt es sich zwar um kollektive Akteure. Der Mächtige muss sich arrangieren und Regeln beachten. Aber die Regeln sind häufig so ausgestaltet, dass sie die Präferenzen des Stärkeren begünstigen. Beispiele sind die Internationalen Finanzinstitutionen, d.h. der Internationale Währungsfonds und die Weltbank. Die Verteilung der Stimmrechte, die Rekrutierung des Fachpersonals und die neoliberale Wirtschaftsphilosophie sind auf die Interessen der westlichen Industriestaaten disponiert. Auch Sprache kann harte Macht ausdrücken. Begriffe wie Schurkenstaat und Gescheiterter Staat drücken Überlegenheit, Drohen und Geringschätzung aus, sofern jene, die mit diesen Worten poltern, starke Ökonomien und Militärapparate im Rücken haben (Barnett/Duvall 2005).

Die weiche Macht buchstabiert sich unter anderem auf die Alltagskultur von der Sprache bis zu den Unterhaltungs- und Verbrauchergewohnheiten. Weiche Macht variiert mit ihren Quellen und Adressaten. Die französische Lebensart und Sprache genossen im Europa des 19. und 20. Jahrhunderts bis weit nach Osteuropa hinein höchste Wertschätzung – bei den tonangebenden intellektuellen und politischen Eliten. Das Englische und die US-amerikanische Lebensweise markieren heute die mächtigste Soft power.

Bedeutsame Quellen der Soft power sind von jeher die Religion und die Sprache. In der Neuzeit sind Wissenschaft und Technik hinzugetreten. Letztere haben einen westlichen Bias. Der Siegeszug des PC und das Internet reimen sich auf eine englische Basissprache. Das global herrschende Wirtschaftsmodell basiert auf dem rational kalkulierenden Individuum, und es korrespondiert in der realen Welt am ehesten mit dem liberalen Minimalstaat, wie er in den USA anzutreffen ist. Den Eliten in den armen Staaten der Dritten Welt fällt es nicht schwer, Gefallen an dieser Welt zu finden. Sofern die besseren Institute der tertiären Bildung dort nicht selbst schon dem westlichen, vorzugsweise dem angloamerikanischen Hochschulmodell nachgebildet sind, haben viele Angehörige der Eliten im westlichen Ausland studiert (Nye 2004: 13ff.). Die Soft power, die sich in solchen Strukturen manifestiert, mag die Eliten anderer Staaten in ihren Bann schlagen. Sie kann aber zur Ursache innergesellschaftlicher Konflikte geraten, wo Menschen, die in Armut und Perspektivlosigkeit leben, ihre Welt noch traditionell konstruieren und mit Ressentiment auf gewisse Erscheinungsformen der amerikanischen Zivilisation reagieren.

Die weiche Macht der USA ist beträchtlich. Die Attribute des amerikanischen Lebens- und Unterhaltungsstils sind selbst im Orient und allemal in Lateinamerika verbreitet. Dessen ungeachtet wird die Politik der USA dort weithin abgelehnt, weil sie als hegemonial wahrgenommen wird und nicht selten auch ruppig auftritt. China besitzt als Mutterkultur der konfuzianisch geprägten ostasiatischen Gesellschaften eine beträchtliche weiche Macht, die kontinuierlich auf die Umgebung ausstrahlt. Der Einsatz von Soft power lässt sich nicht planen oder züchten. Es handelt sich um eine Hintergrundressource, nichts, was gezielt eingesetzt werden könnte, um Entscheidungen durchzusetzen.

2.8 Der Staat und die internationale Gesellschaft

2.8.1 Gefährdungen des westfälischen Staates

Die äußere Struktur des modernen Staates, wie er rund um den Globus anzutreffen ist, reifte vor etwa 500 Jahren in der west- und mitteleuropäischen Geschichte. Diese elementare Erscheinungsform des europäischen Staates ist weltweit kopiert worden. Die Regierungen der Gegenwart halten nicht mehr viel vom Infragestellen bestehender Grenzen. Diese Tatsache stabilisiert Staaten multinationalen Zuschnitts mit ihren religiösen, ethnischen und sprachlichen Diasporen (Krasner 1995/96). In Afrika mit seinen extremen ethnischen Streulagen hat der Konsens über die Grenzen größere zwischenstaatliche Kriege lange verhindert. Die Sorge, dass er sich abtragen könnte, begleitet die Serie von Kriegen in der jüngsten Vergangenheit des Kongo. Der Bürgerkrieg involviert dort viele Nachbarstaaten, die sich an der Seite verwandter kongolesischer Ethnien beteiligen. Der Wille, bestehende Grenzen zu bestätigen, räumt aber nicht das Problem aus dem Wege, dass die Verabsolutierung territorialer Garantien leicht andere Werte ramponiert. Dazu zählen das Selbstbestimmungsrecht der Völker und der Schutz nationaler Minderheiten.

In der westlichen Welt weicht das Prinzip des westfälischen Staates in immer größeren Schritten Maßstäben, die von außen an die inneren Verhältnisse der Staaten angelegt werden. Der Kalte Krieg zwischen der westlich-kapitalistischen Demokratie und dem Sozialismus sowjetischen Typs beachtete im zwischenstaatlichen Verhältnis überwiegend das westfälische Prinzip. Tatsächlich eröffnete er aber einen politischen Kampf, der auf die Legitimation der Staaten zielte: Hier die liberalen Demokratien mit einem inegalitären, von Geld und

2.8 Der Staat und die internationale Gesellschaft 65

Gewinn gesteuerten ökonomischen System, dort das politische Monopol kommunistischer Parteien, die das Wirtschaften nach politischen Prioritäten einrichteten und der Zielvorstellung egalitärer Lebensverhältnisse folgten. Die Helsinki-Deklaration von 1975 bestätigte die europäischen Nachkriegsgrenzen und führte die Menschenrechte in den völkerrechtlichen Selbstverpflichtungskatalog der europäischen Staaten ein. Im neuen Osteuropa müssen Staaten, die nicht pfleglich mit ihren Minderheiten umgehen, Rügen gewärtigen. Die Anwartschaft der Slowakei oder Rumäniens auf die Aufnahme in die EU und in die NATO war blockiert, solange sie „ihren" Ungarn keine Minderheitengarantien nach westeuropäischem Standard einräumten. Serbien zog mit ethnischen Säuberungs- und Vernichtungsaktionen in seiner Kosovo-Provinz im Jahr 1999 sogar eine militärische Intervention der NATO auf sich. Was sonst auch immer an Motiven mitgespielt haben mag, zeigt dies alles, dass dort, wo die Umstände es zulassen, innergesellschaftliche Standards von Demokratie und Gruppenrechten auf das außenpolitische Handeln ausstrahlen (Finnemore 1996).

Die dunkle Seite dieser Geschichte ist die Zurückhaltung bei Staaten wie China oder Russland, in denen solche Menschenrechtsdefizite (Xinjiang, Tibet, Tschetschenien) kaum weniger zu Tage treten. Diese Staaten sind aber zu groß und zu mächtig, um Sanktionen scheuen zu müssen. Das Gleiche gilt auch für Regionen, wo die Menschen- und Minderheitenrechte verletzt werden, zum Beispiel in Afrika. Dort treffen wir schwache, teilweise sehr kleine Staaten an, in denen die Menschen- und Minderheitenrechte notorisch missachtet werden. Die großen Distanzen und die Verworrenheit der Verhältnisse sind hier die Hauptgründe für das Hinnehmen von Missständen, die in der Nachbarschaft der europäischen Demokratien mehr Beachtung fänden. Es bleibt zu konstatieren, dass in den Außenbeziehungen eines Teils der Staatenwelt ein Wandel hin zu multilateraler Normengeltung stattfindet. Er billigt den Staaten nicht mehr selbstverständlich zu, mit ihren Gesellschaften nach Belieben umzugehen, mögen sie im Außenverhältnis auch friedfertig sein.

2.8.2 Die fiktive Souveränität des Staates in der Dritten Welt

Die meisten souveränen Staaten sind entweder klein, oder sie sind arm, und dazu ächzen viele noch unter der Last von Bürgerkriegen und ethnischen oder religiösen Spannungen. Nach 1945 ist der internationale Großkrieg zur Ausnahmeerscheinung geworden. Bürgerkriege prägen das Bild internationaler Friedlosigkeit. Die Staatengemeinschaft, darunter die mächtigen und reichen Staaten, tut sich schwer, die bestehenden Staaten und Staatsgrenzen in Frage zu stellen. Die USA verfolgten den Zerfall der Sowjetunion am Ende der 1980er Jahre ohne jede Begeisterung. Garantiert wird der Status quo letztlich von den großen Staaten der Welt, allen voran von den USA sowie von Frankreich und Großbritannien. Ihre Militärpotenziale sind auch auf außereuropäische Interventionen angelegt. Im außereuropäischen Raum besitzen nur noch Russland und China solche Potenziale. Diese Aufzählung erinnert an die Großmächtewelt der Realisten und Neorealisten. Deren Unterscheidung zwischen den Spielmachern und den Statisten der Weltpolitik ist anscheinend doch nicht aus der Luft gegriffen. Einige Staatenräume, auch solche mit ausgesprochen kleinen Staaten darunter, wie etwa die Europäische Union, sind, was die Art und Durchsetzungskraft ihrer Regierungen betrifft, sehr homogen. In den meisten Weltregionen verhält es sich anders. Effiziente Staatsverwaltungen treten in den besser situierten Winkeln der Staatenwelt zu hohen Wohlfahrtsleistungen, gesicherten Grenzen, integrierten Märkten und relativ großen Staatsgebieten hinzu. In Hinsicht auf militärische Manpower und Kriegsgerät aller Art haben sich die Gewichte in die Dritte Welt verschoben. Die Technologie, die dabei Pate steht, ist aber ein infrastrukturelles Besitztum der ökonomisch bessergestellten Staaten geblieben.

Eine Vielzahl der kleinen, aber auch eine Reihe der großen Staaten der Welt verdankt ihre Existenz dem Souveränitätsverständnis einer Staatengemeinschaft, die sich auf die Unantastbarkeit der Grenzen verpflichtet hat. Damit ist garantiert, dass sie schwach und ineffizient bleiben und oft hart am Bürgerkrieg lavieren werden (Jackson 1990). Die verbürgten Staatsgrenzen markieren bis heute die Verwaltungsgliederung der seit 50 bis 60 Jahren versunkenen kolonialen Welt. Zwischen dem Bild eines Nationalstaates, in dem Staat und Nation zur Deckung kommen, und der Realität multinationaler Staaten klafft eine große Lücke. Angesichts der vielfältigen Erscheinungsformen der etwa 200 Staaten in der Welt hat das Bild des westfälischen Staates viel von seiner Anschauungskraft verloren (dazu näher Ferguson/Mansbach 1996). Im Konflikt zwischen dem Selbstbestimmungsrecht eines innerstaatlichen Volkes und dem Souveränitätsanspruch eines Vielvölkerstaates setzt sich zumeist der Letztere durch. Wo eine Nation ohne eigenen Staat ihre Souveränität mit den Waffen anstrebt, sprengt sie bestehende Staaten, wie in den 1990er Jahren im ehemaligen Jugoslawien geschehen (Barkin/Cronin 1994). Vorbeugende Repression verhindert im Regelfall, dass es soweit kommt. In dieser Konstellation kann weder eine breite Identifikation mit dem Gesamtstaat noch ganz allgemein ein demokratisches Milieu reifen. Die resultierenden Spannungen sind eine der häufigsten Ursachen für Bürgerkriege und für die internationalen Konflikte der Gegenwart.

Der Staat ist in der Dritten Welt allzu oft die stärkste Klammer der Gesellschaft. Meist ist er das Instrument eines Diktators, einer Familie, einer Oligarchie oder einer Offiziersclique. Die Sicherheit des Staates wird hier mit der Sicherheit der Regierenden – dem jeweiligen inneren Regime – gleichgesetzt. Die

2.8 Der Staat und die internationale Gesellschaft

Herrschaftsinteressen schmaler Staatsklassen bestimmen das äußere Verhalten der Staaten – oft entscheidend – mit. Die Betrachtung der äußeren Politik der Staaten in der Dritten Welt muss deshalb die Erfordernisse des Regimerhalts entsprechend berücksichtigen (Ayoob 1995: 8f., 74).

Die Schwäche des Staates in der Dritten Welt ist ein Ausdruck der zeitlich verschobenen und ungleichen Modernisierungsprozesse im Westen und im Rest der Welt (Ayoob 1998: 47). In vielen südamerikanischen Staaten tritt der Staat in der Fläche sehr uneinheitlich in Erscheinung. Schwach wirkt er vor allem dort, wo wenige Großgrundbesitzer die ländliche Gesellschaft beherrschen. In Afrika reduziert sich die Präsenz des Staates vielerorts auf einen geringen Teil des Staatsgebiets, der die Hauptstadt einschließt. Beträchtliche Teile des Staatsgebiets werden von Unabhängigkeits- oder Befreiungsbewegungen kontrolliert. Diese agieren de facto wie eigene Staaten. Sie erzwingen die Einhaltung eigener Gesetze, erheben Steuern, rekrutieren Armeen und stellen Passierscheine aus. Ihre quasi-staatliche Leistung kann sich mit jener der offiziellen Regierung messen (Matthies 1995: 167f.).

Weitere Beispiele bieten Pakistan mit seinen nordwestlichen Grenzgebieten, in denen Stammesoligarchien das Gesetz verkörpern, oder Kolumbien mit einer Vielzahl von Gebieten unter der Kontrolle ländlicher Guerillas, die mit der Drogenmafia kooperieren, und in der jüngsten Vergangenheit der Kongo, wo Bürgerkriegsparteien über längere Zeit hinweg weite Landesteile beherrschen. Überall dort reicht das Gewaltmonopol der Regierung nicht weit. Auf diese Tatsache haben sich viele Regierungen eingestellt. Firmen, Journalisten und internationale Hilfsorganisationen gehen mit den politischen Gebilden unterhalb der Schwelle internationaler Anerkennung inzwischen recht unbefangen um – stellen diese doch ihre faktische Staatlichkeit unter Beweis. Nicht anders halten es internationale Vermittler, die sich in die innere Politik desorganisierter Staaten einschalten, um Bürgerkriege zu entschärfen, Geiselnahmen zu beenden oder demokratische Wahlen vorzubereiten. Das moderne China und Vietnam, Israel und Algerien sind vor mehr als 50 Jahren aus solchen Schattenstaaten hervorgegangen.

Hier und dort erwachsen aus der Verdrängung der Staatskontrolle handfeste internationale Konflikte. Die illegale Drogenproduktion in Lateinamerika vollzieht sich in staatsfreien Räumen. Sie belastet das Verhältnis zu den USA, wo der illegale Drogenkonsum gesellschaftliche Verwerfungen im Teufelskreis von Armut, Drogen und Kriminalität verstetigt hat. Die USA machen beträchtlichen Druck auf Länder wie Kolumbien und Bolivien, um deren Regierungen zu schärferer Bekämpfung der Drogenproduktion anzuhalten. Die Zeche der im Stile militärischer Großoperationen durchgeführten Drogenbekämpfungsmaßnahmen zahlen unter anderem Bauern, die nur mit dem Anbau der Drogenpflanzen über die Runden kommen. Die formellen Staatenbeziehungen greifen zu kurz, um solche Tatsachen in der realen Staatenwelt zu erfassen. Die Vorstellung vielschichtiger internationaler Beziehungen, wie sie oben mit Burton und Czempiel referiert wurde, trifft diese Phänomene besser. Der Zustand, in dem sich Afrika, Asien, die arabische Welt und der indische Subkontinent befinden, gleicht den politischen Verhältnissen im spätmittelalterlichen und im frühneuzeitlichen Europa. Zufallsgrenzen umschreiben den Machtbereich quasi-feudaler Potentaten. Gemeinschaftsbindungen überlappen die Staatsgrenzen, oder sie spalten die Staaten im Inneren. Die mediävalen Herrscher hatten es leichter als ihre modernen Pendants, weil das gesellschaftliche Unten damals noch keine Stimme hatte. Die Grenzen der post-kolonialen Welt wurden eingefroren, bevor die Neustaaten untereinander austesten konnten, welche sich im Extremtest des Krieges würden behaupten können (Jackson 1999).

Dieses höchst heterogene Staatenensemble bildet eine internationale Gesellschaft. Diese steht sogar unter einer gemeinsamen internationalen Verfassung, und diese lautet auf Souveränität (Philpott 1999). Bei dieser Souveränität handelt es sich um eine Fiktion. Sie ist nur deshalb nicht belanglos, weil andere Staaten sie respektieren. De facto sind viele Staaten beim grundlegenden Kriterium der effektiven Staatsgewalt nicht wirklich souverän (zur Problematisierung des Souveränitätsphänomens: Krasner 1999). Jackson spricht von Quasi-Staaten, die nur dank der Akzeptanz und Unterstützung veritabler Staaten existieren können (Jackson 1990, Tetzlaff 1995). Mag der Arm einer im Bürgerkrieg stehenden Regierung über die Hauptstadtgrenzen kaum hinausreichen, so zählt für die Vereinten Nationen und für die diplomatischen Vertretungen allein die Tatsache, dass die offizielle Regierung noch die Wachmannschaft um den Präsidentenpalast kontrolliert und dass sie wirksam die Ausländerkolonien zu schützen vermag. Die internationale Verfassung zwingt Oppositionelle und Aufständische, die Trophäe der Hauptstadt zu erobern, um in den Genuss internationaler Anerkennung zu gelangen.

2.8.3 Die Reichweite und Effizienz des Staates

Liberalität ist ein Leitprinzip der internationalen Handelspolitik. Bis vor wenigen Jahrzehnten galt dies noch mit der Einschränkung, dass die Staaten selbst entscheiden konnten, wieviel Konkurrenz sie auf den heimischen Märkten duldeten. Ruggie taufte diese innenpolitische Pufferung des Freihandels ein System des „embedded liberalism" (Ruggie 1992). Ähnlich zeichnete bereits Nettl den „high state" (Nettl 1967/68). Dieser Staat sieht recht strenge Maßstäbe für das Marktgeschehen vor. Er schützt die Arbeitsplätze und sorgt sich um die Steuerbasis für die Sozialpolitik. Man könnte diesen Zustand mit einem sozialpolitisch mode-

2.8 Der Staat und die internationale Gesellschaft

rierten internationalen Wettbewerb umschreiben. Der „low state" hingegen lässt den internationalen Wettbewerb ganz dicht an sich heran. Von Sozialpolitik hält er nicht viel. Seine Aufgaben beschränken sich auf die innere und äußere Sicherheit, den Respekt vor der Rechtsordnung und die Sicherstellung stabilen Geldes. In diesen Unterschieden sind unschwer der Typus des europäischen Wohlfahrtsstaates und derjenige des liberalen angelsächsischen Staates zu erkennen.

Nun ist der zwischen 1950 und 1980 in Europa entstandene Sozial- bzw. Wohlfahrtstaat seit geraumer Zeit unter Druck geraten. Die Mobilität des Kapitals und ein global verfügbares Angebot an qualifizierter und gleichwohl billiger Arbeit erzwingen den Abbau politischer Praktiken, die den Wettbewerb und seine Folgen innenpolitisch bändigen wollen. Die nationalstaatliche Einbettung des weltweiten Kapitalismus schleift sich ab (Ruggie 1998: 62ff.). Je außenhandelsabhängiger die Ökonomie – Beispiele bieten etwa Dänemark, Schweden und Australien–, desto stärker geraten die sozialstaatlichen Nebenkosten der Produkte unter Druck. Die Fiskalbürokratien gewinnen innerhalb der Regierungsapparate größeres Gewicht (Schwartz 1994). Zugleich intensiviert sich die internationale Arbeitsteilung. Für die etablierten Sozialstaaten, namentlich in Europa, stecken darin Herausforderungen an den Status quo, für die sogenannten Schwellenländer aber Aufholchancen.

Die produzierenden Betriebe der südostasiatischen Staaten sind zu Handlangern der japanischen – inzwischen auch der chinesischen – Konzerne geworden. Damit die Arbeitskosten billig bleiben, werden dort die Gewerkschaften gedeckelt und die politischen Freiheiten klein buchstabiert. Anderswo werden die Volkswirtschaften in die Logik komparativer Kostenvorteile eingemauert. Exemplarisch ist Lateinamerika. Seine Volkswirtschaften stöhnen noch heute unter der Schuldenlast, die sich in den 1970er und 1980er Jahren angesammelt hat. Damals waren die Banken und Regierungen der Industrieländer bereit, wachstumspolitische Konzepte zu finanzieren. Nachdem diese Pläne gescheitert waren, mussten sich die Staaten des südlichen Amerika dem Diktat des IWF unterwerfen. Der IWF machte weitere Kredite und Schuldenstreckung vom Eingehen auf seine wirtschaftspolitische Philosophie abhängig.

Bei den – zumeist ökonomisch besser gestellten – demokratischen Staaten greift eine Unterscheidung zwischen autonomen und responsiven Staaten. Beide sind effektiv, sie setzen ihren Willen in der Gesellschaft durch. Der Erstere kommuniziert dabei wenig mit der Gesellschaft, der Letztere handelt in einem Prozess des Gebens und Nehmens (Nordlinger 1981). Dann gibt es noch die schwachen Staaten, in denen die öffentlichen Institutionen vor der Macht minoritärer gesellschaftlicher Cliquen kapituliert haben (Migdal 1988). Diese hier aus einer breiten Literatur ausgewählten Staatseigenschaften sind auch für die IB nicht unwichtig. Sie überlässt dieses Sujet jedoch anderen Sparten der Politikwissenschaft. Die grundlegende Tatsache, dass es sich hier um Demokratien handelt, die durch das Putnamsche Zweiebenenspiel die Gesellschaft in die Außenpolitik integrieren, ist hier wichtiger als diese Feindifferenzierungen.

Die Mehrzahl der souveränen Staaten verfehlen leicht erkennbar demokratische Maßstäbe. Bei den Staaten in der Dritten Welt handelt es sich vielfach um schwache oder weiche Staaten. Ihre Institutionen kamouflieren den Willen der Mächtigen und Reichen. Auch in diesen Staaten findet das Putnamsche Zweiebenenspiel statt, allerdings unter den Bedingungen autoritärer Herrschaft. Die Herrschenden verdanken ihre Position oft der Gewalt. Kein noch so kultivierter, an den besten Universitäten der Welt ausgebildeter afrikanischer, arabischer oder asiatischer Diplomat kann die Politik seines Landes vertreten, wenn er es nicht versteht, die Herrschenden seines Landes zufrieden zu stellen (Black/Avruch 1998). Wie sich diese Unterschiede zwischen den Staaten und Gesellschaften in internationale Konflikte übersetzen, auch das ist ein Thema der IB (so auch Katzenstein 1996b: 25, Lepgold 1998: 57).

In diesem Zusammenhang bietet es sich an, kurz auf ein Phänomen einzugehen, das die Staatenbeziehungen in einigen Regionen schwer belastet. Ein Staat wie Somalia gilt als Failed state, als kollabierter Staat. Jegliche zentrale politische Autorität ist erloschen. Klans und kriminelle Banden füllen das Vakuum, das der dieser Kollaps hinterlässt. Bei einem Staat wie dem Kongo, dem die Kontrolle über seine östliche Grenzregion entglitten ist, lässt sich gut darüber streiten, ob er bereits kollabiert ist oder ob er sich auf dem Wege dorthin befindet. Ein Staat wie der Libanon hat den Anspruch auf die Kontrolle über die von Schiiten besiedelte südliche Grenzregion und die schiitischen Viertel der Hauptstadt an die Hisbollah aufgegeben. Die Hisbollah verkörpert für die libanesischen Schiiten Wohlfahrtsorganisation, Partei und wohlgerüstete Miliz in einem. Sie wird vom benachbarten Syrien sowie vom Iran unterstützt. Im Gegenzug verhindert die Hisbollah als Regierungspartei einen Kurs, der syrischen Interessen zuwiderlaufen könnte. Diese Beispiele entsprechen dem Bild eines erkennbar versagenden Staates, eines Failing state, dessen Schwäche von anderen Staaten zum eigenen Vorteil ausgenutzt wird.

Betrachten wir nun den Failed state. Der idealtypische gescheiterte Staat versagt zunächst bei der Basisleistung eines jeden Staates: den gesellschaftlichen Frieden zu gewährleisten und die Rechtsordnung durchzusetzen. Er zeichnet sich ferner durch kommunalen Unfrieden aus (zwischen Völkern, Konfessionen, Sprachgruppen). Darüber hinaus ist er außerstande, flächendeckend das Staatsgebiet zu kontrollieren. Privatarmeen und Rebellengruppen beherrschen ganze Landstriche. Kriminelle beherrschen die Straße, nicht die Polizei. Die Infrastruktur verfällt, Straßen werden unbefahrbar, Lehrer und Beamte warten auf ausstehende Gehälter. In den Krankenhäusern fehlt es an Medikamenten und Personal.

2.8 Der Staat und die internationale Gesellschaft

Polizisten und Verwaltungspersonal handeln dort, wo Dienstwaffe und administrative Akte überhaupt noch eine Rolle spielen, allein zu dem Zweck, die eigenen Taschen zu füllen (Rotberg 2004: 3ff.). In Afrika, in der Karibik, im Kaukasus, in Afghanistan und sogar in Pakistan sind diese Attribute des vom Scheitern bedrohten oder bereits gescheiterten Staates trister Alltag. Für die IB sind diese Staatsbefindlichkeiten wichtig. Der Failing state, vom Failed state ganz zu schweigen, ist außerstande, alle seine internationalen Verpflichtungen zu bedienen. Wenn eine Regierung die illegale Rodung des Regenwaldes nicht zu verhindern vermag, wozu sie sich verpflichtet hat, fällt sie als Partner eines Regimes zum Schutz der letzten Regenwälder schlicht aus.

Zu guter Letzt sei auch der Rohstoffstaat noch kurz vorgestellt. In seiner bekanntesten Gestalt tritt er als Petrostaat auf, d.h. als Erdöl produzierender Staat. In einer anderen Bezeichnung wird der Rohstoffstaat auch als Rentierstaat thematisiert. Renten sind Einkünfte, die ohne nennenswerten Wertschöpfungsbeitrag erwirtschaftet werden. Alle diese Begriffe meinen in der Sache das Gleiche: Die Förderung und der Verkauf von Rohstoffen ist die wichtigste oder gar die einzig relevante Einkommensquelle dieses Staatstypus. Die immense Nachfrage nach Treib- und Schmierstoffen versetzt die Erdöl produzierenden Staaten in eine komfortable Lage. Zwar müssen auch sie hin und wieder Einbußen hinnehmen, da die Nachfrage und die Preise Schwankungen unterliegen. Doch solange der Vorrat reicht, verschafft ihnen die weltweite Abhängigkeit vom Öl eine sichere Einkommensquelle. Schwieriger ist die Situation derjenigen Rohstoffstaaten, deren Produkte weniger nachgefragt werden. Nachfrageeinbrüche bei Kupfer und Zinn haben Sambia, Chile und Bolivien in den vergangenen Jahrzehnten schwer zu schaffen gemacht.

Die Rentenökonomie ist ein zweifelhafter Segen. Die Öleinkünfte alimentieren Staats- und Sicherheitsapparate. Sie haben eine Kompradorenbourgeoisie entstehen lassen, die am Import von Luxusgütern für die Eliten und für die kaufkräftigen Schichten verdient. So lassen sich leicht Gewinne realisieren. Demgegenüber brauchen Investitionen in die Industrie ihre Zeit, um sich auszuzahlen. Wozu im eigenen Lande herstellen, was das Ausland zu günstigen Preisen anbietet?

Rentierstaaten sind nach dem Prinzip des „no taxation with no representation" (Okruhlik 1999: 296) konstruiert. Der Staat muss sich nicht groß anstrengen, um im Wege der steuerlichen Umverteilung den Staatsapparat zu finanzieren. In der historischen Retrospektive haben sich effektive staatliche Strukturen aber durchweg um die extraktive Leistung des Staates herum entwickelt: um die Fähigkeit, für die Realisierung seiner Politik auf die Vermögen und Einkommen seiner Untertanen zuzugreifen (Karl 1997: 10ff.). In aller Welt tritt der Staat für gewöhnlich als Umverteilungsagent, d.h. als Steuerstaat auf. Der Rohstoffstaat indes verteilt bloß die Erträge aus dem Verkauf des Tafelsilbers. Dazu muss er nicht tief in die Gesellschaft eindringen, sich nicht groß um die Zustimmung der Betroffenen bemühen und auch nicht seine Zwangsmittel schärfen. Das gesellschaftliche Wurzelwerk des Staates ist deshalb schwach entwickelt.

2.9 Fazit

Resümieren wir diesen Theoriendurchgang für die weiteren Ausführungen:

1. Sicherheitslastige Theorien wie der Realismus und der Neorealismus nehmen den Staat als geschlossenes Ganzes.
2. Kooperationszentrierte Theorien lassen das Staatshandeln als Ausdruck politischer Prozesse erkennen, durch die innergesellschaftliche Interessen in die Entscheidungen einfließen.
3. Konstruktivistische Theorien zielen auf Selbst- und Fremdbilder sowie auf gesellschaftliche Konventionen und Werte, die sich im außengerichteten Handeln von Staat und Gesellschaft Ausdruck verschaffen.
4. Die internationale Zusammenarbeit gründet sich auf die Staaten. Auch wenn sie sich in internationalen Regime und internationalen Organisationen vollzieht, hängt ihre Wirksamkeit letztlich vom Durchsetzungswillen und von der Implementationsfähigkeit der Staaten ab.
5. Ein Theorienpluralismus wird der Komplexität der IB besser gerecht als das rigorose Hantieren mit einer Theorie, die das Wesentliche aller Phänomene der IB zu erfassen beansprucht.

Der folgende Text präsentiert geläufige Fakten und Zusammenhänge der innergesellschaftlichen und der internationalen Politik. Er will dabei die Vorteile des pragmatischen Umgehens mit den Theorien veranschaulichen. Wenn er die Leserin und den Leser motivieren kann, Blicke über die Zäune der IB in angrenzende Gefilde der politikwissenschaftlichen Theorie und der Politikwissenschaft zu werfen, erfüllt er die kühneren Erwartungen des Autors.

3 Die USA: Bespielung zahlreicher Weltbühnen

3.1 Der Weg zur Weltmacht: Die bipolare Epoche der Weltpolitik

Die USA sind die einzige nach dem Kalten Krieg verbliebene Weltmacht. Dieser Begriff wird dahin verstanden, dass die USA als einziger Staat der Gegenwart noch die Fähigkeit besitzen, auf Entwicklungen fernab ihrer Grenzen Einfluss zu nehmen. Dieser Status macht freilich nur deshalb Sinn, weil die USA weltweite Interessen artikulieren. Lediglich die Sowjetunion hatte bis vor knapp zwanzig Jahren einen vergleichbaren Status. Dieser beruhte aber allein auf militärischer Macht. Dahinter standen weder entsprechende ökonomische Kapazität noch kulturelle Ausstrahlung. Jeans, Fast food, TV-Serien, Pop-Musik und eine internationale Lingua franca, kurz: weiche Macht, sind nicht zu unterschätzende Ingredienzien der Bedeutung Amerikas in der Welt. Die Kombination von militärischer Interventionsfähigkeit, wirtschaftlicher Innovation, Marktgröße und trendbestimmendem Lifestyle ist ein historisch beispielloses Phänomen (Nye 2002).

Die Rolle der amerikanischen Weltmacht wurde erst im Kalten Krieg wahrgenommen. Eine eindrucksvolle Wirtschaftsmacht waren die USA bereits an der Schwelle zum 20. Jahrhundert (Wehler 1984). Mit diesem Status begnügten sie sich noch auf Jahrzehnte hinaus. Die USA wollten sich aus den Welthändeln heraushalten. Polen hatte beim Ausbruch des Zweiten Weltkrieges mehr Soldaten unter Waffen als die USA, und im Ersten Weltkrieg hatten die USA noch hauptsächlich Manpower gestellt. Bis 1940 war die Weltpolitik, wie das ganze 19. Jahrhundert hindurch, europäische Politik (zur amerikanischen Politik in dieser Epoche: Kennan 1952).

Anscheinend hatten die USA in der Sprache Morgenthaus damals noch kein nationales Interesse, das sie mit Macht hätten durchsetzen wollen. Der Atlantik genügte als Wassergraben, um Amerika von den europäischen Kriegen fernzuhalten. Das nationale Interesse lag demzufolge im Abstandhalten. Das Jahr 1941 wurde zum Epochejahr für die amerikanische Weltpolitik. Zum ersten Mal seit 1812 wurde die amerikanische Republik auf eigenem Boden angegriffen. Darüber hinaus zeichnete sich mit Hitlers zunächst erfolgreichem Angriff auf die Sowjetunion in Europa ein von Deutschland beherrschter Kontinent ab. Die japanische Expansionspolitik eröffnete darüber hinaus die Vision einer amerikafeindlichen pazifischen Welt. Solcherart im Westen wie im Osten mit der Eroberung von Kontinenten konfrontiert und inzwischen der Ummünzbarkeit amerikanischer Wirtschaftskraft in internationale Macht bewusst geworden, entschlossen sich die USA, an der Seite Großbritanniens und der Sowjetunion die Aggression zu bekämpfen. Dabei erbrachten sie eine beispiellose Rüstungsleistung, die vor allem London und Moskau den Rücken stärkte.

Mit dem Sieg über Deutschland und Japan gedachten sich die USA, wie in der Vergangenheit, abermals auf die ordnungspolizeiliche Aufsicht auf dem amerikanischen Doppelkontinent zurückzuziehen. Bald aber stellte sich die Erkenntnis ein, dass man die Politik der Sowjetunion falsch eingeschätzt hatte. Sie revitalisierte in kürzester Zeit die Sorge, dass die USA jenseits der Meere erneut mit fremdbeherrschten Kontinenten konfrontiert sein könnten. Die amerikanische Macht reichte inzwischen so weit, dass sie jetzt auf Bedrohungen reagieren konnten, die noch gar nicht das Stadium offener Aggression erreicht hatten. Die gewachsenen militärischen und ökonomischen Potenziale hatten die Parameter amerikanischer Interessen in der Welt weiter ausgedehnt, so Zakaria in einer Analyse, die sich kritisch mit der neorealistischen Behauptung auseinandersetzt, das amerikanische Handeln in der Welt lasse sich aus konstanten Sicherheitsbedürfnissen erklären (Zakaria 1998: 187). Großbritannien hatte im Zweiten Weltkrieg demgegenüber einen Pyrrhus-Sieg errungen; es schied als interkontinentale Großmacht aus. Es blieb aber ein wertvoller Alliierter der USA. Diese schlüpften ihrerseits nun dauerhaft in die Rolle der globalen Garantiemacht für Staaten und Regime, die der sowjetischen Expansion entgegentraten.

Die Berlin-Blockade (1948), der Sieg der Kommunisten im chinesischen Bürgerkrieg (1949) und der Korea-Krieg (1950-1953) bestätigten subjektiv den Eroberungsdrang des Weltkommunismus. Das Nuklearwaffenmonopol der USA hatte sich nicht lange gehalten. Die zweifelsfreie Aussicht auf eine gegenseitige Vernichtung im Falle eines Heißen Krieges verlegte das Konkurrenzgebaren der beiden Weltmächte auf das Wettrüsten und auf Plänkeleien in den peripheren Gebieten des atlantisch-europäischen und asiatischen Raumes (einen Überblick dieser Epoche der amerikanischen Außenpolitik bietet: Besson 1964).

Zwischen 1965 und 1975 führten die USA im geteilten Vietnam mit eigenen Streitkräften einen Dschungelkrieg, um die Vereinigung der vietnamesischen Teilstaaten unter der Vorherrschaft des kommunistischen Nordvietnams zu verhindern. Aus vietnamesischer Sicht ging es um die Fortsetzung eines bereits zuvor gegen Frankreich geführten nationalen Unabhängigkeitskrieges. Maßgeblich für den Entschluss, im südostasiatischen Dschungel der vermeintlichen Expansion des Weltkommunismus entgegenzutreten, war die handlungsleitende Perzeption. Die USA und die Sowjetunion verhielten sich in aller Welt jetzt so,

3.1 Der Weg zur Weltmacht: Die bipolare Epoche der Weltpolitik 75

wie es das realistische Modell behauptet. Sie rangen um relative Vorteile (exemplarisch schildert diese Epoche: Gaddis 1987, 1992, 1997). Um 1972 entspannte sich dieses Konkurrenzverhältnis. Die Weltmächte kamen überein, ihr kostspieliges Rüsten im Sektor der interkontinentalen Waffensysteme einzuschränken. Die wechselseitige Vernichtungskapazität sollte dabei gewahrt bleiben. Aufwändige Abwehrtechnologie sollte nur soweit entwickelt und stationiert werden, dass die politisch-militärischen Kommandozentralen und Raketenstellungen geschützt werden konnten (SALT- und ABM-Verträge). Mit dem Kalkül eines sicherheitsgeleiteten nationalen Interesses – wie es die Neorealisten unterstellen – stand dies voll im Einklang. Zudem kam hier eine Rational-choice-Abwägung zum Zuge: Kooperation bei Wahrung der relativen Vorteile. In der Dritten Welt schalteten die USA nach der Erfahrung des innen- und außenpolitisch desaströsen Vietnam-Kriegs auf mittelbares Engagement zurück. Die Zusammenarbeit mit regionalen Ankermächten wie für den arabischen Raum Ägypten und für die Golfregion dem Iran sollte den USA ein zweites Desaster direkten Engagements wie in Vietnam ersparen. Die Entspannung im Verhältnis zu China (1971) zeigte an, dass die Sowjetunion weiterhin als der eigentliche Antipode in der Weltpolitik betrachtet wurde (über diese Epoche bis in die Gegenwart informiert: Hacke 2005).

Die USA hatten in der Entspannungsperiode ihre Prioritäten nicht verändert, sondern lediglich verschlankt. Sie taten dies unter dem Druck überbordender politischer und ökonomischer Kosten. Die amerikanische Macht konzentrierte sich fortan auf Schlüsselregionen und Schlüsselkontrahenten. Auch dieser Wandel passt noch in die neorealistische Deutung. Wo die Machtressourcen zu knapp werden, um überall mitzumischen, ist es nur klug, diese Mittel dort vorzuhalten, wo es um das Eingemachte geht. Die Sowjetunion respektierte zwar die Rüstungskontrollvereinbarungen, quittierte die größere amerikanische Distanz zu den Konfliktherden in der Dritten Welt aber nicht mit eigener Zurückhaltung, sondern rüstete in den 1970er Jahren bei den konventionellen Waffen, später auch bei den Nuklearwaffen mit lediglich innereuropäischen Reichweiten massiv auf.

Das sowjetische Eingreifen in Afghanistan (1979) wurde im Westen als vorbereitender Zugriff auf die Energiequellen der westlichen Ökonomien gesehen. Die maritime Aufrüstung der Sowjetunion ließ sich darüber hinaus als Indiz dafür werten, dass der internationale Klassenkampf außerhalb Europas verschärft werden sollte. Noch in den späteren 1970er Jahren beantworteten die USA diesen Kurs mit neuen militärischen Anstrengungen im Bereich der konventionellen und nuklearen Kurzstreckenwaffen. Diese sollten die relative Sicherheit der USA für die Eventualität einer nuklearen Auseinandersetzung gewährleisten, ohne die SALT- und ABM-Vereinbarungen förmlich zu verletzen (Star Wars: weltraumgestütztes Abfangsystem für interkontinentale Lenkwaffen).

Die USA hatten eine neue Runde im Wettrüsten eröffnet (Czempiel 1989). Sie entlarvten damit bald die Überforderung der mit zahlreichen Mängeln behafteten sowjetischen Planwirtschaft. Auch die Alimentierung der sozialistischen Verbündeten durch die Sowjetunion gelangte an ihre Grenzen. Energielieferungen dorthin wurden in den 1980er Jahren verteuert. Bei diesen Verbündeten waren die Grenzen der Belastbarkeit schon zuvor offensichtlich geworden. Es wurde schwierig, die Gesellschaften der osteuropäischen Engpass-Ökonomien auf dem bisherigen Konsumniveau zufrieden zu stellen.

Die Reformen des sowjetischen Parteichefs Michail Gorbatschow (1986-1991) waren Versuche, mit drastischen Kursänderungen das Scheitern des sozialistischen Gesellschaftsmodells und den Abstieg der Sowjetunion als Weltmacht aufzuhalten. Diese Rettungsmanöver misslangen. Die Gesellschaften der wichtigsten Verbündeten sprachen die Kündigung aus. Gegen die Verweigerung in Polen (1980, 1988), der DDR (1989) und der CSSR (1990) waren sowjetische Soldaten machtlos. Das sozialistische Staatenlager verabschiedete sich von seiner Patronatsmacht. Am Ende zerfiel die Sowjetunion selbst (1991). Die USA entschieden den Kalten Krieg zu ihren Gunsten – ein Vorgang, der im Verlauf und im Ergebnis im Einklang mit den neorealistischen Annahmen steht. Die Selbsthilfe hatte so gut funktioniert, dass ihr Adressat von der weltpolitischen Bühne abtrat.

3.2 Weltmachtpolitik nach dem Kalten Krieg

Das gegenwärtige Russland ist eine andere Sache als die Sowjetunion. Mit dem klassischen Antipoden der USA im Kalten Krieg hat es wenig gemeinsam. Die Fronten des Kalten Krieges sind heute nicht mehr erkennbar. Polen, Ungarn und Tschechien sind in die NATO integriert. Deutschland ist nach 50 Jahren Teilung wieder ein geeinter Staat. Ist das Ergebnis nun eine Pax americana, die Welt ein amerikanisches Protektorat? Diese Frage lässt sich leicht mit einem Nein beantworten. Die Welt ist und bleibt eine holprige und sperrige Arena selbst für die einzige verbliebene Weltmacht. Die USA werden sich auf absehbare Zeit kaum aus der Weltpolitik zurückziehen. Gemessen am Drama des Kalten Krieges sind ihre Gegner aber kleine Fische, mag von ihnen mit Massenvernichtungswaffen oder als Heimathafen für Terroristen auch eine Gefahr von globaler Dimension ausgehen. „Schurkenstaaten" wie der Iran, der Irak und Nordkorea befinden sich im Visier der globalen amerikanischen Politik. Sie werden des staatlich betriebenen Terrorismus gegen die USA und der Destabilisierung neuralgischer Regionen bezichtigt.

3.2 Weltmachtpolitik nach dem Kalten Krieg

Die Nutzung der UN durch die Clinton-Administration deutete darauf hin, dass die USA Legitimität für ihre Rolle in der Staatenwelt suchten. Legitimität wird durch Kooperation gewonnen, die sich mit kleinen Vorteilen zufrieden gibt. Zudem ist Legitimität eine Kategorie, die sich mit der schieren Geltungskraft militärischer oder politischer Überlegenheit beißt. Wenn sich diese Kooperationshaltung der 1990er Jahre zur Konstanten verfestigt hätte, käme das neorealistische Modell mit dieser Situation nicht mehr gut zurecht. Legitimität gründet in Ideen, in gemeinsamen Werten. Just diese sind für die Neorealisten kein Thema.

Die Außenpolitik der Bush-Administration in der ersten Dekade des 21. Jahrhunderts verzeichnete indes dramatische Alleingänge und Verachtung für internationale Normen und Institutionen. Der Angriff islamischer Terroristen auf das New Yorker World Trade Center im September 2001 veranlasste die Verbündeten in der NATO, einen Angriff auf die USA und damit den Verteidigungsfall zu deklarieren, sich an der Vertreibung der afghanischen Taliban-Regierung zu beteiligen, die der Ausbildung von Terroristen beschuldigt wurde, und anschließend am Wiederaufbau des Landes mitzuwirken.

Der Großteil der Verbündeten hielt sich jedoch zurück, als die Bush-Administration einen Krieg gegen den Irak ins Auge fasste. Vorwand für diesen 2003 begonnenen Krieg waren Behauptungen, Bagdad arbeite an der Entwicklung von Massenvernichtungswaffen. Daran gab es schon damals erhebliche Zweifel. Sie sollten sich nach einigen Jahren offiziell bestätigen. Als Motiv setzte sich international von vornherein die Vermutung durch, dass hier ein Krieg geführt wurde, um eines der wichtigsten Ölförderländer des Orients unter Kontrolle zu bringen. Der Irak wurde als Feind angesehen, seitdem er 1991 versucht hatte, das ölreiche kleine Nachbarland Kuwait zu erobern.

Der Job, den der Vater des 2001 amtierenden Präsidenten, George H. W. Bush, 1991 nicht vollständig erledigt hatte, zwar Kuwait zurückzuerobern, den Irak selbst aber nicht zu betreten, sollte zu Ende gebracht werden. Die Regierung des älteren Bush hatte das Souveränitätsprinzip respektiert. Allzu offenkundig zielte der jüngere Bush auf die Beseitigung des irakischen Regimes. Dies spaltete selbst die Verbündeten. Bis auf Großbritannien, Spanien, Polen, Tschechien und Dänemark hielten sich die NATO-Verbündeten von diesem Unternehmen fern. Der Irak-Krieg wurde ein amerikanischer Krieg mit britischer Juniorbeteiligung. Wiederholt kam es zu militärischen Drohgesten gegen diejenigen Staaten in der neuralgischen Nahostregion, die sich amerikanischem Einfluss entzogen, Syrien und den Iran. Dieses Verhalten lässt sich gut in eine Deutung einfügen, wie sie der offensive Neorealismus Mearsheimers geben würde.

Für die Zeit des Kalten Krieges hatte es, wie oben erörtert, guten Sinn gemacht, die USA im Lichte des Waltzschen Sicherheitskonkurrenzmodells zu beschreiben. So schienen die politischen Führer der USA wie am Schachbrett ihre Züge zu kalkulieren und sich, ohne den Hauptkonkurrenten aus dem Auge zu verlieren, hier zu korrigieren, dort eine sich bietende Chance auszunutzen. Etwa so schildern viele Darstellungen der amerikanischen Außenpolitik Details der vor zwanzig Jahren beendeten Nachkriegsepoche. Präsidenten, strategische Köpfe im Sicherheitsestablishment, Doktrinen und Konzeptionen fesselten das Interesse. Harte Politik, wie im Golfkrieg, und weiche Prioritäten, wie das Anmahnen der Menschen- und Selbstbestimmungsrechte, liefen nebeneinander her und griffen ineinander über.

Das US-Verteidigungsbudget stagnierte in den 1990er Jahren. Der fortbestehende rüstungstechnologische Vorsprung war ein Ergebnis des Kräftemessens der bipolaren Zeit. Die für den großen Crash konstruierten High-Tech-Waffen sind bislang gegen balkanische und nahöstliche Potentaten eingesetzt worden. Sie haben die Machbarkeit einer Kriegsführung ohne den verlustreichen und politisch prekären Einsatz von Bodentruppen vorgespiegelt, der in der amerikanischen Öffentlichkeit seit dem Vietnamkrieg (1966-1975) mit traumatischen Erinnerungen besetzt ist. Im Irak-Krieg zerschellte die Vision einer sparsamen Kriegsführung ohne Massen von Gefallenen und Verwundeten. Auch dieser Krieg mündete in ein vergleichbares Fiasko. Das Abwinken einer zunächst hurrapatriotisch eingestimmten, dann jedoch ermatteten Öffentlichkeit war die Folge. Damit sind nicht hoch genug zu veranschlagende Faktoren der amerikanischen Außenpolitik thematisiert: die Gesellschaft, die irgendwann auf Stopp schaltet, und das politische System selbst, das bisweilen beachtliche Verlernfähigkeit unter Beweis stellt.

Der Irak-Krieg von 2003 war noch stärker als der Irak-Krieg von 1991 eine Realdemonstration amerikanischer Kriegsführung mit dem Mittel der Hochtechnologie. Diese zielte nicht nur auf die unbotmäßigen Regierungen und die Militärs der Schurkenstaaten, sondern auf Generalstäbler und Planer in Moskau und Beijing. Die Schurken im Orient mussten sogar dafür herhalten, dass die USA im Vorfeld des europäischen Teils Russlands, in Polen und Tschechien Raketenstellungen installieren wollen. Dieses bei den älteren NATO-Mitgliedern stark umstrittene Vorhaben begann 2008 mit Zustimmung der Stationierungsländer konkret zu werden. Es bewegt sich zwar im bescheidenen Rahmen, zumal die Raketen noch gar nicht existieren, die vom Orient aus das amerikanische Festland bedrohen könnten. Doch allein die Stationierungsabsicht wirkt wie eine Herausforderung an ein Russland, das schon den Beitritt ehemaliger Staaten des Warschauer Paktes zur NATO als Provokation empfand. Zumindest psychologisch ist diese Wahrnehmung nachvollziehbar. Russland ist in den letzten beiden Jahrhunderten stets vom Westen aus zum Opfer verlustreicher Kriege geworden.

3.3 Das politische System als Faktor der Außenpolitik

Bevor wir jetzt das Waltzsche „second image", den Erklärungsbeitrag der innenpolitischen Struktur, in Augenschein nehmen, ist eine Vorbemerkung erforderlich. Der amerikanischen Tradition ist das diplomatische Navigieren des Staatsschiffes in der Welt fremd. Der Einsatz amerikanischen Militärs und die erheblichen Rüstungslasten für die Steuerzahler benötigen den Rückhalt der Öffentlichkeit und des Kongresses. Doch der Kongress ist ein Instrument gesellschaftlicher Repräsentation, kein legitimatorisches Vehikel in den Händen der Regierung oder einer vom Wähler beauftragten Partei. Die amerikanische Politik weist dem Kongress den stärkeren Part im Regierungsgeschäft zu. Abgeordnete und Senatoren können es sich nicht oft leisten, gegen Stimmungen zu handeln, auf die sie in ihren Wahlkreisen treffen. Dort entscheidet sich ihre politische Existenz. Der Kongress hat erheblichen Einfluss auf die Regierungsbürokratie.

Im Regierungskomplex der Außenbeziehungen agieren die Karrierediplomaten des State Department, Militärs, die politischen Spitzen des Pentagon und die Berater im Präsidialamt. Besondere Bedeutung kommt dem National Security Council zu. Es handelt sich um eine bürokratische Einheit, die ihre Entstehung dem Kalten Krieg verdankt. Sie entsprang dem Bedürfnis, militärische, diplomatische und nachrichtendienstliche Kompetenz zusammenzuführen. Den Zenit seiner Bedeutung erreichte diese Einrichtung unter der Leitung Henry Kissingers und Zbigniew Brzezinskis in den 1970er Jahren. Das Gerangel der Ministerien und Stäbe um den vorrangigen Einfluss auf die politische Linie einer Administration war lange notorisch. Erst das Ende der Supermächteepoche hat das National Security Council deutlich entwertet. Das State Department und das Verteidigungsministerium, beide wiederum klassische Rivalen um das Ohr des Präsidenten, waren die Gewinner dieser Entwicklung. An Komplexität übertrifft die politisch-bürokratische Struktur der amerikanischen Regierung alle Demokratien. Die Toleranz für den Primat der Exekutive erreichte im Kalten Krieg – seit 1947 – ihr Maximum. Der Kongress fand sich über knapp drei Jahrzehnte bereit, den Präsidenten ohne großes Fragen in der Außenpolitik zu unterstützen. Diese Bereitschaft wurde in den frühen 1970er Jahren aufgekündigt. In der Öffentlichkeit setzte sich die Auffassung durch, die Präsidentschaft habe sich zu stark verselbständigt und den Rückhalt für das weltweite Engagement in der Gesellschaft vernachlässigt (dazu als exemplarisch für eine Fülle einschlägiger Übersichtswerke: Hastedt 2006).

Im Unterschied zu den parlamentarischen Regierungschefs in Europa wachsen die Präsidentschaftskandidaten und Präsidentschaftsbewerber nicht in politischen Parteien auf. Parteien, wie sie in Europa geläufig sind, gibt es in den USA überhaupt nicht. Es hängt von der Biografie des Präsidenten ab, von seiner Erfahrung in entsprechenden Positionen des Kongresses und der Exekutive sowie von seinem Interesse an auswärtigen Angelegenheiten, ob er erst im Amt in die Weltpolitik eingewiesen werden muss. In Wahlkämpfen zählen allein darstellerische Qualitäten und innenpolitische Themen. Erst einmal im Amt, kommt es für den Präsidenten – gerade dann, wenn er wenig Erfahrung in der Außenpolitik mitbringt – darauf an, wen er als außenpolitische Berater einsetzt und wen er in die Schlüsselstellungen des Außen- und des Verteidigungsministeriums beruft. Als Anwärterpool stehen unter anderem in den Think tanks arbeitende Wissenschaftler und Universitätsprofessoren bereit. Sie empfehlen sich laufend mit Analysen, Kommentaren, auch mit populären Büchern. Meist sind sie eng in das politische Beratungsgeschäft eingebunden, dazu medienerfahren, ambitioniert und wendig. In aller Regel haben sie aber eine theoretische Sicht auf die Politik – im Unterschied zu den Berufsdiplomaten. Diplomatische Professionalität bewegt sich in großer Distanz zum politischen Tagesgeschäft mit seinem Bedarf an Floskeln und vermeintlichen Patentlösungen.

An der Schnittstelle von akademischer Politikanalyse, Beratungsbedarf sowie publikumsverkäuflichen Parolen und Bildern dringen theoriegeprägte Weltsichten in den Regierungsbetrieb ein. Buchautoren wie Samuel Huntington und Robert Kagan hinterlassen ihre Spuren, so wie vor Jahrzehnten bereits Henry Kissinger. Die Theoriedebatte der IB vermischt sich deshalb intensiver als in Europa mit praktischen Entscheidungen. Ein historisch gebildeter Politiker wie Henry Kissinger hatte die Diplomatie des europäischen Mächtekonzerts im 19. Jahrhundert studiert. Er fand bei seinem Präsidenten Nixon stets ein offenes Ohr. Dieser Präsident fuhr die militärische Komponente der US-Außenpolitik zurück. In den Handlungen der Administration George W. Bushs war dagegen deutlich die Handschrift des neokonservativen Lagers zu erkennen.

Im US-Kongress spiegelt sich die Gesellschaft mit ihren vielfältigen ethnischen und kulturellen Wurzeln wider. Der American way of life, der diese Vielfalt integriert, lautet auf Treue zur politischen Verfassung und auf das Kredo in Individualismus und Kapitalismus. In den Dekaden der großen Einwanderung aus Süd- und Osteuropa (zwischen 1880 und 1930) gab es in der angelsächsisch und protestantisch geprägten Bürgerschaft der USA erhebliche Vorbehalte gegen die Neubürger, die sich nicht nur konfessionell (Katholiken, Juden) stark vom bisherigen Zuschnitt Nordamerikas unterschieden, sondern auch zumeist in den industriellen Zentren siedelten, wo sie „Little Italies" oder „Little Warsaws" bildeten. Sie waren anfänglich ein guter Nährboden für „unamerikanische" linke Gewerkschaften und Parteien. Vor diesem Hintergrund gediehen allerlei Hysterien. Eine darunter brach sich mit dem amerikanischen Kriegseintritt im Jahr 1917 Bahn. Sie richtete sich gegen die deutschstämmigen Mitbürger. Nur mit Kreuzzugsargumenten ließ sich die amerikanische Öffentlichkeit damals auf den

3.3 Das politische System als Faktor der Außenpolitik

Krieg einstimmen. Die Gesellschaft war und blieb gespalten. Diese Erfahrung wiederholte sich in den Jahren 1939/41. Japan und Deutschland nahmen es Präsident F. D. Roosevelt – Ersteres mit Bomben auf Hawaii und Letzteres mit einer förmlichen Kriegserklärung – ab, dem schwierigen innenpolitischen Werben um den Kriegseintritt an der Seite des bedrängten Großbritannien ein Ende zu setzen.

Erst ab 1947, mit der propagandaträchtig untermalten Herausforderung durch die Sowjetunion sollte das weltweite Engagement der USA einrasten. Ernüchterung setzte erst ein, als die amerikanische Öffentlichkeit zwanzig Jahre später mit der Frage konfrontiert war, wofür eigentlich Zehntausende Amerikaner im vietnamesischen Dschungel gestorben waren, da doch offenbar die Vietnamesen selbst von der amerikanisch definierten Freiheit nichts hielten. Die USA wollten in Vietnam die Ausbreitung des Kommunismus verhindern. Die Vietnamesen aber wollten den mit der kolonialen Vergangenheit belasteten Westen in ihrem Land loswerden. Als Folge dieses Krieges nahm das amerikanische Image bei den Verbündeten und in der Dritten Welt schweren Schaden. Mit dem Rückzug der USA aus Südostasien ging Mitte der 1970er Jahre eine Epoche zu Ende, in der die US-Regierung weitgehend mit der Rückendeckung aus Kongress und Öffentlichkeit hatte Außenpolitik machen können. In dieser Zeit lebte sich ein Artist im diplomatischen Geschäft wie der legendäre Henry Kissinger aus. Wie nie zuvor und selten danach entsprach das Auftreten der USA in dieser Zeit dem „unitary actor", der Akteursfigur der neorealistischen Theorie.

Lange vor dem Ende des Kalten Krieges beschnitt der Kongress dem Präsidenten die Flügel. Zu sehr hatte die Exekutive nach Ansicht des Kongresses an Definitionsmacht über die nationalen Interessen der USA gewonnen. Seit 1973 will der Kongress selbst darüber befinden, wo und wann US-Truppen in der Welt eingesetzt werden. Er erzwang – auch über seine Haushaltsbefugnis – eine weitgehende Beteiligung an der Feinsteuerung der Außenpolitik. Ein Generationswandel im Kongress und legislatorische Reformen machten in den 1970er Jahren die Beziehungen zur Administration noch schwieriger. Diese Entwicklungen hatten zwar nichts mit der Neueinschätzung der amerikanischen Position in der Welt zu tun. Sie hatten aber direkte Auswirkungen darauf. Der mit 535 Mandatsinhabern bestückte Kongress, ein Universum der verschiedensten Egos, die keinerlei Partei- oder Fraktionsdisziplin kennen, agiert seither noch schwieriger und unberechenbarer als in der Vergangenheit. Außenpolitische Expertise verlor als politisches Kapital an Wert. Der mediale Beachtungseffekt machte ihr als Maßeinheit für Bekanntheit und Reputation den Rang streitig. Der Kampf um Kongressmehrheiten verlagerte sich noch stärker als in der Vergangenheit auf die Beeinflussung der Stimmung in den Wahlkreisen.

In diesen Vorgängen verlor die Außen- und Sicherheitspolitik ihren Status als Reservat einschlägig erfahrener Kongressgranden. Es wurde nicht mehr als anmaßend oder unschicklich empfunden, zu Problemen der Außenpolitik Stellung zu nehmen oder Kontroversen zu entzünden, ohne den außen- und verteidigungspolitischen Ausschüssen anzugehören (Sorensen 1994). Ein selbstbewussterer Kongress nutzt heute Rüstungsausgaben, Handelsgesetze und anstehende Vertragsratifizierungen, um der Administration außenpolitisch in den Arm zu fallen und mit Blick auf die Innenpolitik Punkte zu sammeln (Wilzewski 1999; Stockton 1995). Die Visualität politischer Ereignisse rund um den Globus tut ein Übriges. Das Fernsehen führt der Öffentlichkeit mit Bildern von Leichen, Verwundeten und misshandelten Soldaten die Kosten militärisch betriebener Politik in Echtzeit vor Augen. Die Gesellschaft ist in der Außenpolitik der Supermacht USA präsenter als je zuvor. Deshalb ist es auch richtig, die US-amerikanische Außenpolitik, deren Ursprünge weit in gesellschaftliche Befindlichkeiten hineinreichen, als Außenbeziehungen zu verstehen.

Betrachten wir noch kurz den Staatsrahmen der US-Gesellschaft. Die USA sind ein klassischer flacher Staat (Nettl 1967/68). Der schwere Gestus der Hoheitlichkeit ist dem amerikanischen Regierungsapparat fremd. Politische Beamte mit kurzer Verweildauer besetzen die Leitungspositionen. In der Regel kommen sie aus der Geschäftswelt, von den Universitäten und aus dem Politikberatungsbetrieb. Die anderswo so wichtige Zwischenebene karriereschleusender politischer Parteien fehlt gänzlich. Der US-Staat waltet hauptsächlich als Regulator und Ordnungshüter. Er behelligt die Gesellschaft auch nicht groß als Beschaffer von Bildungsleistungen, als Gesundheitsproduzent oder als Sozialbetreuer. Ein Staat, der so wenig in das Leben seiner Bürger hineinregiert, verlangt sehr viel, wenn er im Ausland Menschenleben aufs Spiel setzt und Geld für Zwecke ausgibt, die dem Durchschnittsbürger und Steuerzahler nicht vermittelt werden können, weil sie auf das Ausland zielen. Das politikwissenschaftliche Erkenntnisrepertoire über die amerikanische Innenpolitik kommt bei diesem Aspekt der amerikanischen Weltpolitik voll zum Zuge (Opalally 1993: 24f.).

3.4 Gesellschaftliche Parameter der Außenpolitik

Die amerikanische Politik braucht für ihre globale Aktivität öffentliche Zustimmung. Diese lässt sich nur in einer Symbol- und Bildsprache mobilisieren, die dem mäßig interessierten Amerikaner aus der hautnah erfahrenen Innenpolitik und Alltagswelt geläufig ist – last but not least auch aus der Unterhaltungsindustrie Hollywoods (Cyr 2000: 42, Burley 1993: 143f.). Einen Schurken in der eigenen Gemeinde darf man nicht gewähren lassen, wenn er das Gesetz missachtet. Wer Leben und Eigentum seiner Mitbürger mit Füßen tritt, wird zum Fall für Polizei, Staatsanwalt und Gerichte. Nicht anders soll es in der Welt zugehen.

3.4 Gesellschaftliche Parameter der Außenpolitik

Rechtsbrecher sind zu bestrafen, und die Weltgesellschaft muss vor ihnen geschützt werden. Um dies einsichtig zu machen, ist es wichtig, den Missetäter zu identifizieren und ihn anhand seiner Untaten zu überführen. Das internationale Gesetz, das beschädigt wird, muss in seiner Gesellschaftsanalogie verstanden werden. Das innenpolitische Rückversicherungsbedürfnis des Handelns in der internationalen Arena hat eine Kehrseite. Die Regierung kann sich den Erwartungen aus der Gesellschaft auch dann nicht entziehen, wenn daraus im Verhältnis zu anderen Staaten absehbare Komplikationen erwachsen. Menschenrechtsgruppen haben seit Jahrzehnten eine kräftige Stimme in der Außenpolitik. Die Menschenrechte werden umso lauter eingefordert, je intensiver die Kontakte der USA zu einem delinquenten Staat ausgestaltet sind. Dies gilt heute vor allem im Verhältnis zu China (dazu auch Minkenberg 1999).

Das Gleiche trifft freilich auch umgekehrt zu. Nimmt die Wahrnehmung einer gefährlichen oder gar tödlichen Bedrohung von außen überhand, dann werden Stimmen übertönt, die den Schutz der Freiheitsrechte einfordern. Spontane oder medial orchestrierte Hysterie veranlassten Gesetzgeber und Staatsorgane in der Vergangenheit, in dramatischen Situationen die Bürgerrechte mit Füßen zu treten. Dies geschah 1942, als amerikanische Staatsbürger japanischer Herkunft auf Verdacht interniert wurden, weil man nach dem japanischen Angriff auf Pearl Harbor ihrer Loyalität misstraute. In den 1950er Jahren wurden kritische Intellektuelle, Wissenschaftler und Sozialisten Opfer öffentlicher Verdächtigungen, Untersuchungen und Verurteilungen einer nach dem Senator Joseph McCarthy benannten antikommunistischen Kampagne. Nach den Terrorereignissen des September 2001 beschloss der Kongress Gesetze, die ein beispielloses Ausspähen der persönlichen Sphäre legitimieren.

Über der Irak-Invasion des Jahres 2003 wurde die Flagge des Bringers der Demokratie entrollt. Unbeschadet des Umstandes, dass der irakische Diktator Saddam Hussein einer der übelsten orientalischen Despoten war, paktierten die USA im Kampf gegen den Terror unbefangen mit anderen Regierungen, die Oppositionelle, konfessionelle Minderheiten und Gewerkschafter unterdrücken und Wahlen manipulieren (Pakistan, Saudi-Arabien, Ägypten). Die These der früheren amerikanischen Botschafterin bei den UN, Jeane Kirkpatrick, von Diktaturen und Doppelstandards, damals gegen die Sowjetunion gerichtet, feierte triste Urständ: Diktaturen als solche sind schlecht, einige sind aber besser als andere – nämlich diejenigen, die sich außenpolitisch auf der Seite der USA positionieren (Kirkpatrick 1980). Mit einem Sonderlager für Terrorismusverdächtige auf dem kubanischen Stützpunkt Guantànamo verstoßen die USA seit dem Terroranschlag des September 2001 gegen Völkerrecht und Menschenrechtskonvention. Erst allmählich, seit dem langsamen Nachlassen des durch die Terroranschläge des September 2001 verursachten Schocks, fallen die ordentlichen Gerichte und auch der Kongress der Administration in den Arm.

Die Segmentierung der amerikanischen Gesellschaft in Ethnien und Religionen hat größte Bedeutung für das Außenverhalten. Israel genießt in der äußeren Politik der USA soviel Beachtung wie kein anderer Staat. Die israelische Lobby wäre in der Washingtoner Politik kaum so mächtig, wenn die zahlreichen Bürger jüdischer Religion nicht auf dem Schutz des jüdischen Staates beharrten. Neben Israel sind die USA die größte Heimat für Menschen jüdischen Glaubens. Stark in wenigen, wahlstrategisch wichtigen Einzelstaaten konzentriert, hat die Jewish vote in den Präsidentschaftswahlen Gewicht. Auch etliche Senatoren und Abgeordnete müssen sie beachten. Keine Partei, kein ernstzunehmender Kandidat wird es deshalb riskieren, diese Wählergruppe zu verprellen.

Im Westen der USA befinden sich heute große chinesische und koreanische Diasporen. In den akademischen und kommerziellen Eliten fassen immer mehr Menschen aus dem konfuzianischen Kulturkreis Fuß. Daneben verlangt die wachsende Latinisierung der USA, vor allem in den südlichen Staaten der Union, eine besondere Sensibilität für Lateinamerika. Asien und Lateinamerika binden die Außenperspektive heute weitaus stärker als in den ersten beiden Nachkriegsdekaden. Die Ethnien besitzen in der Wahlkreisabhängigkeit der Kongressmitglieder zahlreiche Hebel, um sich in der Außenpolitik Gehör zu verschaffen.

Die nationale Identität der USA stützt sich auf das Kredo in die Verfassung und damit auf Demokratie- und Freiheitsideale. Sie fließen in der Chiffre des American way of life (Huntington 1982/83, 1974) zusammen. Die kulturelle Vielfalt und das Festhalten an der nationalen Identität der Vorfahren und Herkunftsländer stehen dem nicht entgegen. Verbindungen dorthin sind durch die leichte Verfügbarkeit von Medieninformationen über alle Winkel der Welt heute vitaler als in einer Vergangenheit, die TV, das Internet und Flugverbindungen noch nicht kannte (Shain 1995). Muslime treten in der Gesellschaft erst in jüngster Zeit hervor. Araber sind nie in nennenswerter Anzahl in die USA immigriert. Stärker als Latinos und Asiaten werden sie als fremd empfunden, sofern sie sich in Kleidung und Konsum nicht an den Mainstream anpassen. Gegen das Fremde lassen sich leicht Ängste und Hysterien schüren. Die islamische Einwanderung in den Westen konzentriert sich auf Westeuropa. Dort setzte sie später ein und dort geschah sie in einem gesellschaftlichen Milieu, das viel stärker dekonfessionalisiert ist als das amerikanische.

Bleiben wir noch kurz bei Europa. Dort haben wir es mit recht regelungsaktiven und im Vergleich mit den USA kulturell immer noch einigermaßen homogenen Staaten zu tun. Gesellschaftliche Probleme und Herausforderungen werden erst einmal in den Mänteln der Parteien und Ministerialbürokratien verarbeitet, bevor sie Parlament und Regierung beschäftigen. Beide wirken schalldämpfend für eine Medienöffentlichkeit, die dort sonst nach den gleichen kommerziellen Gesetzen funktioniert wie in den USA. Das mag mit Blick auf den Spontaneitätsverbrauch nachteilige Folgen haben, es hat aber den möglichen Vorteil der Kontinuität. Die europäische Staatlichkeit verträgt sich besser mit dem empathieträchtigen Gewerbe der Diplomaten als der so empfindsam auf Stimmungskonjunkturen reagierende Komplex von Kongress und Regierungsbürokratie in den USA. In den Außenbeziehungen der europäischen Staaten begünstigt dieser Umstand Institutionen, die sich aus dem innenpolitischen Routinebetrieb herausheben. In den USA dominieren die Bilder und Reflexe des politischen Alltags. Sie können es sich leisten. Einen Staat von vergleichbarem ökonomischem und politischem Gewicht gibt es nicht. Bleiben wir weiter auf der Spur der Weltbilderkonstruktion, jetzt aber im Kontext von Geografie und Geschichte.

3.5 Interessen und Prioritäten in der Staatenwelt

Beginnen wir mit dem eingeführten Begriff der nationalen Sicherheit. Den USA droht offenkundig keine unmittelbare Gefahr von außen. Die Beziehungen zu Kanada könnten enger nicht sein (Shore 1998, Lipset 1990). Auch im Süden gibt es nur sicherheitspolitisch unproblematische Nachbarschaften (Gonzalez/Haggard 1998). Betrachtet man die Sicherheitsparameter jenseits der Meere, wird das Szenario nicht bedrohlicher. Der Kalte Krieg und die Block-Konfrontation gehören der Vergangenheit an. Wenn die Rede von nationaler Sicherheit unter solchen Umständen noch Sinn macht, dann nur im Verständnis von strategischer Überlegenheit. Diese ist zurzeit ungefährdeter als je zuvor. So bleibt denn hinter der dramatischen Sicherheitsvokabel nur noch ein präzisierungsbedürftiges Reservoir von Interessen. Hier lassen sich freilich Konturen erkennen. Da gibt es zunächst ein strategisches Interesse an der Freiheit der Meere als Grundlage des Welthandels. Dazu gehört mit unverminderter Bedeutung der Zugang zu Energiequellen und Rohstoffen (Nordlinger 1995: 40). Mit Blick auf die Staatenwelt favorisieren die USA den Status quo. Das kann nicht weiter überraschen. Der Status quo ist für die singuläre Weltmacht eine komfortable Sache.

Die USA verhielten sich bisher im Sinne des Waltzschen Neorealismus vernünftig. Die Administration des jüngeren Bush indes erweckte den Anschein, den Status quo revidieren zu wollen. Die Kosten dieser Politik, die sich im Irak-Krieg festfuhr, erwiesen sich als immens. In der Administration George W. Bush geriet das Vertrauen in die honorigen Absichten Washingtons in aller Welt auf einen Tiefpunkt.

Betrachten wir nun das Spektrum der Richtungen, die sich in der Außenpolitik Ausdruck verschaffen. Klassisch ist die Scheidelinie zwischen Isolationisten und Internationalisten. Beide gehen von der exzeptionellen Rolle Amerikas in der Welt aus (Lipset 1996: 31ff.). Es handelt sich hier um Begriffe, die wissenschaftliche und publizistische Beobachter gern wählen, um sich in den Konjunkturen der amerikanischen Außenpolitik zu orientieren. Auch wenn diese Schubladen für die Politiker selbst keine Bedeutung haben – sie handeln nach Überzeugungen, nach Opportunität und aus dem Bauch heraus –, lässt ihr Handeln doch Konturen erkennen, die sich mit Begriffen wie Internationalismus, Unilateralismus und Multilateralismus plastisch umschreiben lassen.

Die Isolationisten sehen die USA als historisches Unikum, als ein Land, das eine göttliche Fügung vor ehrgeizigen Eroberern, vor Kriegen und vor den Plagen der übrigen Welt verschont hat. Es soll die Gunst seiner Lage nutzen, um sich dem Unfrieden der übrigen Welt zu entziehen. Die Internationalisten hingegen drängen auf die Herstellung der Demokratie auch dort, wo noch Unterdrückung herrscht (Dumbrell 1999, Nordlinger 1995: 264f.). Ein internationales Milieu, in dem die Werte und Institutionen der eigenen Gesellschaft dominieren, verspricht geringere Risiken für die Sicherheit als ein Staatenmilieu, in dem mächtige Staaten agieren, die diese Werte nicht teilen und sie in ihren eigenen Völkern unterdrücken. Der American creed, der Kitt politischer Werte, die eine konfessionell, ethnisch und rassisch heterogene Gesellschaft zusammenhalten, d.h. das Kredo in persönliche Freiheit, minimale Behelligung durch den Staat und die Legitimität gesellschaftlicher Ungleichheit, bildet den Kern der kollektiven Identität. Um die Akzentsetzungen und Fortschreibungen dieser Identität kreisen die innenpolitische Auseinandersetzungen.

Isolationismus und Internationalismus lassen sich stark überspitzt mit Konfessionen vergleichen, deren eine sich mit dem offenkundigen Zustand göttlicher Gnade zufrieden gibt, während sich die andere berufen sieht, die ihr zuteil gewordenen Segnungen in der Welt zu verbreiten. Im Europa des 19. und 20. Jahrhunderts feierte der Nationalismus seine Triumphe. Der Nationalismus überhöht die Herkunft, Sprache und Kultur des eigenen Volkes, und er schätzt andere Völker gering. Attitüden dieser Art konnten in den multikulturellen USA nicht gedeihen. Ihren Platz nimmt in der amerikanischen Politik die Überhöhung des eigenen politischen Modells ein. Die amerikanischen Werte verkörpern gleichzeitig aber universale Werte, die – mit Akzentverschiebungen beim Staat und bei der Gleichheit – auch andere Demokratien hochhalten. Deshalb fällt es schwer, sie als Ausdruck des Geltendmachens amerikanischer Macht zu erkennen oder sie gar anzugreifen. Die amerikanischen Außenbeziehungen unterscheiden sich von denen der übrigen Demokratien im Sendungsbewusstsein, mit dem das demokratische Modell auf die übrige Welt projiziert wird. Dessen ungeachtet steckt in den amerikanischen Werten eine gehörige Portion Soft power. Die Demokra-

3.5 Interessen und Prioritäten in der Staatenwelt 87

tien tun sich schwer, die amerikanische Politik für das Verbreitenwollen von Werten zu kritisieren, zu denen sie sich selbst bekennen. Der *Isolationismus* zieht sich auf die Position zurück, Amerika möge sich mit dem Status einer Insel der Seligen in einer widrigen Welt bescheiden. Im Handeln der amerikanischen Weltmacht spielt er heute keine Rolle mehr (Monten 2005). Wichtiger für das Verstehen der amerikanischen Politik ist die Differenz zwischen den Varianten des *Internationalismus*. Die erste Richtung sieht die USA als weltpolitischen Spieler wie andere auch, zwar größer und mächtiger, aber in ähnlicher Weise darauf bedacht, in der Außenaktivität ihre Sicherheits- und Wohlfahrtsbedürfnisse zu befriedigen. Die politische Beschaffenheit der Partner und Gegner interessiert nicht weiter. Es zählen allein Interessen. Klassische Diplomatie hat einen hohen Stellenwert im Verhaltensrepertoire. In jüngerer Zeit standen die Präsidenten Richard Nixon und George H. W. Bush für diese Basisorientierung, die man in Anlehnung an die akademischen Schulen der IB als *realistisch* bezeichnen könnte.

Eine zweite Richtung basiert auf der Auffassung, die USA sollten durch die Macht ihres Vorbildes und durch die Moralität ihrer Politik andere Staaten von der Überlegenheit des demokratischen Systems überzeugen. Wenn andere Staaten den Weg zur Demokratie finden, wird die Welt besser und friedvoller. Diese Position ist *idealistisch* im Sinne der Ideen Woodrow Wilsons. In jüngerer Zeit ließen sich die Präsidenten Jimmy Carter und Bill Clinton dieser Position zuordnen.

Eine dritte Richtung teilt die Auffassung, dass die Welt besser und sicherer würde, wenn der demokratische Wandel in der Staatenwelt beschleunigt wird. Sie will amerikanische Werte und Institutionen in der Welt verbreiten. Gewisse Regime werden als Risiko für die Sicherheit und den Wohlstand Amerikas betrachtet. Nur von demokratischen Systemen darf erwartet werden, dass sie verantwortlich mit Waffen und weltwirtschaftlich wichtigen Ressourcen umgehen. Deshalb begnügt sich dieses Lager nicht mit der Erwartung evolutionären Wandels, den die amerikanische Politik mit weichen Gesten fördern sollte. Ihm geht es darum, jede Gelegenheit zu nutzen, die nicht die eigene Sicherheit gefährdet, um autoritäre Regime unter Druck zu setzen und sie zu Fall zu bringen. Mit idealistischen Motiven unterlegt, stimmt diese Position mit dem *offensiven Realismus* in der Theorie der IB überein. Sie charakterisierte die Präsidentschaft George W. Bushs.

In der operativen Außenpolitik der USA lassen sich zwei Ansätze unterscheiden. Der *Multilateralismus* schätzt das Handeln im Konsens mit Staaten, die Interessen und Ideale der USA teilen. Er bemüht sich, andere Staaten als Partner zu gewinnen, bei Entscheidungen Verbündete mitzunehmen und sich mit anderen Staaten abzustimmen, wo immer es der Erreichung der Ziele dient. Internationale Institutionen sind als Handlungsrahmen willkommen. Der Multilateralismus lässt sich mit allen oben referierten Richtungen des Internationalismus verbinden, allerdings in unterschiedlicher Gewichtung. Mit seiner in der Sache liegenden Wertschätzung der diplomatischen Komponente wird er eher von Realisten und Idealisten bevorzugt.

Der *Unilateralismus* markiert die Gegenposition. Auch seine Fürsprecher handeln lieber im Einklang mit Gleichgesinnten und Mitinteressenten. Aber sie nehmen ungern Abstriche an ihren Zielen in Kauf. Wird der Preis für das gemeinsame Handeln zu groß, zaudern Freunde und Verbündete, dann ziehen die Unilateralisten den amerikanischen Alleingang vor. Internationale Institutionen gelten als sperrig. Sie genießen keinen großen Respekt. Die militärische Komponente hingegen hat größten Stellenwert. Hier liegt der Grund für die Bereitschaft zum Alleingang. Partner für Krieg und militärische Drohgebärden zu gewinnen ist schwieriger, als sie in diplomatische Unternehmungen einzubinden. Der Unilateralismus liegt methodisch auf der Linie der akademischen Theorie des offensiven Realismus.

Allein im letzten Vierteljahrhundert lässt sich ein mehrfacher Wechsel zwischen den beschriebenen Schulen und Gangarten beobachten. Auch dies macht die USA in der Weltpolitik zum Unikat. Ob China, Russland, Großbritannien, Frankreich oder Deutschland – die Außenbeziehungen der größeren Staaten zeichnen sich für gewöhnlich durch Kontinuität aus.

Die unilateralistisch disponierten Politiker bemessen ihre Ziele und Aktionen allein nach dem Nutzen für amerikanische Interessen, unabhängig davon, ob sie von den Adressaten oder Verbündeten goutiert werden oder nicht (Burley 1993: 147). Die multilateralistische Politik geht stärker auf Partner und Adressaten ein. Dies bedeutet auch Rücksicht auf Usancen und internationale Institutionen.

3.6 Zwischenstaatliche und interkulturelle Kommunikation

In der Weltpolitik agieren die USA von einer Position der Überlegenheit aus. Das Arrangement mit fremden Kulturen und mit den Interessen mächtiger Nachbarstaaten war historisch nie gefordert. Dieses Manko unterscheidet die USA von den großen Mächten der Moderne. Nehmen wir Großbritannien, dessen formelles und informelles Imperium bis zum Zweiten Weltkrieg die ganze Welt umspannte. In Asien war es mit den imperialen Ambitionen Russlands, in Afrika mit denen Frankreichs konfrontiert, und in der europäischen Nachbarschaft musste es die Existenz eines starken Deutschland ins Kalkül ziehen, das mit Seemachtambitionen spielte. Die Diplomatie war hier eine unverzichtbare Ressource. Empathie ist die Seele des Diplomatischen. Es gilt eigene Ziele in Kon-

3.6 Zwischenstaatliche und interkulturelle Kommunikation

kordanz mit dem Selbstwert und mit den Interessen des Gegenübers zu realisieren. Gesichtswahrende Formelkompromisse spielen eine kardinal wichtige Rolle. Empathie ist ein Schwachpunkt im international ausgelegten Verhaltensrepertoire der politischen Eliten der USA. Es bietet sich an, dieses Phänomen auf konstruktivistischem Wege zu erklären.

Ein Grund für das Empathiedefizit liegt im adversarialen Grundmuster der Politik, der Justiz, des Sports und des Geschäftslebens. Es kommt darauf an, sich durchzusetzen: zu gewinnen. Dabei sind bestimmte Regeln zu beachten. Sie schaffen ungleiche Machtmittel zwar nicht aus der Welt, ächten aber solche Kniffe, die unbillige Vorteile verschaffen. Die Justiz passt auf und schreitet ein, wenn die Regeln missachtet oder verbogen werden. Wo klare Siege von vornherein aussichtslos erscheinen, setzt ein Geben und Nehmen ein: Bargaining.

Das gesellschaftliche Interessenfeld ist pluralistisch beschaffen. Der kommunikative Standardcode lässt wenig Raum für Missverständnisse. „To talk business" heißt nicht nur im Geschäftsleben Klartext. Das Ja steht für Zustimmung, das Nein für Ablehnung. Dieser Stil verbürgt geringe Transaktionskosten, an Transparenz ist er kaum zu übertreffen. Er fußt allerdings auf der Voraussetzung, dass er von allen Beteiligten akzeptiert wird. Dies ist innergesellschaftlich der Fall. Im Prinzip gilt das Gleiche auch für das Business im gesamten europäisch-atlantischen Kulturkreis. Die USA sind beim Übertragen dieser Umgangsweisen auf die Außenpolitik allerdings ein Unikat (Payne 1995: 62, 72).

Die Erklärung liegt in der Historie. Die USA traten erst zu einem Zeitpunkt in die Weltpolitik ein, als sie diesen Stil kraft ihrer Stärke auf Verbündete und Gegner applizieren konnten, ohne dabei allzu große Nachteile befürchten zu müssen. Hatten die europäischen Nationalismen 1919 am Versailler Konferenztisch noch einmal triumphiert und hatte sich Washington wieder hinter den Atlantik zurückgezogen, so konnte es im Zweiten Weltkrieg das Spiel maßgeblich mitbestimmen. Jetzt freilich wurden die innergesellschaftlichen Normen in einer hierarchischen Beziehung wirksam, im Verhältnis zu Schwachen, zu Besiegten und zu Verbündeten.

Die Kosten dieser Haltung sind beträchtlich. Die Welt des 21. Jahrhunderts erlebt die USA zwar als einzige Macht mit globalen Ambitionen und auch mit globalen militärischen Potenzialen. Aber sie zieht ihnen engere Grenzen als in den ersten 50 Jahren nach dem Ende des Zweiten Weltkrieges. Die EU ist eine Staatengemeinschaft mit vergleichbarem Wirtschaftspotenzial. Sie bewertet Militärisches als Mittel der Politik geradezu gegensätzlich. In Lateinamerika ist neues Selbstbewusstsein gewachsen. In Nicaragua, Venezuela und Bolivien profilieren sich linke Präsidenten gegen die US-amerikanische Dominanz auf dem Subkontinent. Dabei wäre Fingerspitzengefühl im Umgang mit dem iberischen Amerika angezeigt. Die Ära, in der unliebsame Präsidenten von pro-amerikanischen Militärs aus dem Amt geputscht wurden, ist seit mehr als 20 Jahren vorbei. Die Schwierigkeiten der USA in der Welt sind zu einem Teil das Resultat pathologischen Lernens. Eine Lektion, die für gewisse Zeiten und Konstellationen gut war, richtet in neuen Kontexten Schaden an. Wie die Intermezzi der Präsidentschaften George H. W. Bush und Bill Clinton zeigen, wird partiell und in Intervallen dazu gelernt. Aber das alte Denken ist, wie die Präsidentschaft des George W. Bush zeigte, noch vital.

Die Analogie mit dem Grundstücksnachbarn veranschaulicht eine weitere kulturgebundene Komponente der amerikanischen Weltpolitik. Erheben internationale Störenfriede ihr hässliches Haupt, so ist es die Aufgabe der amerikanischen Politik, sie in die Schranken zu weisen und sie zur Beachtung der Regeln zu zwingen. Diese Regeln lauten dahin, dass einerseits des Nachbarn Eigentum an seinem Grundstück streng zu respektieren (trespassing) und andererseits die Ordnungsgewalt zum Einschreiten befugt ist, wenn auf des Nachbarn Grundstück Frau und Kinder gequält werden. Wenn im letzteren Fall nicht rechtzeitig Grenzen gezogen werden, steht der Nachbar womöglich bald ungebeten auf der eigenen Seite des Zaunes und setzt dort sein Unholdswerk fort. Nur Stärke und Entschiedenheit versprechen Abhilfe, oder wie es so schön heißt: „to draw a line".

Die Übertragung der innergesellschaftlichen Kommunikation (plain talking) auf den Umgang mit Vertretern anderer Staaten ist auf Missverständnisse programmiert. Diese dürften mit nachlassender kultureller Affinität der Partner steigen (zum folgenden Payne 1995: 71ff.). Die verwandten Briten und Kanadier haben damit noch keine großen Probleme. Das mag schon an der gemeinsamen Sprache liegen. Deren amerikanische Version strahlt seit geraumer Zeit auf die britischen Inseln zurück und hat dort etliche Amerikanismen in die Umgangssprache eingespeist. Sprache ist ein Ausdruck sozialer Befindlichkeiten. Die seit 50 Jahren notierte „special relationship" zu London hat handfeste historische und kulturelle Grundlagen.

Mit dem Überschreiten des westlichen Kulturkreises steigen die Verständigungsprobleme exponentiell an. Die asiatischen und arabischen Gesellschaften zeichnen sich durch Auffassungen von Würde und Angemessenheit aus, die nicht die Einzelperson, sondern die Gruppe, in letzter Konsequenz das Kollektiv der Religions- oder Brauchtumsgemeinschaft in den Mittelpunkt stellen. Klare Sprache kommt hier allzu häufig als Affront an, als gesichtsverletzend und würdelos. Dort, wo die glatte Verneinung, das kategorische Nein, als verletzend empfunden wird, lässt sich das Gemeinte, die Weigerung, in ein kommunikativ aufwendiges Antwortpaket verpacken, das es den Adressaten erlaubt, in das substantielle Nein noch Verständnis für das erwartete Ja hineinzulesen, so dass

3.6 Zwischenstaatliche und interkulturelle Kommunikation

durch das weiche Nein die Brücken für weitere Gespräche nicht abgebrochen werden. Derlei ist das Salz der Diplomatie, die schon dem Umgang der Europäer mit anderen Kulturen einiges mehr abverlangt als dem Umgang der Europäer untereinander.

Die europäische Diplomatie aber wurde in der Frührenaissance aus dem Umgang von Territorialherrschern geboren. Sie erhielt damals ihr aristokratisches Timbre. Auf interkulturelle Differenzen vermag sie besser einzugehen als die amerikanische. Das liegt nicht an den amerikanischen Diplomaten. Sie arbeiten nicht weniger professionell als ihre europäischen Counterparts. Die Ursachen liegen im demokratischen System, also dem Kongress und bisweilen dem Präsidenten. Beide haben bei allem, was sie tun, die innergesellschaftliche Verkäuflichkeit der Politik im Blick. Zwischen den dicht gestaffelten Wahlintervallen bleibt wenig Raum für das Durchstehen unpopulärer Schritte.

Die Historie der amerikanischen Beziehungen zu Ostasien liest sich wie der Fortsetzungsroman einer Geschichte à la Madame Butterfly. Sprache und Gesten sind in China und Japan anders kodiert als im Westen. Mimik und Andeutungen stehen hoch im Kurs. Der Gewinner einer Situation kostet seinen Vorteil nicht lautstark aus, der Verlierer erwartet immer noch soviel Bestätigung, dass er vor heimischem Publikum den gebührenden Respekt vor seiner Person und damit vor seinem Volk vorweisen kann. Der ethnozentrische Bias des Umgangs der USA mit nicht-westlichen Staaten hat nicht selten den Effekt, dass die amerikanische Seite die Tonlagen und Zwischentöne nicht groß beachtet, nur um das erwartete Ja oder Nein herauszuhören. Oder es kann sein, dass die Nuancen zwar registriert werden, aber nur um mit Ungeduld als Lavieren oder als Ausweichen vor einer deutlichen Position missdeutet zu werden.

Größere Schäden mag solches Aneinandervorbeikommunizieren heute nicht mehr anrichten. Der amerikanische Stil ist seit gut 50 Jahren in der Welt geläufig. Die meisten Staaten haben sich darauf eingestellt. Namentlich die Eliten kennen die USA aus eigener Erfahrung. Sie haben teilweise dort studiert, oder sie lassen ihre Kinder dort ausbilden. Schließlich sind Jazz, Popmusik, Coca-Cola und McDonald's im letzten Weltwinkel beliebt oder wenigstens bekannt. CNN bringt die USA und amerikanische Lebensart in die letzte Hütte am Polarkreis, die auf Satellitenempfang gerüstet ist. Ein Studium in den USA genießt in Europa und Asien hohe Reputation. Das technische und ökonomische Innovationsklima der amerikanischen Lebensweise macht das Land zum Dorado für Erfinder und begabte Forscher. Die darin liegende Soft power ist einzigartig (Nye 1990: 193ff., 260 f.; Nye 1999). Und dies nicht zuletzt im Verhältnis zu nicht-westlichen Gesellschaften:

Hier ein China, das sich für den Kapitalismus und viele seiner Begleiterscheinungen geöffnet hat, aber mit polizeistaatlichen Methoden ein autoritäres politisches System verteidigt. Dort ein Japan, das sicherheitspolitisch unter amerikanischem Schutz steht und die amerikanische Führungsrolle im Großen und Ganzen akzeptiert. Es hat aber seit gut drei Jahrzehnten in der Export- und Wirtschaftspolitik zahlreiche Konflikte mit den USA ausgetragen. Dort wieder eine fremde arabische Welt, die genauso wenig zu Umgangsweisen passt, die auf dem Boden des Individualismus und der Vorliebe für einfache Sprache und klare Optionen gediehen sind.

Auf der arabischen Halbinsel finden sich Herrscherfamilien, die ihre Paläste auf gewaltigen Ölblasen errichtet haben und faktisch nur unter dem Schutz der amerikanischen Militärmacht fortbestehen können. Anderswo, im Sudan und im Iran treffen wir anti-westliche Regime an. Sie haben sich auf die USA als Feind des Islam kapriziert und sind von diesen selbst als Feindstaaten gebrandmarkt worden. In Ägypten agiert eine von den USA präferierte Ordnungsmacht, die als solche in der Region allerdings nicht akzeptiert ist. Ist das nahöstliche Terrain schon aus solchen Gründen schwierig, so wird es durch die besonderen Beziehungen der USA zu Israel, die sehr direkt in die amerikanische Innenpolitik hineinspielen, noch komplizierter. Afrika interessiert die amerikanische Außenpolitik erst stärker, seitdem China dort als Kreditgeber und Rohstoffkäufer in Konkurrenz zu den westlichen Staaten tritt.

In der vielstaatlichen Restmasse der Sowjetunion haben sich die Staaten in mehr oder minder starker Distanz zu den USA positioniert. Der Dialog mit Russland ist schwierig. Die USA schätzten in den 1990er Jahren die Potenziale des maroden Riesen als schwach ein. Im ersten Jahrzehnt des 21. Jahrhunderts erwachte Russland unter Führung seines Präsidenten Wladimir Putin zu neuem Selbstbewusstsein. Die Weltenergiesituation spielte Russland die Chance zu, sich ökonomisch zu sanieren. Das politische System Russlands fand in einer Allianz der Regierung mit den Rohstoffkonzernen zu Stabilität. Diese Entwicklung ging mit wachsender Konfliktfähigkeit und -bereitschaft einher. Sie zeigt sich im Bemühen, dem Werben der vormaligen Sowjetrepubliken im Westen und Süden Russlands um der Mitgliedschaft in NATO und EU entgegenzutreten. Dessen ungeachtet machte die amerikanische Administration so weiter, als hätte sie es mit dem fragil erscheinenden Übergangsregime der Vorjahre zu tun.

3.7 Militärische Potenziale und Interessen

Der Glauben an den Nutzen militärischen Nachdrucks ergänzt das Bild, nach dem sich die amerikanische Politik die Welt konstruiert. Dieser Glauben kommt besonders beim Ruf nach der Bestrafung internationaler Rechtsbrecher und Missetäter zum Tragen, die sich an amerikanischen Klientenstaaten oder an der Sta-

3.7 Militärische Potenziale und Interessen

bilität für wichtig angesehener Regionen vergreifen. Führen wir diesen Punkt näher aus. Dabei mag es nützlich sein, Waltz' Modell des internationalen Systems in Erinnerung zu rufen. Die UN wurden einmal als Gewaltmonopolist in der Staatenwelt erdacht. Doch für die UN hat die amerikanische Politik nicht viel mehr übrig als den schuldigen Mindestrespekt für eine internationale Organisation, die eine im Prinzip richtige Idee verkörpert. Die UN haben sich in der Vergangenheit häufig als unwillig erwiesen, in Übereinstimmung mit den Washingtoner Vorstellungen zu handeln. Die Vetomacht Russlands und Chinas lassen die UN zudem sperrig erscheinen. Die USA weigern sich seit Jahrzehnten, den auf sie entfallenden Beitrag zur Finanzierung der UN voll zu entrichten. Sie ignorieren mit dem Internationalen Gerichtshof auch eine weltweit angesehene Einrichtung der Vereinten Nationen. Bei der Wahrnehmung ihrer Interessen setzen sie ganz auf die Selbsthilfe.

Rechtsbrecher sind in die Schranken zu weisen, wo Appelle und Warnungen nichts ausrichten. Das wird sich nicht überall machen lassen. Häufig wird auch der Aufwand dagegen sprechen, Übergriffe in der Art eines internationalen Ordnungshüters mit der Waffe zu sanktionieren. In der Regel wird es schon genügen, einige Flugzeugträger vorbeizuschicken, in der Nachbarschaft ostentativ die Marineinfanterie auszuschiffen oder einige Heeresverbände in die Nachbarstaaten zu verlegen.

Die UN bestehen in ihrer Mehrheit aus Staaten, die hellhörig werden, wenn eine Intervention in die inneren Angelegenheiten mit den Menschenrechten begründet wird. Das Recht auf Regimeverteidigung hat bei den Regierungen absolute Priorität. Jeglicher Präzedenzfall einer mit den Menschenrechten begründeten Intervention muss eine Diktatur schrecken, die ihre ethnischen und religiösen Minderheiten malträtiert. Der Erwerb nuklearer und anderer Massenvernichtungswaffen durch Dritte-Welt-Staaten droht den USA die Sanktionsfähigkeit aus der Hand zu schlagen. Neben den Gefahren nuklearen Abenteurertums und mangelnder technischer Beherrschung solcher Waffensysteme liegt hier eine strukturelle Herausforderung für den weltpolitischen Status der USA. Vorerst sorgen noch Russland und China in ihren eigenen Einflusssphären dafür, dass sich die nukleare Proliferation in Grenzen hält. Diese Sphären sind für amerikanische Militäraktionen tabu.

Die weltpolitische Ordnerrolle der USA ist nach dem Arrangement mit starken Regionalmächten abgestuft. Außerhalb des europäischen Vorfeldes sind weit und breit keine Partner in Sicht, die militärische Interventionen eingebunden werden könnten. Gelegentlich sind Frankreich und Großbritannien mit von der Partie. Sie unterhalten für überseeische Interventionen geeignete Truppengattungen und Waffensysteme (Lufttransportkapazität, Flugzeugträger, Marineinfanterie, Spezialeinheiten wie die französische Fremdenlegion).

Nach dem Ende der jugoslawischen Nachfolgekriege und seit dem amerikanisch-europäischen Engagement im Kosovo gibt es im europäischen Raum praktisch keine Anwendungsgebiete mehr für die amerikanische Militärmacht. Nach dem Fiasko des Irak-Krieges dürfte das Gleiche für die Nahostregion gelten. Im Kaukasus, so jüngst in Georgien (2008) geschehen, testen Stellvertreterstaaten die Toleranzschwelle für das Vordringen der NATO aus. Die NATO spielt auf amerikanisches Betreiben mit Erweiterungsvorstößen in die eurasischen Grenzräume der ehemaligen Sowjetunion. Sie respektiert bislang aber die historischen Einflusszonen Russlands.

Die militärische Handlungsfähigkeit der NATO ruht auch nach dem Kalten Krieg noch auf den Schultern der USA. Wer zahlt, schafft an! Europa steht auf dem Trittbrett der amerikanischen Militärkapazität. Den Legitimationsbeitrag für deren Einsatz kann es schwerlich schuldig bleiben. Vor diesem Hintergrund ist die NATO für die Mitsprache der USA in europäischen Angelegenheiten wie geschaffen. Für den Erfolgreichen produziert der Erfolg seine Lehren. Und diese lauten für die USA dahin, den technologischen Vorsprung beim Kriegführen zu bewahren. Doch selbst hier ist Ernüchterung eingekehrt. Obgleich im Irak-Krieg 2003 smarte Waffensysteme zum Einsatz kamen, die man sich zur Zeit des Vietnam-Krieges noch gar nicht vorstellen konnte, war das Ergebnis doch recht ähnlich. Die USA verrannten sich in einen verlustreichen Guerillakrieg.

Im südasiatischen Raum haben die USA keine größeren strategischen Interessen. Darüber hinaus sind Asien und Südostasien mit dem Vietnam-Trauma besetzt. Der Koloss China schränkt die Optionen auf Appelle und ökonomische Sanktionen ein. An ihre Effizienz glaubt aber kaum noch jemand, weil China und die USA gute Geschäfte miteinander machen. Für Taiwan werden die USA keinen Krieg riskieren. Schon die Entsendung einiger Flugzeugträger in die Gewässer um Taiwan wurde 1996 als dramatisch empfunden. Es handelte sich um eine Geste als Antwort auf Großübungen der chinesischen Streitkräfte an der gegenüber liegenden Festlandküste. Japan ist zwar Nutznießer amerikanischer Sicherheitsgarantien, wird sich aber wohl nie wieder an schießkriegerischen Aktionen in der Region beteiligen. Als Status quo-Garant sind die USA in Südostasien geduldet, als Nachhilfegeber in Sachen Menschenrechte und Demokratie aber unerwünscht. Animositäten gegen die USA sind dort weit verbreitet.

Fazit: Der Weltsheriff USA bestreift hauptsächlich das mediterrane Terrain, das für Europa, für die Sicherheit Israels und für die energiereiche Nahostregion wichtig ist. Er zeigt Präsenz und gelegentlich das militärische Operationsbesteck. Mehr dürfte nach dem Irak-Abenteuer in der amerikanischen Öffentlichkeit nicht mehr vertretbar sein, solange die Existenz Israels nicht auf dem Spiel steht. Die militärischen Weltmachtparameter sind tatsächlich enger gesteckt, als es das Bild von der Weltmacht vermittelt. Durch das Verschwinden der konfrontativen

Blocksituation sind neben angestammten Schutzräumen im mediterran-nahöstlichen Bereich Interventionsräume auf dem Balkan entstanden und bald auch wieder verschwunden. Das ist eigentlich alles. Im euro-asiatischen Umfeld hegen regionale Mächte wie Russland, China und Indien das Operieren der amerikanischen Politik ein. Im ost- und südostasiatischen Raum haben die USA als Rückversicherer, d.h. als einzige Gegenmacht zu China, ihren strategischen Wert.

In dieser Aufzählung sind eine Skala nach Regionen gestufter Interessen sowie operative Einschränkungen durch die Gegenmacht anderer großer Staaten zu erkennen. Waltz meint mit seiner Vorstellung vom internationalen System genau das. Sein Neorealismus hätte sich, mag er als Theorie für die komplexen IB in vieler Hinsicht auch zu kurz greifen, kaum so lange halten können, wenn keine erklärungstüchtige Seiten hätte.

3.8 Weltmacht und Weltmarkt

Betrachten wir nun die ökonomische Seite der amerikanischen Weltmacht. Auf dieser Ebene treten die sicherheitspolitischen Partner der USA als Konkurrenten auf, und hier stellt sich auch die Frage nach der Kooperations- und Regimefähigkeit, ein Thema der neoliberalen Theorie in den IB. Die bis 1971 während Weltwirtschaftsordnung war amerikanisch geprägt. Die USA waren darin der Zentralbankier der Welt, der Dollar die Leitwährung. Sie stellten den größten Binnenmarkt und waren lange führend bei den Konsumgütertechnologien. Diesen Vorsprung büßten sie ein. Als weltgrößter Binnenmarkt wurden sie von der EG/EU eingeholt. Für Konflikte sorgte namentlich der Gemeinsame Agrarmarkt der EU. Mit Importbelastungen und Ausfuhrsubventionen hielt er billigere amerikanische Konkurrenzprodukte fern. Die Kooperation europäischer High-tech-Firmen beschwor sogar eine Konkurrenz der Europäer auf dem lange unangefochtenen Terrain des zivilen Großflugzeugbaus herauf. Japan, das als internationaler Produzent von Transistorgeräten und guten Kameras lange nicht groß beachtet worden war, avancierte in den 1980er Jahren zum qualitätsgerühmten Massenproduzenten in den Edelbranchen des Konsums, bei Autos, Videotechnik und Gebrauchscomputern. Alles dies waren harte Nackenschläge für die amerikanische Industrie. Autos, Haushaltsgeräte, Unterhaltungselektronik – ganze Branchen sind ausgedörrt. Das Jahr 2008 verzeichnete darüber hinaus einen Zusammenbruch des Bankensystems. Regierungen und Firmen legen weltweit Guthaben in Euro statt in Dollar an. Der Wirtschaftsriese USA ist stellenweise recht hohl geworden.

Die relativen Positionsverluste der USA in der Weltwirtschaft sind offensichtlich. An der Zentralität der USA in der Weltwirtschaft hat sich trotzdem wenig geändert. Die EU exportiert mehr in die USA, als sie von dort importiert. Die Schwerkraftwirkung des weltweit größten Importmarktes für hochwertige Konsum- und Investitionsgüter schafft Tatsachen: das Interesse der Lieferanten am freien Marktzugang. Japan und die Tigerstaaten (Südkorea, Singapur, Taiwan), inzwischen auch China verdanken Wachstum und Arbeitsplätze unter anderem der Nachfrage amerikanischer Investoren und Konsumenten. Protektionistische Gesten der USA verfehlen selten ihre Wirkung.

Ganz nach Belieben spielen die USA dennoch nicht am Protektionismusventil. Sie haben sich auf die Wettbewerbsregeln in der Welthandelsorganisation (WTO) eingelassen. Diese legen genau fest, welche Handelsvorteile als fair oder unbillig gelten. Doch bevor die Instanzen der Welthandelsorganisation befasst werden, sind zunächst die Schiedsgerichtsbarkeiten der USA, die Europäische Kommission oder das japanische Technologie- und Handelsministerium am Zuge. Bis die Vorteile eines Wettbewerbers in der WTO endgültig bestätigt oder verworfen sind, ist so manches erhoffte Geschäft längst geplatzt. Mit anderen Worten: Die protektionistische Notbremse funktioniert immer noch recht gut.

Die Grundrichtung der amerikanischen Handelspolitik fällt mit der epochalen Stärkung des Präsidentenamtes in den 1930er und 1940er Jahren zusammen. Der Kongress kann aufgrund seiner Verquickung mit lokalen und regionalen Interessen und wegen der dichten Wahlzyklen gar nicht anders, als auf ökonomische Schutzbegehren zu reagieren. Stets geht es dann auch um Arbeitsplätze, und kein Kongressmitglied kann es sich leisten, mangelnden Kampfgeistes für das Wohl und Wehe seines Staates oder Wahlkreises geziehen zu werden. Der Präsident hingegen blickt auf nationale Mehrheiten. Er wägt die Vor- und Nachteile der Handelspolitik im Gesamt der Volkswirtschaft ab. Aus diesen Gründen wurde der Präsident in der Handelspolitik vom Kongress auch zum Verhandlungsführer ermächtigt. Der Kongress begnügte sich in der Vergangenheit mit der Konsultation und stimmte zu. Er schloss sich aber von Verhandlungsdetails aus (Destler 1986).

Die allgemeine Stärkung des Kongresses im Verhältnis zur Exekutive hat – wie in der Sicherheitspolitik der letzten Jahre – partikulare Interessen in den Verhandlungsraum zurückgeholt (Medick-Krakau 1995). Der Kongress beschränkte sich seit 1974 beim so genannten Fast track auf die Debatte ganzer Vertragsentwürfe, um den ohnehin komplizierten Entscheidungsprozess nicht noch mit den Sonderwünschen und Schutzinteressen einzelner Wirtschaftszweige zu belasten. Wird das Fast-track-Verfahren vorübergehend ausgesetzt, wie 1997 und 2008 geschehen, dann können Abgeordnete und Senatoren Einzelentscheidungen über jeden Punkt des Handelsgesetzes erzwingen. Jedes Kongressmitglied muss sich dann erklären, wie es zu den befürchteten Arbeitsplatzgefahren einer Liberalisierungsmaßnahme steht (Shoch 2000).

3.8 Weltmacht und Weltmarkt

Der internationale Geldmarkt ist ein weiterer Faktor von Gewicht in den Außenbeziehungen. Die New York Stock Exchange ist der Trend setzende Börsenplatz in der Welt. Die USA verzeichnen ferner ein ökonomisches Plus, das sich in Zahlen nicht ausdrücken lässt. Sie haben die weltweit beste Infrastruktur für Forschung und Begabtenförderung. Für die wissensbasierten Industrien ist dies ein unschätzbarer Konkurrenzvorteil. Er drückt sich darin aus, dass die USA in der Informationstechnologie und in der Biotechnologie an der Spitze rangieren. Nicht von ungefähr haben das Copyright und der Patentschutz in den jüngeren internationalen Handelsvereinbarungen größte Bedeutung gewonnen.

Das ökonomische Schwergewicht der USA ist ihrer sicherheitspolitischen Schlüsselrolle in etlichen Weltregionen hinzuzuaddieren. Beides zusammen ergibt das Elixier der harten Weltmachtrolle. Die ökonomische Dimension lässt sich aber schlecht in die Vorstellung eines Staatensystems fassen. Hier wirkt weniger die Politik als der Markt. Weil die USA ein flacher Staat sind, kann die Politik allenfalls flankieren. Lenken oder verhindern kann sie nicht – und sie will es auch nicht. Warum auch? Die USA fahren einigermaßen gut damit. Deshalb integrieren sie sich in internationale Handels- und Finanzregime. Sie nützen den amerikanischen Verbrauchern mehr, als sie den US-Produzenten schaden.

Der Unilateralismus meldet sich aber auch in Angelegenheiten internationaler Regime zu Wort. Mit starken Worten und kraftaufwendigen Gesten macht die amerikanische Regierung Druck, wenn Vereinbarungen in eine unerwünschte Richtung gehen. Die Effizienz eines internationalen Umweltregimes wie das Abkommen zum Schutz der Erdatmosphäre wurde bis zum Ende der Administration George W. Bushs hintertrieben. Die USA als Land mit dem weltweit größten Energieverbrauch und der technisch vermeidbaren größten Energieverschwendung in der Welt verursachen überproportional große Kohlendioxid-Emissionen in die Erdatmosphäre. Jedwedes internationale Abkommen zum Schutz der Erdatmosphäre würde in den USA mittelfristig zu Kostensteigerungen führen und Veränderungen des Konsumentenverhaltens erzwingen. Diesen Preis wollen die USA – noch – nicht zahlen. Dennoch: Der Markt ist das kooperative Unterfangen par excellence, und die USA mit ihrer liberalen Wirtschaftsordnung verhalten sich gegenüber internationalen ökonomischen Regimen im Großen und Ganzen positiv.

4 Russland: Regionalmacht in Europa und Asien

4.1 Russland auf den Schultern der Sowjetunion

Den Platz Russlands in der Staatenwelt zu bestimmen ist schwierig. Dies verlangt allemal den Vergleich mit der Sowjetunion. Russland gibt es in seiner derzeitigen Gestalt erst seit knapp zwei Dekaden. Es hat den größten Teil des Staatsgebiets der Sowjetunion geerbt und die zentralen Teile ihres Staatsapparates übernommen. Die Planwirtschaft wurde ausrangiert und die kommunistische Partei alten Musters entmachtet. Russland stellt keine Demokratie dar, wie man sie aus dem Westen kennt. Die Legitimität des politischen Systems ist dennoch gewachsen. Vielen Menschen geht es materiell immer noch schlecht, aber deutlich besser als in den Jahren des Niedergangs der Sowjetunion und des ruppigen Übergangs von der Planwirtschaft zum Markt. In der russischen Gesellschaft weckt die Parole der Demokratie Erinnerungen an die Begleiterscheinungen des brutalen Gründerzeitkapitalismus, d.h. Inflation, Armut, Statusverluste und lauten politischen Streit. Nach Generationen zaristischer Autokratie und Sowjetherrschaft lösen die politische Kontroverse und die respektlose Kritik an der Regierung Irritation aus. Einigen, ja inzwischen immer mehr Russen geht es seit der Ära Putin besser. Zwar haben die wenigen Superreichen geringe Skrupel, ihren Reichtum und ihre Macht öffentlich vorzuzeigen. Aber der Primat des Staates steht nicht in Frage. Politische Macht residiert im Kreml, und der Kreml erinnert bisweilen mit populären Gesten wie der exemplarischen Bestrafung bekannter Milliardäre für die sonst alltäglichen Verstöße gegen die Steuer- und Wirtschaftsgesetze daran, wo in Russland die Musik spielt.

Die Sowjetunion mit ihrem russisch beherrschten Zentrum verkörperte das größte und letzte landgebundene Imperium der modernen Geschichte. Dieses Imperium setzte sich aus gleichsam zwei übereinander gelegten Ringen zusammen (Motyl 1999: 127f.). Den ersten Ring bildete die frühe Sowjetunion auf dem Stand von 1922: der russische Kernsiedlungsraum mit seinen großgebietlichen muslimischen Enklaven, die Ukraine, Weißrussland, der Kaukasus und Mittelasien. Dieser Bestand deckte sich mit dem des zaristischen Imperiums ohne seine polnischen, finnischen und baltischen Besitzungen. Zwischen 1945 und 1948 legte sich ein zweiter Ring darüber. Mit der DDR, Polen, der Tschechoslowakei,

Ungarn und Südosteuropa wurde nach dem letzten Weltkrieg ein Umfeld von Staaten installiert, die jeweils nach dem sowjetischem Modell geformt waren und die den sowjetischen Führungsanspruch akzeptieren mussten (aus der schier unübersehbaren Fülle der fachwissenschaftlichen Literatur seien nur einige Werke mit Überblickscharakter angeführt: Hacker 1983, Hoensch 1977). Dieses Imperium ließ sich gut mit dem Bild eines Speichenrades umschreiben, dem die Felge fehlt. Das Zentrum, hier also die Sowjetunion, bildete die Nabe, die osteuropäischen Peripherien bildeten die Speichen. Jegliche Kommunikation zwischen den Peripherien musste den Weg über Moskau nehmen.

Diese Verhältnisse veränderten sich dramatisch zwischen 1988 und 1991. Zunächst gab Moskau sein im Hitler-Stalin-Pakt (1939) und in Jalta (1945) erobertes äußeres Imperium auf. Dann verlor es mit der Auflösung der Sowjetunion die baltischen Randrepubliken. Diese hatten schon in der Zwischenkriegszeit Eigenstaatlichkeit besessen. Sie verlor schließlich auch noch die Ukraine, Weißrussland, die südkaukasischen Republiken und Mittelasien. Diese Neustaaten waren allesamt nie zuvor souverän gewesen. Sie waren wie die Ukraine entweder Jahrhunderte lang mit Russland verbunden gewesen, oder sie waren von diesem kolonial beherrscht worden.

4.2 Russland in der vorsowjetischen Retrospektive: Raum und Sicherheit

Betrachten wir Russland nun im weiter gefassten historischen Rückblick. Russlands Geschichte im 19. Jahrhundert stand im Zeichen der Expansion. Der Ausdehnung nach Westen waren von den Nachbarstaaten Deutschland und Österreich-Ungarn Grenzen gesetzt. Die Grenzlinien der letzten polnischen Teilung (1795) standen nicht zur Debatte. Dies hätte den Krieg zwischen den hochgerüsteten Mächten in der Mitte Europas bedeutet. Doch in Mittelasien mit seinen archaischen politischen Strukturen, auch im Kaukasus und auf dem Balkan, wo sich das mürbe Osmanenreich auf dem Rückzug befand, ergaben sich Möglichkeiten, die Grenzen vorzuschieben und den russischen Einfluss auszudehnen. Im Vergleich zu Frankreich, Großbritannien, Deutschland und selbst zum Habsburger Doppelreich war Russland technisch, industriell und militärisch rückständig. Sein europäischer Großmachtstatus war freilich akzeptiert. Dessen Substanz war aber nicht staatliche Effizienz. Diese sollte Russland erst in Gestalt der Sowjetunion kennenlernen. Um Wissenschaft und Technik war es in Russland schlecht bestellt. Deutsche, Schweden, Finnen und Polen tummelten sich in den Stellwerken der Zivilbürokratie und auf den Befehlsständen des Militärs. Europäische Fremdsprachen und Moden galten als Ausweis der Gesellschaftsfähigkeit.

4.2 Russland in der vorsowjetischen Retrospektive: Raum und Sicherheit

Russland war trotz seiner bescheidenen Industriekapazität deshalb eine europäische Großmacht, weil es eine riesige Landmasse bedeckte. Im Verhältnis zum Osmanenreich und zu den nomadischen und halbnomadischen Bewohnern der südsibirischen und asiatischen Steppen sowie zu den kaukasischen Bergvölkern war es ein Riese unter Zwergen. Russische Truppen mochten noch so viele Niederlagen gegen georgische und – schon damals – tschetschenische Krieger einstecken. In ihrem Rücken befanden sich Eisenbahnlinien, die sie kontinuierlich mit kriegswichtigen Ressourcen versorgten. Nicht viel anders als im amerikanischen Westen eroberte und stabilisierte Russland seine Neueroberungen mit Eisenbahnpolitik. Stammestradition, Familienclans und Kriegerethos hatten gegen solche Mittel keine Chance. Aber warum das alles?

Die Antwort des historisch gebildeten Lesers wird dahin lauten, dies sei eben die Epoche des Imperialismus gewesen, eine nach heutiger Moralität üble Denk- und Politikmode. So richtig dies ist, verfehlt es doch den entscheidenden Punkt: das Geschichtsbild. Das alte Russland, sein sowjetischer Nachfolgestaat und selbst das Russland unserer Tage bestimmen ihren Platz in der Staatenwelt geopolitisch. Das ist bei vielen Staaten gewiss nicht anders. Politik hat nun einmal eine raum-zeitliche Dimension. Wenn man auf die beiden letzten Jahrhunderte zurückblickt, ist das Sammeln von Quadratkilometern kein russisches Spezifikum. Hinter der russischen Fixierung auf Grenzen und Raum steht nicht einfach Habenwollen um des Status und der Macht willen. Es kommt noch ein entscheidendes Moment hinzu: Raum bedeutet Schutz! Das ausgeprägte Schutzbedürfnis deutet auf historische Traumata. Und diese springen bereits beim flüchtigen Blick auf eine Datentabelle zur russischen Geschichte ins Auge.

Das Fürstentum Moskau, die Keimzelle Russlands, wurde im späteren Mittelalter von den Tataren erobert, die sich erst nach etwa 200 Jahren wieder in Richtung Südosten verabschiedeten. Sie hinterließen Moskau die Anschauung einer despotischen Herrschaftspraxis. Die Moskauer Herrscher knüpften mit Zar Iwan bruchlos dort an. Es blieb freilich eine dauerhafte Animosität gegen die muslimischen Völker. Die historische Schreckensmeldung von der Eroberung des Zweiten Rom, Byzanz, durch die Osmanen (1453), ein ebenfalls nach Westen drängendes asiatisches Volk, tat ein Übriges. Die orthodoxe Kirche fand nach dem Fall der byzantinischen Hauptstadt in Moskau, dem Dritten Rom, ihre größte und bedeutendste Gemeinde (Kharkhordin 1998).

So, wie sich die Tataren aus ihrem geografisch überdehnten Reich wieder zurückgezogen hatten, so scheiterte im 17. Jahrhundert der Versuch Schwedens, seinerzeit eine europäische Großmacht, Russland zu erobern. Bonapartes Versuch, zu Beginn des 19. Jahrhunderts ein Gleiches zu leisten, blieb ebenso ohne Erfolg wie Hitlers Eroberungsversuch im letzten Weltkrieg. Auch wenn dem Megalomanen an der Spitze des Deutschen Reiches die Siegesparade vor dem

Lenin-Mausoleum nicht verwehrt geblieben wäre, hätte die Sowjetunion doch lange noch nicht den Kampf aufgegeben. Moskau liegt auf dem zwei Kontinente umspannenden Gebiet Russlands recht weit westlich. Das 20. Jahrhundert hat die Geografie als Schutzfaktor entwertet. Auch Russland musste diese Erfahrung machen. Bereits im Krimkrieg 1853/54 hatte es sich an seiner späteren Schwarzmeerbadestelle einer durch Seetransport und moderne Beschießungstechnik ermöglichten Belagerung durch Briten und Franzosen zu stellen. Die als Asiaten verachteten Japaner zettelten 1894 in der russischen Einflusssphäre Chinas – der heutigen Mandschurei – einen Krieg an. Im Jahr 1905 prügelten sie bereits überlegen auf die russischen Fernosttruppen ein und bohrten dank moderner Marinetechnik und besserer Taktik die russische Ostseeflotte auf den Grund, die für dieses triste Ende eigens den Globus umrundet hatte. In Japan und China nahm Russland erst jetzt Nachbarn wahr, die ihm gefährlich werden konnten.

Dies alles spornte Russland aber nur an, noch mehr räumliche Sicherheit zu gewinnen. Bereits die Eroberung Mittelasiens hatte in dieser Epoche zeitweise die Züge eines Wettlaufs mit den Briten, die Russland auf Distanz zu ihrem wertvollsten Kolonialbesitz in Indien halten wollten. Geopolitik diktierte das außenpolitische Kalkül der Sowjetunion auch vor dem deutschen Überfall im Zweiten Weltkrieg. Erinnert sei an die sowjetische Komplizenschaft bei der Aufteilung Polens, an die Einverleibung der baltischen Staaten (Hitler-Stalin-Pakt, 1939) und an den russischen Überfall auf Finnland (1940). Der größte Wurf bei der Ausdehnung sowjetischer Militärmacht gelang in Jalta (1945) mit der Teilung Europas.

4.3 Russlands Peripherien

Die asiatische Expansion Russlands verlangte hohe Kosten. In den kaukasischen und asiatischen Grenzgebieten lebten muslimische Nomaden oder sesshafte Muslimenvölker mit martialischer Tradition. Nur mit eiserner Faust sollte es der jungen Sowjetmacht in den 1920er Jahren gelingen, den auf kleiner Flamme schmorenden permanenten Krieg an den südlichen Grenzen Russlands zu beenden. Nachdem die Sowjetunion erlosch, lebte er in den russischen Grenzen (Tschetschenien) und gleich dahinter (Georgien, Südossetien, Abchasien, Armenien, Aserbeidschan) wieder auf. Auch im Westen des russischen bzw. sowjetischen Imperiums gab es Sicherheitsdilemmata. Die Polen wollten unter den Zaren partout keine Russen werden, ebenso, wie sie gleich hinter der russischen Grenze wenig Begeisterung erkennen ließen, Preußen werden zu wollen. Polen, Tschechen, Ungarn, Deutsche – sie alle wurden nach 1945 Problemfälle des

4.3 Russlands Peripherien

Sowjetimperiums, weil sie nur dank der Präsenz des sowjetischen Militärs auf dem ihnen von Moskau bestimmten Platz blieben. Aber die sowjetische Gesellschaft und Lebensart galten bei den „Freunden" als rückständig, ineffizient und allemal abgrenzungsbedürftig. Moskau hatte hier ein Stück Westen unter seiner Fuchtel, in Asien und im Kaukasus aber ein Stück Orient. Beide Stücke brachen ab, sobald die eiserne Klammer des sowjetischen Militärs entfernt war. Im Südwesten der Sowjetunion ging sogar ein historisches Stück Russland verloren: Die Ukraine ist kulturell eng mit Russland verwandt.

Das Konzept des Länder- und Gebietesammelns zum Schutz von Status und Macht war im postkolonialen Zeitalter anachronistisch geworden. Mehr als physische und polizeiliche Macht hatten Russland und die Sowjetunion aber nie zu bieten, um ihr Imperium zusammenzuhalten – keine Lingua franca, wie sie die Briten ihren Kolonien hinterließen, und keine Botschaft eines Wohlstand und Liberalität verheißenden Way of life, wie ihn die USA auf die Welt projizieren.

Mit Fast food, westlicher Reklamekulisse und Lifestyle shopping zeigen heute auch Moskau und Petersburg, wo die Quellen eines kulturellen Weltmachtstatus – Soft power – sprudeln, der auf die internationalen Beziehungen heute kaum weniger durchschlägt als Waffen und Soldaten. Die Geografie ist auch in der nachsowjetischen Ära die wichtigste Ressource Russlands geblieben. Die Randgebiete der heutigen Russischen Föderation involvieren Moskau nicht mehr, wie zuletzt in Tschetschenien, in Polizeikriege mit schweren und schwersten Waffen. Sonst ist Russland, obgleich es zahlreiche Minderheiten beherbergt, ethnisch so homogen wie nie zuvor in seiner neueren Geschichte (Tishkov 1997: 2ff.). Durch den Zerfall der Sowjetunion entstanden nennenswerte russische Diasporen, vor allem in der Ukraine, im Kaukasus und in Zentralasien. Russische Auslandsgemeinden sind erstmals ein Faktor der internationalen Beziehungen Moskaus geworden. Das Heimatempfinden für Russland hängt in den großen Diasporen Kasachstans und der Ukraine eng mit einer Umgebung zusammen, in der Russisch – zum Teil neben anderen Sprachen – als Umgangssprache gebraucht wird (Tolz 1998: 1015).

Russland tangiert kraft seiner Ausdehnung die wichtigsten Weltkulturen sowie zahlreiche aktuelle und latente regionale Konfliktherde. Es ist in Europa präsent. Das mit ihm partiell schon wieder verschmelzende Belarus stößt an die polnischen Ostgrenzen, mit Finnland grenzt Russland an die EU. Mit dem Kaliningrader Gebiet, der vormaligen Nordosthälfte Ostpreußens, klemmt es mit allen Problemen eines Exklaventerritoriums zwischen den NATO-Partnern Polen und Litauen. Im Kaukasus hat es sich nach langem Hin und Her, letztlich, weil das ölreiche Aserbeidschan Moskau nicht gefügig war, für die Rolle der Schutzmacht Armeniens entschieden. Das Kaspische Meer bedeckt eine der größeren, bis in jüngere Zeit aber überschätzten Erdölreserven der Welt. Das unter aserbaidschanischer Hoheit geförderte Öl verläuft durch Pipelines an Russland vorbei durch Georgien und die Türkei. Russland agiert an den Stoßkanten zur islamischen Welt nach raumpolitischem Räsonnement und nicht mit anti-islamischem Ressentiment. Der Iran und Russland sind die beiden wichtigsten Regionalmächte im kaukasisch-mittelasiatischen Raum. Es handelt sich um denkbar ungleiche Staaten. Im Misstrauen gegenüber dem Westen, insbesondere gegenüber den USA, weisen sie aber Gemeinsamkeiten auf. Beide haben auch kein Interesse, die Türkei erstarken zu sehen. Der Iran mit seinen von Turkmenen und Aseris besiedelten kaukasischen und zentralasiatischen Grenzprovinzen dürfte von Erschütterungen des Status quo nichts gewinnen. Am Aufrühren grenzüberschreitender Wir-Empfindungen ist dem multinationalen Iran deshalb so wenig gelegen wie dem multinationalen Russland. Russland ist dank der geografischen Gegebenheiten eine Weltmacht, weil es an vielen Stellen als bedeutsame regionale Macht auftritt – nicht zuletzt auch deshalb, weil es in Europa, im Kaukasus und in Zentralasien Mitinteressenten am Status quo gefunden hat.

4.4 Russland ohne Imperium

Außerhalb Europas ist Russlands Gewicht an einer Staatenumgebung zu messen, die den Zuschnitt der Dritten Welt besitzt. Dort ist Russland ein Riese unter Klein- und Normalwüchsigen. Aus der europäischen Perspektive allerdings mutet Russland in Teilen selbst wie ein Stück Dritte Welt an. Gerade in Europa sucht es von jeher Anerkennung als Gleiches unter Gleichen. Über den Wechsel der inneren Regime hinweg scheint in Russland ein geografisch definierbares Sicherheitsinteresse zu existieren. Also hätte der neorealistische Ansatz für die Entschlüsselung der russischen Politik einiges zu bieten – Selbsthilfe unter Einbeziehung der Staaten in unmittelbarer Nachbarschaft. Dazu gehört militärisch unterlegte Macht, auch wenn diese Macht gegen diese Nachbarn nicht angewendet werden mag. Seitdem nicht bloß der Raum und uniformierte Menschenmassen strategische Vorteile verschaffen, bestimmen Waffentechnologie, Kommunikation und Führungstechnik die Bedrohungen und Sicherheitsdefinitionen entscheidend mit. Russland versuchte in der Vergangenheit, mit der Revolutionierung der Kriegs- und Waffentechnik Schritt zu halten, aber es fiel immer wieder zurück. Bereits der russisch-japanische Krieg (1904/05) war ein Menetekel.

Höchste Priorität gewann das Rüsten in der stalinistischen Sowjetperiode. Die junge Sowjetunion, ein Paria unter den großen Staaten, hatte allerlei nachvollziehbare Gründe, ihren Sozialismus in einem Lande zu bewehren, bevor sie darauf hoffen durfte, dass die geknechtete übrige Welt ihrem Beispiel folgte. Die

4.4 Russland ohne Imperium

deutsche Aggression von 1941 und der Kriegsverlauf hatten die Dringlichkeit einer leistungsfähigen Rüstungsindustrie und Bewaffnung bestätigt. In militärischer Hinsicht leistete die Sowjetunion Beachtliches. Sie hielt immerhin gut 40 Jahre dem hochtechnologischen Konkurrenzdruck der USA stand. Die Kosten und Opfer dieser Gewaltanstrengung, die Russlands Weltmachtstatus garantierte, waren jedoch ungleich größer als im Westen (von Beyme 1983). Dort belastete die Rüstung die Etats. Aber sie bestimmte nie die Schlagzahl der Produktion oder des Verbrauchs. In der Sowjetunion würgte sie in Tateinheit mit dem planwirtschaftlichen Zuteilungssystem die Verbraucherversorgung ab. Sie intensivierte ferner den planwirtschaftsimmanenten Trend zu Schwarzen Märkten. Der mit dem Namen des Sowjetreformers Michail Gorbatschow verbundene Versuch, mit grundlegenden Veränderungen in der Innen- und Außenpolitik das Ruder umzulegen, misslang (Schröder 1995). Das Ende dieser Geschichte ist bekannt. Mit dem Kalten Krieg verlor die Sowjetunion ihren klassischen Gegner, danach ging sie in Konkurs.

Die Politik des russischen Nachfolgestaates stellte sich auf andere Zeiten ein. Großmachtzubehör militärischer Art wurde vorübergehend ausrangiert, abgestellt oder reduziert. Russland hat sich von Hochseeflottenplänen verabschiedet, ebenso von Bodentruppen, die auf die Besatzung eines halben Dutzends europäischer Staaten ausgelegt wären, und es bevorratet keine Waffensysteme mehr für das Szenario eines Großkrieges mit der NATO. Seitdem es sich wirtschaftlich erholt hat, poliert es die Bestände auf und betreibt moderate Innovation. Warum auch nicht?

Bedrohung und Sicherheitsvorsorge sind eine Sache der Perzeption, der historisch gefilterten Wahrnehmung. Und hier stellt sich die Lage für Russland so dar, dass es historische Gebiete verloren hat, darunter solche mit großer Identitätsbindung wie die Ukraine. Es registriert, dass neben der Ukraine auch Georgien den Anschluss an die NATO sucht. Es bedarf keiner paranoiden Disposition, um sich auf diese Wahrnehmung den Reim zu machen, dass Russland von der NATO eingekreist werden soll. Dies zumal vor dem Hintergrund der von der US-Administration George W. Bush bereits im Jahr 2001 ausgesprochenen Aufkündigung des Vertrags zum Verzicht auf Raketenabwehrsysteme sowie der in den Jahren 2007/2008 konkret werdenden Pläne zur Stationierung eines Raketenabwehrsystems in Polen.

Im Unterschied zur Sowjetunion und dem Warschauer Pakt hat das westliche Bündnis den Kalten Krieg überlebt. Sein Gründungszweck, der Expansion des sowjetischen Einflussbereichs in Europa Einhalt zu gebieten, ist erloschen. Bringt man dieses Faktum mit den Ideen zu einer neuen Runde der Osterweiterung der NATO – Georgien, Ukraine – zusammen, so lässt sich die russische Vermutung nachvollziehen, das westliche Bündnis übertrage das alte Feindbild der Sowjetunion auf das neue Russland, und die angestrebte Mitgliedschaft weiterer früherer Sowjetrepubliken diene dazu, die amerikanischen Hegemonie bis an die Grenzen des bereits arg geschrumpften Russland auszudehnen. Diesem Verdacht leistet noch der Umstand Vorschub, dass Russland keine Bündnistradition kennt, in der es sich als Gleiches unter Gleichen hätte arrangieren müssen. Der Warschauer Pakt war eine hierarchische Angelegenheit – mit der Sowjetunion als Zentralakteur unter kopfnickenden Vasallenstaaten. Ähnlich wird die NATO von Russland aus gesehen. Die enge Bindung junger NATO-Mitglieder wie Polen und Tschechien an die USA leistet diesem Eindruck scheinbar Vorschub. Die Sowjetunion hatte ihre Außenbeziehungen zum Westen und zu den eigenen Verbündeten bilateral gestaltet. Aus dieser Tradition heraus fällt es in Moskau noch heute schwer, mit der EU als Staatengemeinschaft umzugehen. Es präferiert bilaterale Kontakte zu den größten EU-Staaten, insbesondere jenen wie Deutschland und Frankreich, die nicht den Eindruck vermitteln, in wichtigen Fragen notorisch an die Seite Washingtons zu treten (Stent 2008: 1098). Umso größer gerät dann in Moskau die Enttäuschung, wenn um einer gemeinsamen Position in der EU willen auch diese Partner schärfere Töne anschlagen, als es eigentlich ihrer Neigung entspricht (Mendras 2007: 27).

Die EU kooperiert mit Russland auf vielen Ebenen. Die Union und ihre größten Staaten erwarten, dass in den Wirtschaftsbeziehungen zu engen Partnern ein hoher Standard der Rechtssicherheit waltet und dass sich die Regierungen aus der Geschäftspolitik der Unternehmen heraushalten. Dies ist in Russland jedoch nur bedingt der Fall. So sind die russischen Energieunternehmen eng mit dem Staat verflochten. Manches Geschäft kommt nicht zustande, weil die russische Regierung eine Mitsprache von Ausländern in russischen Konzernen unterbindet. Und umgekehrt reagieren Mitgliedstaaten der EU mit Misstrauen, wo sich russische Energiekonzerne und Banken in europäische Firmen einkaufen wollen. Sie vermuten dahinter politische Absichten. Dies wiederum verletzt den Stolz der in Russland Regierenden, ebenso wie die Dauerkritik westlicher Firmen und Regierungen an der – auch in Moskau nicht bestrittenen – Korruption (Lukyanov 2008: 1113f.).

Vor diesem Hintergrund wird verständlich, dass die Rede von russischen Demokratiedefiziten und vom zarten Pflänzchen der Demokratie in der Ukraine und in Georgien als Attacke auf die Legitimität des russischen Regimes aufgenommen werden. Dem Ausbooten der georgischen Führung durch eine proamerikanische Fraktion, die im Jahr 2002 in halbwegs freien Wahlen gewonnen hatte, sah Moskau noch gelassen zu. Von den Vorgängen in der Ukraine im Jahr 2006 zeigte es sich alarmiert. Dort war ein von Russland recht plump unterstützter Präsidentschaftskandidat dem prowestlichen Kandidaten der ukrainischen Opposition unterlegen. Medial wurden die Ereignisse in der europäischen und

4.4 Russland ohne Imperium

US-amerikanischen Öffentlichkeit als Sieg der Idee westlicher Demokratie über die gelenkte Demokratie gefeiert. Es braucht nicht viel Phantasie, um daraus eine Herausforderung an das russische Politikmodell zu konstruieren (Evans 2008: 905).

Übertragen wir die russische Perzeption auf die Theorien der IB, so lässt sich mit dem konstruktivistischen Zugang verstehen, warum Russland die amerikanische NATO-Politik einer weiteren Osterweiterung des Bündnisses in Richtung Schwarzes Meer und Kaukasus nicht akzeptieren kann (Rumer 2007: 30ff., Hill 2006: 346).

Der neorealistische Zugang erhellt die Plausibilität der russischen Reaktion – Selbsthilfe durch eine Haltung des „bis hierher und nicht weiter". Zu dieser Politik gehört auch die Pflege der Beziehungen zu Gleichgesinnten. Russland pflegt gute Kontakte zum Iran, zu Syrien und zu Venezuela – sämtlich Staaten, die in Washington in der Kategorie der Paria-Regime (Schurkenstaaten) rangieren. Der sozialrevolutionär auftretende venezolanische Staatspräsident Hugo Chavez und das Teheraner Klerikerregime baden im Geld, das sich aus der Förderung des wertvollsten Wirtschaftsgutes im Zeitalter der Verbrennungsanlagen ansammelt. Sie wettern gegen das amerikanische Hegemoniestreben in aller Welt. In ihrer Nachbarschaft unterstützen sie Staaten, die in das gleiche Horn blasen. Diese Partner sind für Russland wertvoll. Bei allen Unterschieden haben sie eines mit ihm gemeinsam. Sie bieten Moskau die Gelegenheit, sich fernab von Europa mit Akteuren zu solidarisieren, die den USA Paroli bieten. Jeder für sich und sie alle zusammen betreiben Balancing gegen ein als übermächtig wahrgenommenes Amerika (Shevtsova 2006: 312).

Moskau bekräftigt mit der Nichteinmischung in die inneren Angelegenheiten anderer Staaten einen Grundsatz, der den moralischen Vorwand für die Präzeptorenrolle Washingtons abwehrt. Hier gibt es einen grundsätzlichen Gleichklang mit China. Als Vetomacht im Sicherheitsrat der Vereinten Nationen ist Russland in der Lage, mehr zu tun, als nur Worte zu spenden, wann immer ein unbequemer und vermeintlich delinquenter Staat im Sicherheitsrat verurteilt werden soll. Aber selbst in diesem Punkt sieht sich Russland von den westlichen Vetomächten zurückgesetzt. Die NATO-Intervention im Kosovo 1999 und der 2003 von den USA eröffnete Krieg gegen den Irak wurden ohne ein Mandat der UN unternommen (Stent 2008: 1095ff.). Russland sieht keinen Grund, sich gegenüber den USA klein zu machen. Es ist zudem der einzige Staat neben den USA, der über ein – ursprünglich auf sowjetische Weltmachtbedürfnisse ausgelegtes – Waffenarsenal bis hin zu luft- und seegestützten Lenkwaffen verfügt (Rumer 2007: 37).

4.5 Innenpolitik als Faktor der Außenpolitik

Wenden wir uns jetzt, wie oben bei den USA geschehen, dem Waltzschen „second image" zu, der Innenpolitik. Ein Russland, das schmerzhaft imperialen Ballast abgeworfen hat, scheint recht gut ohne den Klimbim militärischer Strukturen auszukommen, die der Weltmachtstellung der USA nachgebaut sind. Es hat keinen Status mehr zu verteidigen, der es zu großen militärischen Anstrengungen zwingt. Für die weitere Erörterung dieses Punktes ist es wichtig, die Abkehr vom Parteistaat zu beachten. Im Spektrum der Herrschaftsformen mag Russland ein autoritäres System mit scheindemokratischen Elementen sein. Das Volk lässt sich bei allen demokratischen Defiziten nicht mehr ganz aus der Politik herausdefinieren, mag auch sein Votum durch das große Geld und den lenkenden Arm der Behörden beträchtlich manipuliert sein (White 2000). Der russische Staat genießt Legitimität.

Das Russland des Jahres 2000 bot das Bild einer defekten Demokratie. Es krankte an einer schwachen Zentralgewalt, mächtige Provinzfürsten waren die eigentlichen Herrscher in ihrem Beritt. Die Ökonomie glich einer missratenen Marktwirtschaft, die von einem Oligopol superreicher Multimilliardäre beherrscht wurde. Etliche Oligarchen zeigten offen politische Ambition und gingen im Kreml ein und aus.

Der russische Präsident Boris Jelzin und die Duma (Parlament) zogen in den ersten Jahren nach dem Zerfall der Sowjetunion durchaus nicht am gleichen Strang. Die Interessen des geschwächten Militärapparats und der superreichen Oligarchie wiesen in verschiedene Richtungen. Dort schmerzliche Nostalgie und Wut wegen des rapiden Statusverlustes, hier der Primat der Auslandsgeschäfte, vornehmlich im Energieexport. Wie schwach auch immer das Spektrum artikulationsfähiger Interessen sein mochte: Die russische Politik wurde als Ergebnis eines – kruden – politischen Prozesses erkennbar.

Am Ende der Amtszeit des zweiten Präsidenten Wladimir Putin (2008) zeigte sich ein anderes Bild. Russland hat sich dramatisch verändert und stabilisiert. Es scheint einen längerfristig tragfähigen Herrschaftsmodus gefunden zu haben. Putin könnte einmal als ein russischer Charles de Gaulle, als Regimekonstrukteur einen Platz in der Geschichte finden. Die Superreichen sind noch da, aber sie sind nicht mehr identisch mit den Mächtigen. Sie dürfen weiterhin Geld verdienen, zahlen dafür aber den Preis, dass sie sich der Politik beugen müssen. Die Politik wiederum vollzieht sich im autoritären Modus: Wahlen produzieren die bestellten Ergebnisse. Die Zentralregierung hat ihre Autorität zurückgewonnen, Verfassungsreformen haben die Provinzfürsten entmachtet. Abstrakte Institutionen zählen wenig, umso mehr die Persönlichkeit an der Spitze des Staates. Die Konkretion staatlicher Autorität in einer starken Persönlichkeit findet Zu-

4.5 Innenpolitik als Faktor der Außenpolitik

spruch, nicht das Amt: Power is where power goes! Putin zog sich 2008 auf das Amt des Regierungschefs zurück. Die Verfassung gestattete keine weitere Kandidatur mehr. Ein handverlesener Kandidat, Dimitri Medwedew, wurde sein Nachfolger.

Public relations und Medienregie stellen die Persönlichkeit an der Staatspitze auf einer strahlenden Projektionsfläche dar. Die Geschäftspolitik der großen Energiekonzerne gehorcht den Erwartungen und Anweisungen des Kreml. Auf dieser Grundlage hat sich die russische Außenpolitik ökonomisiert. Das nationale Interesse artikuliert sich auch in Bilanzen, in Gewinnerwartungen, im Ausreizen von Umweltverschmutzung und in lächerlichen Transport- und Arbeitskosten.

Die russische Verfassung ist von der Anschauung des semi-präsidialen Frankreich inspiriert. Der volksgewählte Präsident steht im Mittelpunkt des Regierungsprozesses. Der verantwortliche Leiter der Regierungsgeschäfte ist ein vom Präsidenten vorgeschlagener und vom Parlament gestützter Regierungschef. Das Recht zur Entlassung des Regierungschefs und zur Auflösung des Parlaments liegt beim Präsidenten. Schon der erste russische Präsident Boris Jelzin beanspruchte, die Leiter der so genannten Machtministerien selbst zu besetzen. Es handelt sich um das Verteidigungs-, das Außen- und das Innenministerium sowie den Geheimdienst FSB. Neben der Regierung existiert im Kreml eine personalstarke Präsidialverwaltung, von der die Regierungsarbeit kontrolliert und angeleitet wird.

In der westlichen Berichterstattung über die Ära Putin wurde viel aus der Rekrutierung politischen Spitzenpersonals aus den Reihen des Militärs und der Geheimdienste gemacht. Putin blickte in der Endphase der Sowjetunion auf eine Karriere im Geheimdienst zurück. Daraus auf eine Militarisierung der Außenpolitik zu schließen, wäre zu kurz gegriffen. Von allen Regierungsbehörden der Sowjetunion haben Militär und Geheimdienste den Regimewechsel am besten überstanden. Auch der diplomatische Apparat ist intakt geblieben. Es liegt auf der Hand, dass dort noch Sicherheitseinschätzungen lebendig sind, die ihre Wurzeln in der Rivalität zur transatlantischen Weltmacht haben. Die Außenpolitik der USA seit 2001 dürfte einiges dazu beigetragen haben, die Verdächtigung zu bestätigen, Washington akzeptiere nicht einmal die Russland verbliebenen Einflusssphären in Osteuropa und im Kaukasus.

Russland spielt nicht in der Liga jener Staaten, deren Handeln sich aus Verfassungsordnungen und repräsentativen Institutionen erschließt. Historische Prägungen, Personen und Kultur sind informativer. Das allgemeine und auch das wissenschaftliche Publikum haben sich nur noch nicht daran gewöhnt, Russland in seiner eigenen Tradition und Geschichte zu verstehen. Kommentatoren und Entscheider die unter Zeitdruck beobachten und urteilen, liegen allzu häufig daneben. Für China gilt genau das Gleiche. Nur hat China den Bonus des Fernen und Fremden. Nun prägen aber weder Afrikaner noch Asiaten noch Indios die Moskauer Straßenszene, vor der ein deutscher TV-Kommentator sein Zwanzigsekundenstatement zum Besten gibt, sondern Menschen, die man sich ebenso gut auf dem Münchner Marienplatz oder im Berliner Stadtteil Wilmersdorf vorstellen könnte.

Demokratie, Meinungsfreiheit, politische Parteien und kritische Journalisten bedeuten aus historischen Gründen nicht allzu viel. Ihre Wertschätzung konzentriert sich bei Oppositionellen in den europäischen Metropolen Russlands. Eine Regierung, die für Ordnung sorgt, die bescheidenen Wohlstand sichert, die den Stolz der älteren Generation auf ihre Lebensleistung in sowjetischer Zeit pflegt und die den Respekt vor Russland in der Welt einfordert, punktet mehr als die formale Kopie der fremden Verfassungswelt westlicher Demokratien.

Gleichwohl identifiziert sich das offizielle Russland mit dem Begriff der Demokratie. Beraten von klugen Köpfen, definiert die russische Staatsführung ihr Regime als „souveräne Demokratie". Bevor wir diesen Begriff näher erörtern, ist ein Blick auf Russlands Verhältnis zur westlichen Welt angezeigt. In Europa hat der Westen die Konnotation einer transatlantischen Wertegemeinschaft und Zivilisation. Für das historische wie auch für das gegenwärtige Russland bedeutet der Westen Kontinentaleuropa. Die Liberalität Europas, sein Wertepluralismus, seine Verfassungsinstitutionen, insbesondere die Einschränkung und Konditionierung der Regierungsmacht durch Gewaltenteilung und kritische Öffentlichkeit üben allerdings geringe Anziehungskraft aus. Dies war schon bei der Intelligenzija der Zarenzeit nicht anders. Was damals Bewunderung fand und auch in Russland weltweit beachtete Blüten trieb, Literatur, Kunst und Musik, das ist heute, im neuen Russland, die ökonomische Effizienz Europas, keinesfalls aber sein politisches Modell. Russland sucht an der europäischen Ökonomie zu partizipieren, indem es Öl und Gas dorthin liefert und mit den Erlösen dort Unternehmen erwirbt. Der neue Rohstoff internationaler Macht ist Energie. Hier setzt Moskau den Hebel an, dies aber nicht nur, um seine ökonomische Entwicklung voranzutreiben, sondern auch, um Anerkennung als gleichgewichtiger Teilhaber am europäischen Wirtschaftspotenzial zu gewinnen.

Bei alledem lehnt Russland die Demokratie keineswegs ab. Der Begriff ist weltweit positiv besetzt. Russland versteht unter Demokratie aber kein Herrschaftsmodell, das sich an allgemein gültigen Maßstäben messen lassen will. Demokratie wird zum Attribut der Souveränität. Russland praktiziert eine Demokratie eigener Art, es lässt sich kein Modell der westlichen Demokratie vorschreiben (Evans 2008: 901f.). Die Propagierung dieses Modells wird eher als Mittel gesehen, Defizite der russischen Demokratie zu konstruieren und Russlands Reputation in der Welt herabzusetzen.

4.5 Innenpolitik als Faktor der Außenpolitik

Europa und die USA können (und wollen) es sich aus Gründen der Bestätigung ihres freiheitlich-gewaltenteiligen Demokratiemodells nicht leisten, Abstriche am zentralen Legitimationsmuster ihrer Gesellschaft zuzulassen. Deshalb sind Konflikte mit Russland vorgezeichnet, wann immer die russische Opposition manipulierte Wahlen, mangelnde Rechtstaatlichkeit sowie die Drangsalierung und Inhaftierung von Regimekritikern beklagt.

Seit 1990 war die EU recht erfolgreich darin, mit dem Rückhalt seines wirtschaftlichen Potenzials, ferner mit Kritik und diskretem Druck Demokratisierungsprozesse und die Verbesserung der Menschenrechtslage in Südosteuropa und in der Türkei zu fördern. Eine kardinal wichtige Voraussetzung für die Mitgliedschaft in der Union ist die Realisierung demokratischer Standards. Doch Russland will nicht Mitglied der Union werden. Es sieht die Union – im Unterschied zu ihren größeren Mitgliedstaaten – nicht einmal als ebenbürtigen Partner. Die EU hat es in Russland mit einer politischen Kultur zu tun, die nicht aus der Ideenwelt und Sozialgeschichte Europas kommt (Lukyanov 2008: 1109, 1118).

Banken, Presse, TV und Import-Export-Geschäfte befinden sich in den Händen weniger Reicher mit guten Verbindungen in den Kreml. Besondere Bedeutung hat der ehemalige Staatskonzern Gasprom. Er fördert Russlands wichtigstes Exportgut Gas. Wie die großen Ölfirmen Lukoil und Sibneft ist Gasprom ein politisches Instrument (Schröder 1999). Der Energiekomplex hat dem militärisch-industriellen Restkomplex aus sowjetischer Zeit den Rang der wichtigsten Machtressource abgelaufen (Sánchez-Andrés 2000, Balmaceda 1998). Die Geschäftspolitik von Gasprom ist Staatspolitik. Ungeachtet seiner Rechtskonstruktion gehorcht der Konzern – wie die gesamte Energiewirtschaft – den Winken des Kreml. Banken und Kommerz funktionieren als Geldmaschinen, weil es genügend Neureiche und inzwischen sogar eine kleine Mittelschicht gibt, die sich westliche Konsum- und Wohlstandsattribute leisten können.

Die russischen Regierungsparteien sind die Geschöpfe der Regierenden und nicht mehr – wie noch in der Ära Jelzin – die der Reichen. Unter dem ersten Präsidenten Jelzin hatte die Oligarchie größten Einfluss. Sie machte Politik zur Orchestermusik der in ihrem Besitz befindlichen TV-Sender (Treisman 1998). Putin aber zog gleich nach seiner Wahl ostentativ gegen die Macht der Oligarchie zu Felde und strafte jene Oligarchen mit behördlichen Schikanen ab, die in ihren Medien seinen Kritikern ein Forum geboten hatten. Das Volk ist es zufrieden.

Die gesinnungsliberalen Fürsprecher eines demokratischen Russland stehen heute auf verloren wirkendem Posten. Hier finden sich Intellektuelle, Literaten und Journalisten, die das Gemenge von Geschäft, Politik und Staat in einem Klima der anrüchigen Bereicherung ablehnen. Es drängt sich also der Eindruck auf, dass Politik in Russland die Sache weniger Mächtiger ist. Das wäre trotz der systemischen Veränderungen eine Fortsetzung der Vergangenheit, in der die

Gesellschaft hauptsächlich als Adressat der Politik vorkam. Für das „second image" lässt sich daraus folgern, dass die russische Regierung nach außen hin einen weiten, von der Gesellschaft nicht groß beeinträchtigten Spielraum besitzt. Der Kontrast zu den USA mit ihren mächtigen innergesellschaftlichen Akteuren, die direkt oder mittelbar in die Außenpolitik hineinwirken, könnte kaum größer sein.

4.6 Ressourcenpolitik und Politik im Nahen Ausland

Russlands Imperium war nie durch Ozeane vom Mutterland getrennt. Es war in weiten Teilen menschenleer, und es galt in allen Teilen als politischer und administrativer Teil des russischen Staates. Der sibirische Osten Russlands floss in das Selbstverständnis als europäische *und* asiatische Nation ein. Die asiatische Komponente des Staatsgebiets änderte nichts am kulturellen Selbstverständnis als europäisches, nur eben auf zwei Kontinente verteiltes Volk (Rangsimaporn 2006). *Eurasische* Neubestimmungsversuche, die Russland als etwas Eigenes zwischen Europa und Asien interpretierten, sollten sich nicht durchsetzen (Bassin 1991). Das teilweise islamische, in zweihundert Jahren eroberte russische Asien galt allenfalls als ein Ordnungsproblem, wie der Kaukasus, oder als ein zivilisatorisch unterentwickeltes Besitztum, wie Mittelasien (Hauner 1990).

Nach dem Zerfall der Sowjetunion bildeten die nunmehr souveränen Nachfolgestaaten – mit Ausnahme der baltischen Republiken – die Gemeinschaft Unabhängiger Staaten (GUS). In ihrer Zweckbestimmung als Auffangkonstruktion für die Sowjetunion erwies sie sich als Misserfolg. Heute hat sie mit Auflösungserscheinungen zu kämpfen (Sakwa/Webber 1999). Mit einigen Neustaaten, die vorher zur Sowjetunion gehört hatten – Tadschikistan, Kasachstan, Kirgistan, Armenien, Belarus – hat Russland bilaterale Militärabkommen abgeschlossen. Es handelt sich bei diesen Bündniskonstruktionen um hierarchische Strukturen. Die russische Diplomatie kennt diese Technik noch aus sowjetischer Zeit. Die Reflexe der Großmacht sind in Russland lebendig, und ganz ähnlich begegnet Russland selbst dem Westen noch mit der Gestik von gestern. Letzteres ist vernünftiger, als es vielleicht scheint, weil Russland an vielen Stellen in der Welt einfach gegenwärtig ist.

Beginnen wir mit Russlands Platz in Europa. Die GUS-Staaten werden in Moskau als Nahes Ausland betrachtet. Die baltischen Staaten betrieben trotz der ostentativen Zurückhaltung der NATO erfolgreich ihre Aufnahme in das westlicher Verteidigungsbündnis (Asmus/Nurick 1996). Jahrzehntelang durch den Stalinismus und die massive Zuwanderung von Russen bedrängt, fürchteten diese kleinen Nationen in der Sowjetära um den Erhalt ihrer Sprache und Kultur.

4.6 Ressourcenpolitik und Politik im Nahen Ausland

Nach Wiedererlangung der Unabhängigkeit verlangten sie rigide Tests, bevor sie ihre russischen Bewohner als Staatsbürger anerkannten. Das gab Moskau in der Vergangenheit allerlei Gründe, um die Demütigung russischer Menschen jenseits seiner Grenzen zu beklagen und grobe Drohgesten zu zeigen. Hier erwarb sich die EU Verdienste um eine Entspannung der Situation, indem sie den Kandidatenstatus für die Unionsmitgliedschaft von einer liberalen Einbürgerungspraxis abhängig machte. Die Präferenz der baltischen Russen – Euro-Russen – für das Leben in den Ostseestaaten hat einiges dazu beigetragen, dass hier auch mit dem größten propagandistischen Aufwand kein Szenario einer geknechteten Irredenta konstruiert werden konnte.

Moskau spielt das Problem des Kaliningrader Gebietes heute herunter, obgleich es schmerzt, sich mit dem kleinen Litauen wegen der Zuwege arrangieren zu müssen. Dies mag an der Einsicht liegen, dass inzwischen unumstößliche Tatsachen geschaffen wurden. Vor zwanzig Jahren war nicht einmal der Sowjetreformer Gorbatschow bereit, sich mit dem Ausbrechen der Baltenrepubliken aus der Sowjetunion abzufinden. Schwer tut sich Russland bis heute mit dem Faktum einer unabhängigen Ukraine. Die Ostukraine und Teile der mittleren Ukraine sind von ethnischen Russen bewohnt. Das Erscheinungsbild und der Gesamtzuschnitt dieses Neustaates weisen im Hinblick auf Lebensart, Sprache und wirtschaftliche Strukturen geringe Differenzen zu Russland auf. Doch der Lebensstandard und die ökonomischen Ressourcen der Ukraine fallen deutlich hinter diejenigen Russlands zurück. Das Verhältnis beider Gesellschaften ist nicht antagonistisch. Im Gegenteil: Für die Russen ist die Ukraine ein historischer Teil Russlands, und etliche Ukrainer sehen dies auch nicht anders. Umso entschiedener setzt sich ein Teil der ukrainischen Elite von Russland ab, um die Eigenständigkeit ihres Landes herauszustreichen. In den bilateralen Beziehungen ist das Schicksal der Krim ein besonders kritischer Punkt. Sie wurde 1954 vom früheren sowjetischen Parteichef Nikita Chruschtschow anlässlich eines historischen Datums in einer Feierlaune aus der russischen Unionsrepublik herausgelöst und der ukrainischen Schwesterrepublik geschenkt. Die Krim ist – heute auf Pachtbasis – Stützpunkt der russischen Schwarzmeerflotte. Sie wird mehrheitlich von Russen bewohnt.

Der belarussische Präsidialdiktator Alexander Lukaschenko lehnte sich gleich nach seiner Wahl unverhohlen an Moskau an. Die große Masse seiner Untertanen ist damit zufrieden (Eke/Kuzio 2000). Inzwischen gibt es einen russisch-weißrussischen Unionsvertrag (1999). Mit Ausnahme sehr konkreter Bestimmungen über die Kooperation von Militär und Polizei besitzt er allerdings rein deklaratorischen Charakter; er entspricht ganz den Interessen Russlands.

Russland verfügt über einen großen Anteil der zurzeit bekannten Öl- und Gasvorräte. Sie bilden zusammen mit den noch aus sowjetischer Zeit stammenden Pipeline-Systemen die Basis seiner ökonomischen Macht. Neue Pipeline-

Projekte, darunter auch ein durch die Ostsee führendes Leitungssystem, sollen diese Macht verfestigen. Die ebenfalls noch aus sowjetischer Zeit stammende Berechnung von Vorzugspreisen für die GUS-Staaten wurde eingestellt. Die Ukraine machte daraus mit großer Resonanz in der westlichen Öffentlichkeit eine Pression, die sich gegen ihren demokratischen Wandel und die Westorientierung richtete. Dass auch dem ökonomisch weitaus verletzlicheren Weißrussland, das sich eng an Moskau anlehnt, ebenfalls Preisrabatte für Gaslieferungen gestrichen wurden, fand kein halb so lautes Echo (Stent 2008: 1094).

Ressourcenpolitik bestimmt Russlands Beziehungen zu den ehemaligen Sowjetrepubliken im Kaukasus und Zentralasien. Durch den Bau der geplanten Ostseepipeline soll die Ukraine als Transitweg für die europäischen Abnehmer neutralisiert werden. Die Trassenführung an Polen und den baltischen Staaten vorbei verbürgt, dass ausschließlich Russland den Lieferweg kontrolliert. Damit wären alle Staaten, die in Europa als besonders enge Verbündete der USA in unmittelbarer Nachbarschaft auftreten, als mögliche Störfaktoren des Energieexports aus dem Spiel. Die russische Regierung verhinderte mehrfach, dass ausländische Firmen durch Kapitalbeteiligung eine Mitsprache in der russischen Öl- und Gasbranche erwerben konnten. Die Regie des russischen Staates stellt sicher, dass Konzerne, die auf diesem Geschäftsfeld operieren, keine Entscheidungen treffen, die von der geostrategischen Linie der Regierung abweichen (Balzer 2005).

Mittelasien und der Kaukasus beherbergen ebenfalls bedeutende Öl- und Gasvorkommen, vor allem im Bereich des Kaspischen Meeres. Hier bemüht sich Moskau, die Förderstaaten – Aserbaidschan, Kasachstan, Turkmenistan – dafür zu gewinnen, dass sie über Russland führende Pipelines benutzen und dass sie ferner darauf verzichten, Pipelines zu bauen, die an Russland vorbei führen. Moskau schließt mit diesen Ländern darüber hinaus langfristige Lieferverträge, um deren Förderleistung dem Zugriff westlicher Firmenkonsortien zu entziehen (Kazantsev 2008: 1083f.). Nur Aserbeidschan widersetzte sich diesem Begehren. Eine neue Pipeline führt von seinen Förderpunkten am Schwarzen Meer an Russland vorbei zu einem georgischen Schwarzmeerhafen, eine andere über die Türkei ans Mittelmeer. Russland betrachtete dies als unfreundlichen Akt, zumal Georgien als Vorposten amerikanischer Interessen in der Region wahrgenommen wird. Schließlich soll vermieden werden, dass teure Investitionen in Pipelines lediglich einen Abnehmer versorgen. Erst nachdem Russland mit China und den mittelasiatischen Republiken die Shanghaier Organisation für Zusammenarbeit gegründet hatte, eine Sicherheitspartnerschaft auf der Grundlage des territorialen Status quo, legte es Pläne ad acta, China über eine Pipeline zu beliefern, die bis zur russischen Pazifikküste führte. So hätte es sein Öl auch an andere Abnehmer verkaufen können. Jetzt wurde eine kürzere und kostengünstigere Trasse nach Nordostchina in Angriff genommen (Balzer 2005: 220).

4.6 Ressourcenpolitik und Politik im Nahen Ausland

Usbekistan und Turkmenistan, die anfänglich eine gewisse Distanz zu Russland gehalten hatten, ließen sich auf die russischen Vorstellungen zur Energielogistik ein. Westliche Kritik an ihren autoritären Regimen trug dazu bei (Kazantsev 2008: 1084f.). Im Jahr 2008 hatte Russland die drittgrößten Devisenvorräte der Welt. Dank der Einkünfte aus Gas und Öl besitzt es eine starke Finanzbranche. Sein ökonomisches und damit zum gehörigen Teil sein politisches Gewicht beruht auf der Weltnachfrage nach fossilen Energieträgern. Darin besitzt Russland eine starke Verwandtschaft mit anderen so genannten Petro-Staaten. Die Öl- und Gasökonomie spült viel Geld in die Staatskasse. Sie hat indes einen strukturellen Defekt. Die Förderindustrien und das Geldmanagement bieten bessere Gewinnchancen als die stets langfristig wirkenden Investitionen in die Produktion von Gebrauchsgütern, Maschinen und Anlagen. Mit den reichlich vorhandenen Devisen lassen sich diese Güter viel leichter im Ausland erwerben. Eben diese Sparten sind in Russland – mit Ausnahme des Rüstungssektors – kaum entwickelt. Deshalb ist Russland vital nicht nur auf den konstanten Verkauf von Öl und Gas angewiesen, sondern ebenso auf den Import industrieller Produkte.

Das ressourcenarme Kirgistan, Usbekistan und Tadschikistan schließen sich eng an Moskau an. Russland bietet ihnen Hilfe bei der Sicherung ihrer Grenzen und bei der Bekämpfung islamistischer Guerillas. Hier kommt hinzu, dass Usbeken und Tadschiken auch in den nördlichen Gebieten Afghanistans leben. Ebenso hat Kasachstan noch besondere Gründe, auf Russland Rücksicht zu nehmen. Die Hälfte seiner Bevölkerung besteht aus ethnischen Russen. Sie leben stark konzentriert unweit der russischen Grenze. Mit seinen guten Beziehungen zu Russland betreibt Kasachstan ferner ein Balancing gegen das benachbarte energiehungrige China, zu dem es im Übrigen gute Beziehungen pflegt.

Mögen die russischen Interessen und die der mittelasiatischen Staaten auch nicht vollständig übereinstimmen, so gibt es doch einen Interessengleichklang der Regierenden. Der Grund liegt in der Beschaffenheit der Regime. Die zentralasiatischen Republiken werden durchweg autoritär regiert. Familiär miteinander verbundene Cliquen lenken den Staat (Collins 2004, 2003). Von Moskau droht keine Gefahr für die Stabilität der Regime. Noch ein weiteres Moment kommt hinzu. In allen diesen Staaten gibt es russische Diasporen, und die lokalen Russen wecken im Unterschied zu den umtriebigen Chinesen keinerlei Konkurrenzneid; sie haben das Image verträglicher Nachbarn.

Einflusssphären sind Großmachtzubehör. Nach Lage der Dinge kann Russland Einflussverluste aus dem Zusammenbruch der Sowjetunion nur in Asien wettmachen (Kerr 1995: 986). Geopolitik ist eine wichtige Koordinate der russischen Außenbeziehungen geblieben. Damit bietet sich Russland für eine neorealistische Deutung seiner Außenpolitik an.

5 Europa

5.1 Die europäische Integration

Die Europäische Union bestimmt die innere und die äußere Politik der europäischen Staaten maßgeblich mit. Von einer britischen, deutschen oder französischen Außenpolitik zu sprechen macht nur mehr mit Vorbehalten Sinn. Betrachten wir zunächst die Mitgliedstaaten der EU. Der Vereinfachung halber sollen nur die drei größten, Deutschland, Frankreich und Großbritannien, kurz erörtert werden. Alle drei bestimmten zwischen 1870 und 1939 im Verein mit Russland bzw. der frühen Sowjetunion das Kräftefeld der europäischen Politik. Frankreich und Großbritannien waren als Kolonialmächte auch in Afrika und in Asien präsent. Der Anspruch Deutschlands auf maritime Macht und Gleichstellung außerhalb Europas störte diese Balance. Deutschland vereinte die untereinander misstrauischen Großmächte Frankreich und Großbritannien gegen sich.

Der Erste Weltkrieg war noch im Wesentlichen ein europäischer Krieg gewesen. Sein Ergebnis zeigte, dass die Siegerparteien glaubten, mit der militärischen Neutralisierung Deutschlands zum Status quo vor dem Krieg zurückkehren zu können. Darin täuschten sie sich. Den vormals auf Deutschland, Österreich-Ungarn und Russland verteilten mittel- und osteuropäischen Völkern waren an den Konferenztischen der Pariser Vororte (Versailles, St. Germain, Sèvres, Trianon) eigene Staaten zugesprochen worden. Allein diese Veränderung der seinerzeitigen Staatenwelt machte das Zurück zum Gestern bereits zur Illusion. Die neue europäische Staatenwelt barg bereits die Keime für den nächsten Weltkrieg. Deutschland und Russland wollten die Verhältnisse revidieren, als sie wieder erstarkten. Die Kumpanei Deutschlands mit der Sowjetunion sollte Hitler beim Angriff auf Polen den Rücken freihalten. Für alle Beteiligten kam es anders, vor allem für Deutschland. Die Sowjetunion wurde früher zum Opfer der deutschen Aggression, als sie befürchtet hatte. Am Ende des zweiten Krieges sah sie sich in einer Rolle, die im Moskau des September 1939 niemand hatte voraussehen können. Sie stand an der Elbe, im Harz und an der Autobahn nach Frankfurt/Main sowie am Alpenrand und fand sich plötzlich als Weltmacht auf einer internationalen Bühne, die nur noch in den USA einen Ebenbürtigen fand.

Von dieser Konstellation aus lässt sich die europäische Nachkriegspolitik skizzieren. Zwischen 1949 und 1961 hatte sich definitiv geklärt, dass Deutschland auf absehbare Zeit geteilt sein würde. Die USA mit ihrem militärischen Potenzial garantierten die Sicherheit des westlichen Europa. Der westdeutsche Teilstaat sowie Frankreich und Großbritannien wurden Juniorpartner der USA im Rahmen der NATO. Diese Juniorpartnerrolle wurde in London spätestens seit 1956 – nach dem gescheiterten Versuch, seinen Einfluss über den Suez-Kanal zu behalten – vorbehaltlos akzeptiert. Frankreich hingegen tat sich schwer mit der Dominanz Washingtons in Europa.

Aus Furcht vor Deutschland sowie aus Unbehagen an der sowjetischen Realität und am Anti-Kolonialismus Moskaus integrierte sich Frankreich in das westliche Verteidigungsbündnis. Die Kulisse, vor der Frankreich einige hundert Jahre lang eine europäische Großmacht gewesen war, existierte nicht mehr. Die vormals von frankophilen Eliten beherrschten osteuropäischen Staaten wurden fest in das plebejische Imperium Stalins und seiner Erben eingeschnürt. Die aristokratische Soft power der französischen Sprache und Kultur hatte in den gebildeten Schichten Europas noch bis zum Ausbruch des Zweiten Weltkrieges die Maßstäbe für Kultiviertheit in Geschmack, Mode, Kunst und Lebensart gesetzt. Nach 1945 lief die egalitäre Lebensart des Amerikanischen in Kleidung, Unterhaltung, Sprache und Auftreten dem Französischen den Rang ab. Frankreich hatte mit diesem Bruch seine Schwierigkeiten. Bis heute resultiert daraus eine Distanz zum Angelsächsischen.

Das westliche Deutschland folgte der Anziehungskraft angelsächsischer Lebensart. Seine Regierenden beschritten den gleichen Weg. Sie dachten aber kontinentaleuropäischer als wachsende Teile der Gesellschaft, namentlich die jungen Konsumenten des Rock'n Roll und amerikanischer Monumentalfilme. Frankreich war der Primärinteressent an einem westdeutschen Teilstaat, der unter der Kuratel seiner Nachbarn am besten aufbewahrt schien. Es hatte – nicht zuletzt durch deutsches Tun – seinen früheren Rang in der Welt verloren. Das westliche Deutschland sollte sich in den folgenden Jahrzehnten bemühen, die französischen Ressentiments durch eine enge Zusammenarbeit abzubauen.

Der Versuch, mit dem gigantischen Projekt einer Europäischen Verteidigungsgemeinschaft die europäischen Armeen zu verschmelzen, erwies sich als zu groß angelegt. Keine zehn Jahre nach Kriegsende überforderte er die Repräsentanten der französischen Gesellschaft. Die Europäische Verteidigungsgemeinschaft scheiterte 1954 in der Nationalversammlung. Der vorausgehende, bescheidenere Versuch einer Zusammenarbeit auf ökonomischem Gebiet sollte gelingen. Die 1952 gegründete Montanunion zielte auf die Kohle- und Stahlproduktion, damals noch ein rüstungspolitisch wichtiger Bereich. Die Montanunion wies bereits alle wichtigen Merkmale der späteren EWG, EG und EU auf: Ent-

5.1 Die europäische Integration

scheidungen wurden von einer supranationalen Behörde – der Hohen Behörde – vorgeschlagen und von den nationalen Regierungen in einem legislatorischen Regierungsorgan, dem Ministerrat, beschlossen. Der Erfolg der Montanunion ermutigte dazu, auf diesem Wege weiterzumachen. Die EWG, die gemeinsame Zollunion der ursprünglichen Sechserunion (1958), folgte als nächster Schritt. Großbritannien hielt sich aus diesen Vorgängen heraus. Noch wickelte es einen bedeutenden Teil seines Außenhandels mit den früheren Kolonien, mit den Dominien Australien und Neuseeland und mit seinen traditionellen skandinavischen Agrar- und Rohstofflieferanten ab. Auch die Bereitschaft, sich auf Souveränitätstransfers an supranationale Institutionen einzulassen, war in London noch nicht vorhanden. Mit dem lahmen Schritt der Gründung einer Europäischen Freihandelszone (EFTA) versuchte es, seine Wirtschaftsbeziehungen mit den traditionellen europäischen Partnern zu festigen. Doch der ökonomische Erfolg der EWG, die wachsenden binnenwirtschaftlichen Schwierigkeiten Großbritanniens und die Umorientierung Australiens und Neuseelands auf den ostasiatischen Wirtschaftsraum veranlassten den Inselstaat nach wenigen Jahren, doch seine Aufnahme in die EWG zu betreiben. Dieses erstmals 1967 gestellte Ansinnen fand in Paris keine Resonanz. Die EWG hatte sich als gutes Arrangement erwiesen, um das Gewicht Frankreichs in Europa zu steigern. Die EWG integrierte das deutsche Wirtschaftspotenzial. Die politische Zurückhaltung Bonns machte es leicht, Frankreichs Führungsanspruch in Europa zur Geltung zu bringen (Woyke 1987). So konnte Paris den angelsächsischen Faktor in Europa unterhalb der Schwelle der Sicherheitspolitik ausbalancieren. Hätte Kenneth Waltz nur die Ökonomie stärker beachtet, hätte er an dieser Konstellation seine Freude haben können.

Nach dem Abtreten des französischen Präsidenten Charles de Gaulle von der politischen Bühne (1969) sollte sich vieles ändern. De Gaulle hatte noch ein persönliches Ressentiment gegen die angelsächsischen Heroen des Zweiten Weltkrieges, Franklin D. Roosevelt und Winston Churchill. Sie hatten ihn im zweiten großen Krieg bestenfalls als Trittbrettsieger gelten lassen. Die wirtschaftliche Lage hatte sich im Großbritannien der 1960er Jahre so dramatisch verschlechtert, dass die Regierung die ungeliebte EWG geradezu als Rettungsanker suchte. Nicht von ungefähr wollten auch Irland und Dänemark, die engsten europäischen Handelspartner Londons, mit in die Staatengemeinschaft. Nach einigen innenpolitischen Turbulenzen sollte es 1973 dazu kommen (Volle 1998). Die Bedingungen lagen inzwischen freilich so, dass London die Rolle Frankreichs als Primus inter pares in der EG nicht mehr stören konnte. Während sich die französisch-deutsche Achse in den nächsten Jahren als Taktgeberin in der EG etablieren sollte, blieben London und auch Kopenhagen stets auf Distanz. Diese Vorgänge zeigen, dass der europäische Integrationsprozess von zweierlei Kalkülen gesteuert wurde. Einerseits gründete er auf politischen Erwägungen, die auf die Überwindung historischer Feindschaften und Animositäten qua Zusammenarbeit abzielten. Andererseits lockten die Wohlfahrtseffekte eines großen und entwicklungsfähigen integrierten Wirtschaftsraumes.

5.2 Die Europäische Union: Ein politisches System, kein Staatensystem

Die Europäische Union ist ein hybrides Gebilde. Sie verkörpert zugleich europäische Staatlichkeit und eine dicht gewirkte und regional konzentrierte Form internationaler Regime. In Simon Hix' Standardwerk über die Europäische Union heißt es, die Union bilde ein politisches System und besitze ein spezifisches Regierungssystem, sie stelle aber keinen Staat dar (Hix 2005: 2ff.). Der scheinbare Widerspruch dieser Aussage löst sich rasch auf, wenn man bedenkt, dass der Begriff des Staates (state) im Englischen die organisierte Staatsgewalt in Gestalt von Bürokratien und Beamten betont, wohingegen die Regierung (government) das umfassendere Regierungssystem einschließlich Parlament und politischer Führung bezeichnet. Hix' Unterscheidung hilft also nicht wirklich weiter. Eigentlich sagt er nur, dass die Union die typischen Institutionen des modernen Verfassungsstaates besitzt, dass es aber keine europäischen Polizisten, Soldaten, Katasterbeamten, keine europäischen Sozialämter und Steuerbehörden gibt. Die Union überlässt das Verwalten ihrer Rechtsordnung den Mitgliedstaaten. Wenn auch nicht in diesem Umfang, so lässt sich Ähnliches übrigens auch in Deutschland beobachten, wo weitestgehend die Länder das Recht des Bundes anwenden.

Die Dinge liegen alles in allem zu kompliziert, als dass die Union leichthin als Staat oder Nicht-Staat oder alternativ als politisches System charakterisiert werden könnte. Mit Blick auf die Minimalkompetenzen des idealtypischen Bundesstaates nimmt sich die Europäische Union im Verhältnis zu ihren Mitgliedstaaten recht schwach aus. Im Bereich des europäischen Binnenmarktes und der an ihn angelagerten Politikfelder (Umwelt, Verbraucher) hat die Europäische Union mehr Biss als in der Außenpolitik und in der Inneren Sicherheit.

Die Regularien des gemeinsamen europäischen Binnenmarktes haben unmittelbare Rechtsgeltung – mit Ausnahmen – in allen Staaten der Union gleichermaßen. Das Gleiche gilt für den Agrarmarkt und für die regionalen Ausgleichs- und Förderprogramme, die aus den Mitteln der Union finanziert werden. Dieser europäische Wirtschaftsstaat hat ferner eine Ministerialbürokratie in Gestalt der Europäischen Kommission. Seine politische Führung ist allerdings komplexer strukturiert als die der Mitgliedstaaten. Die Regierungsfunktion verteilt

5.2 Die Europäische Union: Ein politisches System, kein Staatensystem 121

sich auf die Europäische Kommission, den Rat der EU (Ministerrat) und auf den Europäischen Rat. In Gestalt des Europäischen Parlaments besitzt die Union ferner eine demokratisch legitimierte Volksvertretung. Der Europäische Gerichtshof (EuGH) schließlich befindet in bundesgerichtstypischer Weise über die Grenzen zwischen europäischem und nationalem Recht.

Dieser demokratisch und gewaltenteilig strukturierte Wirtschaftsstaat bildet institutionell und politikinhaltlich den Kern der Europäischen Union. Die europäische Währungspolitik, die Gemeinsame Außen- und Sicherheitspolitik der Union sowie ihre Justiz- und Innenpolitik vollziehen sich demgegenüber im Modus einer institutionalisierten Zusammenarbeit der mitgliedstaatlichen Regierungen. Hier lässt sich im Sinne internationaler Regime von europäischen Regimen sprechen. Die Kommission, das Parlament und der Rat der EU sind an der Gestaltung dieser Politikbereiche lediglich am Rande beteiligt. An der Währungsunion beteiligen sich über die Hälfte der Mitgliedstaaten. In den Bereichen der Justiz- und Innenpolitik halten sich einige Regierungen von der Zusammenarbeit fern. Diese europäischen Regime zeichnen sich vor globalen Regimen wie etwa der Welthandelsorganisation und der Weltgesundheitsorganisation durch ihre hohe Regeldichte und durch die Intensität ihrer Zusammenarbeit aus (Breckinridge 1997: 181ff).

In den integrierten Politikbereichen greifen Entscheidungsprozesse, wie man sie aus den gewachsenen Nationalstaaten kennt. Das Europäische Parlament fasst Beschlüsse mit der Mehrheit seiner Mitglieder. Der Rat der EU und – in bestimmten Fragen auch der Europäische Rat – entscheidet hingegen nach dem geltenden Vertrag von Nizza nach einer komplizierten Mehrheitsformel. Die Stimmen der Regierungen sind unterschiedlich gewichtet, um der Bevölkerungsgröße der Mitgliedstaaten Rechnung zu tragen. Ein Beschluss verlangt etwa 72 Prozent dieser gewichteten Stimmen. Darüber hinaus muss in dieser Mehrheit die Zustimmung der absoluten Mehrheit der Regierungen der Mitgliedstaaten enthalten sein. Auf Verlangen einer Regierung muss zusätzlich festgestellt werden, ob die Regierungen in dieser absoluten Mehrheit mindestens 62 Prozent der Unionsbevölkerung repräsentieren.

In Angelegenheiten der Außen- und Sicherheitspolitik, einem europäischen Regime, ist noch die Zustimmung jeder Regierung erforderlich, die sich an diesen Politikbereichen beteiligt. Dabei soll es auch in dem für 2009 zur Ratifizierung vorgesehenen Reformvertrag von Lissabon bleiben. Demgegenüber sollen die Felder der europäischen Justiz- und Innenpolitik in das reguläre europäische Gesetzgebungsverfahren überführt werden.

Der Rat der EU und der Europäische Rat bilden die einzigen institutionellen Klammern zwischen dem europäischen Wirtschaftsstaat und den europäischen Regimen. Der Rat der EU arbeitet hauptsächlich als ein in seiner Zusammensetzung nach Politikbereichen wechselndes Fachministerorgan. Seine Beschlüsse werden als „Gemeinsamer Standpunkt" der Regierungen deklariert. Der Europäische Rat setzt sich aus den Regierungschefs der Mitgliedstaaten zusammen; Frankreich ist auch mit seinem Präsidenten vertreten. Seine Beschlüsse haben zwar keine rechtliche, aber eine immense politische Bindungskraft. Sie werden als „Schlussfolgerungen" formuliert.

Ein weiteres Merkmal der Union ist die subtile, aber überaus wichtige Gestaltungsmacht der Beamtengremien. Dies gilt insbesondere für den Ausschuss der Ständigen Vertreter, die Botschafter der Mitgliedstaaten in Brüssel. Sie bereiten die Tagungen des Rates der EU und des Europäischen Rates vor, indem sie Beschlussvorlagen möglichst so weit auf Konsensfähigkeit trimmen, dass sie von den Regierungschefs und Ministern im Regelfall nur noch förmlich bestätigt werden müssen. Für die Arbeitsfähigkeit der Union und insbesondere für die Verwaltung Europas sorgen schließlich Hunderte von Arbeitsgruppen und Verwaltungsausschüssen (Hayes-Renshaw/Wallace 2006).

Die Regierungsvertreter der Mitgliedstaaten tragen zwei Hüte, den der Politikverantwortlichen daheim, und den der Teilhaber an der europäischen Regierungs- und Gesetzgebungsfunktion. Beide Rollen werden nach eigenen Regeln gespielt. Das Zeitbudget für europäische Angelegenheiten wird nach dem unumgänglichen Minimum bemessen. Ministerkarrieren und Wahlen entscheiden sich in der nationalen Politik. Wie der EU-Analytiker Andrew Moravcsik betont, gleichen der Europäische Rat und der Rat der EU (Ministerrat) einer von den nationalen Regierungen beherrschten politischen Arena. Die Schnittmenge der Regierungsinteressen belässt dem Europäischen Parlament und der Europäischen Kommission aber durchaus eigene Gestaltungsräume (Moravcsik 2002, 1993).

Die EU-Kommission ist materiell nichts anderes als ein europäisches Ministerkollegium. Ebenso deutlich ist der Charakter des mehr als 20.000 Mitarbeiter umfassenden Kommissionsapparats als europäische Ministerialbürokratie (Nugent 2001). Die Kommission ist die Standardquelle der zahlreichen Initiativen, die sich in europäischen Maßgaben für Industrie, Handel, Verbraucherschutz, Verkehr und Landwirtschaft niederschlagen. Für die in Regimen organisierte Außenpolitik und die Justiz- und Innenpolitik gilt dies aber schon nicht mehr. Dort gehen die Anstöße von den Regierungschefs, oft in der Rolle des Ratspräsidenten, oder von den Fachministern der Mitgliedstaaten aus.

Nicht einmal im europäischen Wirtschaftsstaat bewegt sich die Kommission im konkurrenzfreien Raum. Sie muss sich mit Heerscharen von nationalen Beamten im Umkreis des Rates auseinandersetzen, die als Fachleute am selben Gegenstand arbeiten. Kurz: Die Regierungsfunktion der EU ist ein politisches Joint Venture, kein Exklusivgeschäft der Kommission. Was indes die politische Richtliniengebung in der Europäischen Union betrifft, also Grundsatzentschei-

5.2 Die Europäische Union: Ein politisches System, kein Staatensystem 123

dungen im wirtschaftlichen und im sicherheitspolitischen Bereich, so tritt die Kommission heute – entgegen der ihr einmal zugedachten Schrittmacherrolle in Europa – eher in den Hintergrund. Spätestens seit dem Vertrag von Nizza (2003) unterliegen die wichtigsten Politikbereiche der Union bereits der legislatorischen Mitbestimmung des Parlaments. Das Nizzaer Dokument hatte zudem ein parlamentarisches Vermittlungsverfahren installiert, darunter auch einen Vermittlungsausschuss. Es greift, wenn Rat und Parlament Beschlüsse fassen, die voneinander abweichen.

Die Europäische Union zeigt einen Verfassungspluralismus, der seinesgleichen sucht. Sie zählt derzeit 27 Mitgliedstaaten. Verglichen mit den 50 Einzelstaaten der USA ist diese Zahl nicht imposant. Doch bei den Staaten der amerikanischen Union handelt es sich um ein homogenes Ganzes. Bei allen Unterschieden im Detail sind ihre Verfassungen der Präsidialverfassung des Bundes mit ihrer charakteristischen Gewaltentrennung nachgebildet. Genauso, nur auf dem Nenner eines parlamentarischen Regierungssystems, verhält es sich in Bundesstaaten wie Deutschland, Indien und Kanada.

Die Europäische Union zählt zwanzig Republiken und sieben parlamentarische Monarchien. Darunter besitzen über zwanzig Staaten ein parlamentarisches Regierungssystem und eine Handvoll parlamentarische Systeme mit mehr oder weniger präsidialen Elementen. Mit Blick auf die Staatsorganisation verzeichnet die Union schließlich drei Bundesstaaten, vier stark regionalisierte Einheitsstaaten und zwanzig einheitsstaatliche Gebilde. Die Wahlsysteme sind so vielfältig wie die Staaten selbst. Die Palette der Parteiensysteme reicht vom überschaubaren Zweiparteiensystem Großbritanniens bis hin zu den hochgradig fragmentierten Parteiensystemen Italiens und Polens. Einige Staaten werden von mühsam zusammengehaltenen Parteienbündnissen regiert, anderswo funktionieren sogar Minderheitsregierungen, die von Fall zu Fall Mehrheitsbeschaffer im politischen Gegenlager finden. Die politikinhaltliche Vielfalt ist kaum geringer. Hier Wohlfahrtstaaten, die auch im Zeichen des globalen Wettbewerbs noch funktionieren, weil sie sich dem Wandel der Zeiten intelligent angepasst haben. Dort Wohlfahrtstaaten, die sich schwer damit tun und an den Grenzen der politischen Umverteilungskapazität arbeiten, schließlich auch Staaten, die sich mit sozialstaatlichen Minimallösungen begnügen.

Die Regierungen der Mitgliedstaaten sind die Hauptakteure in der Brüsseler Politik. Sie werden es auf absehbare Zeit bleiben. Das hat seinen guten Sinn. Ein so heterogenes Gebilde wie die Union kann schlecht im Modus der parlamentarischen Mehrheitsdemokratie regiert werden. Konsensdemokratische Praktiken sind Conditio sine qua non der Brüsseler Politik (Boogards/Crepaz 2002). Ein konsensdemokratischer Regierungsmodus braucht keine besondere Verfassungstechnik. Er ist das Ergebnis eines sich stetig wiederholenden politischen Spiels.

Europäische politische Lösungen bahnen sich in der quälend langen Verständigung auf Formulierungen an, mit denen alle, auch die notorischen Bedenkenträger leben können. Der heikle Punkt des europäischen politischen Systems ist die europäische Öffentlichkeit. Gewiss steht die Union unter Beobachtung. Wie es so ist, steckt sie mehr Kritik ein, als ihr an Unterstützung durch Bürger, organisierte Interessen und Medien zuteil wird. Doch die europäische Öffentlichkeit ist von pluraler Gestalt. Sie zählt so viele Arenen, wie es Mitgliedstaaten gibt. Die wirklich integrierte europäische Öffentlichkeit ist sehr klein. Sie beschränkt sich auf die Teilnehmer am Brüsseler Politik- und Verwaltungsbetrieb, einige Hundert spezialisierte Journalisten, Tausende von Lobbyisten und auf Regierungsmitglieder, Parlamentarier und Verbandsfunktionäre. Diese Öffentlichkeit ist klein und elitär. Sie lässt sich in keiner Weise mit den Zielgruppen der größeren Tageszeitungen, der TV-Magazine und der Nachrichtensendungen vergleichen. Das Fazit: Es gibt keine unmittelbar auf die Union bezogene, breitere europäische Öffentlichkeit. In dieser Tatsache wurzelt das gefühlte europäische Demokratiedefizit.

5.3 Außenpolitik in Europa und europäische Außenpolitik

Die Bundesrepublik Deutschland hatte weder die Möglichkeit noch den Willen, sich mit einer harten Schale gegen die übrige Welt abzuschotten. Die Einbindung in NATO und EWG und das besondere Verhältnis zur DDR sorgten dafür, dass ihre Außen- und in hohem Maße auch ihre Innenpolitik das Verhalten anderer Staaten beachtete. Dies galt insbesondere für die USA als Sicherheitsgaranten, ferner für Frankreich als wichtigsten Partner in Europa und schließlich für die Sowjetunion, die das Geschehen in der DDR mitbestimmte (dazu umfassend Hanrieder 1995). Frankreich schottete sich von unerwünschten äußeren Einflüssen ab, wie sein Ausscheiden aus der militärischen Organisation der NATO (1966) und die anhaltende Skepsis gegenüber der angelsächsischen Welt zeigten. Erst nach dem Ende der europäischen Teilung nahm es die Mitarbeit im Verteidigungsbündnis wieder auf. Zu diesem Zeitpunkt war Deutschland durch die Vereinigung größer geworden. Die deutsche Rücksichtnahme auf Moskau sollte nach dem Verschwinden der DDR bleiben. Sie ist darauf berechnet, die historischen Sicherheitsbedenken der früheren Weltmacht zu zerstreuen (Hacke 2004: 352ff.).

Das Ende des Kalten Krieges und die Wiedervereinigung Deutschlands veränderten den Rahmen der europäischen Integration (Schwarz 1994). Das wiedervereinigte Deutschland sollte noch stärker europäisch eingebunden werden, um es auf dem bewährten Pfad der europäischen Zusammenarbeit zu halten. Diesem

5.3 Außenpolitik in Europa und europäische Außenpolitik 125

Zweck diente der Ausbau der Europäischen Gemeinschaft zur Europäischen Union. Die Union erhielt jetzt auch die Elemente einer gemeinsamen Außen- und Sicherheitspolitik. Dafür zahlte Frankreich den Preis der stärkeren eigenen Bindung, wie er sich unter anderem in der Rückkehr zur militärischen Kooperation in der NATO dokumentierte. Freilich blieb ihm die Rolle des europäischen Primus inter pares, solange es nur im Konsens mit Deutschland handelte (Woyke 2000b). Die großen Bedenken Londons gegen Souveränitätsverzichte erleichterten diese Operation. Im europäischen Integrationsprozess sind die Staaten nach wie vor gut zu erkennen. Doch Deutschland und Frankreich und auch die meisten kleinen und mittleren EU-Länder haben die Vorteile der Kooperation verinnerlicht. Aus ihr ist inzwischen ein beachtlicher Eigenwert der EU-Institutionen erwachsen.

In ihren Mitgliedstaaten war die damalige EG bereits Anfang der 1970er Jahre zu einem innenpolitischen Faktor erster Ordnung avanciert. Seit 1974 spielte sich deshalb ein Konsens ein, dass in regelmäßigen Abständen Treffen der europäischen Staats- und Regierungschefs stattfinden sollten, um die Regierungen mit abgestimmten Richtlinien in die erwünschte Richtung zu lenken. Diese Praxis wurde mit den Maastrichter Verträgen förmlich festgeschrieben. Heute ist sie in Gestalt des Europäischen Rates institutionalisiert.

Das Zusammenwachsen des EG-Wirtschaftsraumes war bereits Anfang der 1980er Jahre so weit gediehen, dass die Konjunkturen im Gleichtakt liefen, damals aber gleichermaßen schlecht. In dieser Zeit reifte die Idee eines Gemeinsamen Binnenmarktes. Die Einsicht, dass die Liberalisierung der Kapital- und Arbeitsmärkte Wachstumsimpulse geben könnte, war im traditionell staatsfixierten Frankreich eine wichtige Bedingung dafür. Das Kardinalziel des Binnenmarktes war die politisch-rechtliche Egalisierung der Wettbewerbsbedingungen in den Mitgliedstaaten. Weil zu diesem Zweck Tausende nationaler Rechtsbestimmungen abgeschafft oder harmonisiert werden mussten, wurde eine Vereinfachung der Entscheidungsprozesse in den gemeinschaftlichen Organen beschlossen. Sie hat unter anderem in den Verträgen von Maastricht und Nizza ihren Niederschlag gefunden.

Das Ende der europäischen Teilung markierte den nächsten Schritt in der Entwicklung der europäischen Politik. Mit dem Imperiumsverzicht der Sowjetunion und mit der Aussicht auf die deutsche Wiedervereinigung waren die Prämissen des bisherigen europäischen Einigungsprozesses in Frage gestellt (Axt 1999). Der Maastrichter Vertrag (1993) bot die Lösung. Maastricht schuf die Voraussetzungen für die innen- und sicherheitspolitische Zusammenarbeit der Mitgliedstaaten und für eine Gemeinschaftswährung. Deutschland verzichtete auf das Symbol seiner ökonomischen Stärke, die D-Mark, und Frankreich akzeptierte im Gegenzug die Wiedervereinigung (Grieco 1996). Ob Frankreich die

Vereinigung der deutschen Staaten hätte verhindern können, ist eine andere Frage. Doch eben die Tatsache, dass auf Frankreichs Zustimmung besonderer Wert gelegt wurde, unterstreicht nur den politischen Stil, der zwischen den EG-Staaten üblich geworden war.

Die gegenwärtige EU ist aus den Kleidern einer regionalen Staatenorganisation herausgewachsen. An die Typik internationaler Organisationen erinnert die Schlüsselstellung der Regierungen im Rat der EU. Eine weithin vertretene Einschätzung geht dahin, dass dort die Gesellschafter der EU, die Regierungen, mit Argusaugen darüber wachen, dass die nationale Politik nicht weiter und auch nicht anders vergemeinschaftet wird, als es ihnen recht ist. Auf dieser Beobachtung fußt Andrew Moravcsiks These vom Liberalen Intergouvernementalismus.

Der Vorbehalt der nationalen Politik macht sich am stärksten in der Gemeinsamen Außen- und Sicherheitspolitik (GASP) der Union bemerkbar. Sie setzt die Übereinstimmung aller Beteiligten voraus. Genauso verhält es sich mit der Europäischen Verteidigungs- und Sicherheitspolitik (EVSP), die der Union auch eine militärpolitische Kompetenz verschaffen soll. Europäische Außenpolitik ist nur als die Schnittmenge nationaler Außenpolitiken möglich. Ein Hoher Beauftragter für die Außen- und Sicherheitspolitik assistiert dem Europäischen Rat, also den Regierungschefs, bei der Formulierung einer gemeinsamen Außenpolitik. Doch wo größere Mitgliedstaaten, darunter meist Deutschland, Frankreich, Großbritannien und Polen divergierende Standpunkte vertreten, bleibt der europäische Standpunkt ein Desiderat. Die Geister scheiden sich etwa in Fragen des Verhältnisses zu den USA. London stellt den Gleichklang der europäischen Regierungen hinter seine traditionell engen Beziehungen zu Washington zurück. Paris hat demgegenüber keine Scheu vor einer europäischen Außenpolitik, die in Washington keinen Beifall findet. Indem es dafür wirbt und mit viel Diplomatie Bedenkenträger ins Boot holt, „europäisiert" es seine nationalen Präferenzen.

Je stärker die Außenpolitik Sicherheitsfragen, das Verhältnis zu Russland und zur NATO berührt, desto schwieriger wird es, einen Konsens herzustellen. Die osteuropäischen Neumitglieder der Union wünschen eine starke Rolle für die USA als Führungsmacht des atlantischen Bündnisses. Während sich Großbritannien als Juniorpartner der Weltmacht sieht und inhaltlich häufig mit den USA und den Osteuropäern übereinstimmt, legen Frankreich und moderater auch Deutschland größeren Wert auf die Wahrnehmung Europas als internationaler Akteur, der auch in Sicherheitsfragen mit einer Stimme spricht (dazu der Überblick von Fröhlich 2008).

5.4 Europäische Sicherheitspolitik

Die Mitgliedstaaten der EU gehören mit vier Ausnahmen der NATO an. Sämtliche EU-Staaten nehmen an der OSZE teil, der Organisation für Sicherheit und Zusammenarbeit in Europa (einen Überblick zur Ebenenvielfalt der Kooperationen im europäischen Raum bietet List 1999). Die OSZE ist ein europäisches Sicherheitsregime. Sie erstreckt sich auf die osteuropäischen Staaten und auf den europäischen Staatenrand im Kaukasus. Sie dient der Abrüstung, der Rüstungskontrolle und der sicherheitspolitischen Vertrauensbildung. Wie ihre Vorläuferorganisation, die KZSE (Konferenz für Sicherheit und Zusammenarbeit in Europa) ist sie ein Kind der Entspannungsphase im Kalten Krieg. Die OSZE legt vertragliche Obergrenzen für schwere Waffen und für die Truppenstärken in präzise definierten Stationierungsräumen fest. Die Teilnehmerstaaten haben das Recht zur Verifikation. Der Respekt vor diesen Vereinbarungen soll Vertrauen bilden. Unangemeldete Truppenverstärkungen und -verschiebungen und die Inspektionsverweigerung zeigen Verstöße an. Sie bringen den Urheber des Regelverstoßes in Erklärungszwang.

Mit der Teilnahme an der OSZE gibt ein Staat wie Russland kein Stück Souveränität preis. Es steht ihm frei, die darin akzeptierten vertraglichen Selbstbindungen zu missachten, wie es etwa im Kaukasus geschieht. Sobald jedoch Letzteres eintritt, wird Vertrauen verspielt. Der Verursacher schadet sich womöglich selbst, weil seine Nachbarn künftig bessere Gründe haben, bei Abrüstungszusagen auf der Hut zu sein. Die Kooperation verweist hier auf Vorteile, wie sie die Rational choice beschäftigen: Sicherheitsgewinn in Wiederholungsspielen. Transparenz und Regeltreue erzeugen Glaubwürdigkeit.

Die OSZE hat den Anspruch, Konflikte zu schlichten und sie möglichst im Vorwege zu entschärfen. Sie will ferner behilflich sein, wo es in Konfliktgebieten um die Beobachtung oder Durchführung freier Wahlen geht. Kein OSZE-Mitglied hat die Möglichkeit, gegen sich selbst gerichtete Beschlüsse mit seinem Veto zu verhindern. Für Beschlüsse gilt die Einstimmigkeit mit Ausnahme desjenigen Landes, das Gegenstand dieser Beschlüsse ist. Viele Staaten sträuben sich gegen den Ausbau der OSZE in ein Regime, das ihre Herrschaftspraxis beobachtet. Auf der OSZE-Konferenz in Istanbul (1999) wurde vorgeschlagen, die Teilnehmerstaaten auf menschenrechtliche Standards und zur Duldung einschlägiger Inspektionen zu verpflichten. Dieser Plan zeigte die Grenzen der Kooperation auf. Länder wie Weißrussland und Russland sowie damals noch die Türkei lehnten diesen Vorstoß mit dem klassischen Argument der Nicht-Einmischung in ihre inneren Angelegenheiten ab.

Die NATO ist ein Bündnis völkerrechtlich gleicher, faktisch aber ungleicher Staaten. Ohne die amerikanische Militärmacht verlöre sie ihren Sinn. Dies gilt bis heute. Im Kalten Krieg stützten amerikanische Waffenpotenziale, vor allem hochmoderne Träger- und Abwehrsysteme für Massenvernichtungswaffen, die Glaubwürdigkeit des angedrohten Gegenschlags für den Eventualfall einer sowjetischen Aggression (Knapp 1993). Heute, da die Sowjetunion nicht mehr existiert, hat der atomare Schutzschild der USA über Europa den Adressaten verloren. Wie sich aber 1999 beim Krieg der NATO gegen Serbien und 2001 beim NATO-Einsatz in Afghanistan zeigte, sind die europäischen NATO-Staaten in einer breiten Palette von Waffensystemen blank. Mit diesen Systemen ließen sich rüstungswirtschaftliche Infrastrukturen punktgenau vernichten, ohne dabei, wie bis vor kurzem noch unvorstellbar, auch viele Opfer unter der Zivilbevölkerung zu fordern. Mit Transportflugzeugen, mit schwimmenden Basisstationen für Bodentruppen (Marinekorps) und mit einer großen Flugzeugträgerflotte partizipieren die USA bei Bedarf an NATO-Einsätzen. Rasch lassen sich diese mobilen Potenziale aus dem geografisch definierten NATO-Kontext herauslösen und in Konfliktzonen verlegen, in denen die NATO bündnisvertraglich nichts zu suchen hat (Golfregion, Asien).

Die NATO ist eine Institution. Ihren klassischen Defensivzweck gegenüber dem von der Sowjetunion beherrschten Warschauer Pakt hat sie überlebt. Erst ein einziges Mal wurde der Verteidigungsfall festgestellt und der militärische Beistand der Mitglieder mobilisiert: Nach den Terroranschlägen des September 2001 folgte das Bündnis dem amerikanischen Argument, der Terror habe seine Basis in Afghanistan. Der klassische Verteidigungsfall, für den die NATO einmal geschaffen worden war, hatte ein anderes Gesicht. Allerdings haben sich auch die Bedrohungslagen geändert. Dabei stellt sich allerdings die Frage, ob ein klassisches Militärbündnis das geeignete Instrument ist, um Sicherheitsrisiken zu bewältigen, die eher die Aufklärung und Prävention der Nachrichtendienste und Polizeiapparate herausfordern.

Die Mitgliedstaaten der NATO haben ihre Rüstungen unbeschadet dieser Ereignisse auf dem gleichen Stand gehalten oder reduziert. Über eine neue Zweckbestimmung des Bündnisses wird diskutiert. Dessen ungeachtet hat die NATO den Charakter einer Institution auch im soziologischen Sinne behalten. Regierungschefs, Außenminister, Diplomaten und Militärs haben die NATO im Laufe der Jahre und Jahrzehnte in ihre Routine einprogrammiert. Die NATO ist ein Bestandteil ihrer beruflichen Biographien und ihres Erfahrungsschatzes geworden (McCalla 1996). Für die NATO-Neumitglieder im Osten Europas wirkt die Mitarbeit wie ein großes Erziehungsprogramm in multilateraler Diplomatie (Gheciu 2005).

Die NATO-Erweiterung nach Osten war von den Altmitgliedern des Bündnisses als politisches Signal intendiert, um den dort vollzogenen politischen Wandel zu honorieren und die demokratischen Regime zu stabilisieren. Auch

5.4 Europäische Sicherheitspolitik

Sicherheitsängste vor dem großen russischen Nachbarn im Osten sollten abgebaut werden. Die Realbedrohung durch Russland wurde von den meisten europäischen Altmitgliedern, die jahrzehntelange Erfahrungen im freien Umgang mit Moskau hatten, gering eingeschätzt. Bei den osteuropäischen Neumitgliedern, insbesondere Polen, Tschechien und den baltischen Republiken herrschte eine intensivere Bedrohungswahrnehmung vor. Ihr liegen die historischen Erfahrungen der jahrzehntelangen Repression durch sowjetische Stellvertreterregime, die sowjetische Komplizenschaft bei der Einverleibung des Baltikums, die Verschiebung der polnischen Grenzen sowie Besatzung und Bevormundung im sowjetisch gelenkten Staatenbündnis zu Grunde. Die Sicherheitsleistung der NATO genügt ihnen nicht. Aus diesem Grund stimmten Polen und Tschechien 2008 endgültig dem Projekt der Stationierung eines unter den europäischen Altmitgliedern des Bündnisses höchst umstrittenen Raketenabwehrsystems zu. Die Regierungen und die Öffentlichkeiten sind dort offener für die bilaterale Sicherheitskooperation mit den USA.

Betrachten wir noch ein weiteres Beispiel. Georgien überfiel im Sommer 2008 in einem Überraschungsangriff seine frühere Provinz Südossetien. Der georgische Präsident übte seit Jahren den engen Schulterschluss mit Washington. Georgische Truppen waren von amerikanischen Militärs ausgebildet und mit amerikanischem Material ausgerüstet worden. Ganz nach dem Willen der dort lebenden Bevölkerung war Südossetien aus dem georgischen Staat ausgeschieden. Es hatte als Staat aber keine internationale Anerkennung gefunden und sich unter den Schutz Russlands gestellt. Der georgische Angriff war nicht provoziert, er kostete erhebliche Opfer unter der Bevölkerung. Russisches Militär vertrieb die unterlegenen Angreifer und besetzte vorübergehend einige georgische Gebiete jenseits der Grenzen Südossetiens.

Anschließend hagelte es heftige Kritik der US-Administration und europäischer Regierungen am russischen Vorgehen. Die Frage nach den Verursachern der Situation wurde dabei zunächst übergangen. Umgehend flogen die baltischen, polnischen und ukrainischen Regierungschefs nach Tiflis, um dem georgischen Präsidenten ihre Solidarität zu bekunden. Die zu dieser Zeit in der polnischen und tschechischen Öffentlichkeit noch umstrittenen Verträge zur Stationierung eines US-Raketenschildes wurden jetzt umgehend parlamentarisch ratifiziert. Bei den übrigen europäischen Regierungen kehrte nach einiger Zeit Nachdenklichkeit ein. Sie bekräftigten ihren von den USA heftig kritisierten Standpunkt vom Frühjahr desselben Jahres, Georgien und die Ukraine sollten nicht in die NATO aufgenommen werden.

In diesem Beispiel spielen die konstruktivistische Entschlüsselung von Motiven und die neorealistische Deutung der daraus folgenden Selbsthilfepräferenzen zusammen. Der US-amerikanische Verteidigungsminister Donald Rumsfeld hatte im Jahr 2003 mit der Unterscheidung zwischen einem selbstzufriedenen alten und einem freiheitslieben neuen Europa, mit dem vor allem die osteuropäischen NATO-Neumitglieder gemeint waren, Noten für die Unterstützungsbereitschaft der Europäer im Irak-Krieg verteilt. So undiplomatisch und grob diese Unterscheidung nach den Gepflogenheiten unter Alliierten auch war, verkörpert sie doch ein Stück Realität.

Mit Gründung der NATO hatten einige Bündnismitglieder die Westeuropäische Union (WEU) als Forum der europäischen Mitgliedstaaten aus der Taufe gehoben. Die USA reagierten Ende 1999 irritiert auf europäische Vorstöße, die WEU – wie bereits im Amsterdamer Vertrag (1996) angekündigt – nach Auslaufen des WEU-Vertrages im Rahmen der GASP als Europäische Sicherheits- und Verteidigungspolitik (EVSP), d.h. als militärischen Arm der EU weiterzuführen. Zu diesem Zweck sollen Kontingente der europäischen Armeen zu kriseninterventionstauglichen Instrumenten weiterentwickelt werden (Hoffmann 2000). Obwohl bereits die Kostendimension eine europäische Kopie der amerikanischen Potenziale verbietet und die Entkoppelung der europäischen von den amerikanischen Militärstrukturen kaum möglich sein dürfte, mahnten die USA besorgt die Stärkung des europäischen Arms der NATO an.

Bei der NATO sitzen die USA mit im Boot. Aus amerikanischer Sicht bietet die NATO den besseren Rahmen für ein europäisches Verteidigungsunterfangen. Sie involviert die USA und die Europäer von der Krisenwahrnehmung bis zur möglichen Entscheidung für militärisches Handeln gemeinsam und gleichermaßen. Separate europäische Strukturen würden es den europäischen Regierungen erlauben, unabhängiger zu agieren – mit Blick auf Russland ein unverdächtiges Vertrauenskapital des europäischen Klubs im Bündnis. Für die USA stünde hingegen der gewohnte operative Durchgriff auf die europäischen Sicherheitsstrukturen zur Debatte. Das ist weit weniger als die Existenzfrage für die NATO, könnte jedoch die relativen politischen Gewichte zwischen den USA und der EU verschieben. Realisten und Neorealisten könnten diese Vorgänge gut bearbeiten.

6 Asien: Arrangement als Leitmotiv der Staatenbeziehungen

6.1 China und Japan

6.1.1 Historische Ausgangspunkte

Asien beherbergt die ältesten Kulturen der Welt. Sein Staatensystem hingegen ist noch relativ jung. Es hat sich erst in den 1950er Jahren gebildet. Asien ist darüber hinaus hochdifferenziert. China, Japan, Taiwan, Korea und Vietnam sind Welten für sich. Ihre großen Gemeinsamkeiten sind erstens die von China übernommene konfuzianische Ethik mit der Wertschätzung der Gelehrsamkeit und der Hierarchie sowie die daoistische Denkweise vom Handeln im Ereignisfluss unabänderlicher Gegebenheiten. Rang, Gesten, Etikette und Gegenseitigkeitserwartung haben innergesellschaftlich wie auch im Verhältnis der Staaten größte Bedeutung. Schließlich steht die Vorstellung einer in die gesellschaftliche Konvention eingebetteten Würde hoch im Kurs. Gesicht geben heißt das Gegenüber vor Seinesgleichen nicht bloßzustellen. Kluges Handeln schont das Ansehen selbst des Kontrahenten. Konsens wird groß geschrieben, der Konflikt indes vermieden, weil er die verlierende Partei erniedrigt. Was falsch, was richtig ist, bestimmt sich nicht nach allgemeingültigen Regeln, sondern allein nach den Besonderheiten und Möglichkeiten der Situation. Die konsenswahrende und -stiftende Lösung wird erst dann verworfen, wenn der Erfolg des Konflikts gewiss, eine risikoarme Lektion aber geboten erscheint.

China ist die akzeptierte Mutter einer Lebensweise, die mit allerlei Modifikationen ganz Ostasien prägt. Dies steht in keinerlei Widerspruch zu einer eigenen chinesischen, japanischen oder koreanischen Identität. Alle diese Gesellschaften sind Äste am selben Stamm. Deshalb verstehen sie einander recht gut, auch wenn sie sich in der Sache nicht verstehen wollen. Nicht nur China hat von jeher auf Korea, Japan und Vietnam gewirkt. Umgekehrt hat Japan in den letzten 40 Jahren in mancher Hinsicht Vorbildcharakter für die Nachbarn entwickelt. Der Aufstieg des Inselstaates zur dritten Weltwirtschaftsmacht neben den USA und der EU hat weithin sichtbar gezeigt, dass der Kapitalismus nicht mit dem

Preis einer kulturzehrenden Assimilierung an westliche Lebensweisen erkauft werden muss.

Das gegenwärtige Ostasien laboriert zum Teil bis heute an traumatischen Begegnungen mit der sich ausdehnenden europäischen Zivilisation. China geriet im 19. Jahrhundert zum Spielball der Kolonialmächte. Es wurde von den westlichen Mächten gedemütigt. Sie zwangen es, seine Souveränität über die wertvollsten Provinzen einzuschränken. Russland hatte China mit ungleichen Verträgen gezwungen, seine Herrschaft über große Gebiete Sibiriens aufzugeben. Am Vorabend des Ersten Weltkrieges (1911) brach mit dem Sturz des Kaisers Chinas marode gewordenes Staatsgehäuse zusammen. Die Reichseinheit ging mit der Abschaffung des Kaisersystems für gut 40 Jahre verloren. Als weitere Demütigung kam hinzu, dass sich die Siegermächte des Ersten Weltkriegs weigerten, China das gleiche Selbstbestimmungsrecht zu konzedieren, auf dessen Grundlage die mittel- und osteuropäischen Völker überhaupt erst eigene Staaten bilden durften. China musste weiterhin die Privilegien fremder Mächte auf seinem Gebiet dulden.

Die asiatischen Völker bekamen hautnah zu spüren, dass sie in den Augen der europäischen Regierungen zweitklassig waren. Diese Erkenntnis wurde im Mai 1919 zur Initialzündung für die chinesische Nationalbewegung. Die aus Letzterer hervorgehende chinesische Nationalregierung kontrollierte zunächst lediglich einen Marionettenstaat. Die Kommunisten beherrschten Teile Süd-, später Nordchinas, und Offiziere walteten in vielen Provinzen als sogenannte Kriegsherren. Die Figur des Warlord, des Profiteurs einer hohl gewordenen Zentralgewalt, heute außerhalb Europas und Amerikas eine leider allzu vertraute Gestalt, trat hier erstmals in der jüngeren Geschichte weithin sichtbar auf. Das Ausland spielte regionale Machthaber, Nationalisten und Kommunisten gegeneinander aus. Die Sowjetunion spielte dabei eine zwielichtige Rolle, indem sie die chinesischen Kommunisten von Anbeginn bevormundete. Moskau unterhielt zur antikommunistischen Nationalregierung gute Beziehungen und gab den Kommunisten erst ihre volle Unterstützung, als sich deren Sieg im Bürgerkrieg abzeichnete. Die Lehre für das gegenwärtige China aus alledem: nie wieder zum wehrlosen Objekt überlegener Staaten zu werden.

Die nationalchinesische Bewegung gelangte bis in die Mitte der 1930er Jahre recht weit auf dem Weg zur Restauration einer einheitlichen Staatsautorität. Aber sie krankte am Übel einer korrupten Elite, die sich in einer der ärmsten zeitgenössischen Gesellschaften schamlos bereicherte. Was sie an territorialen Einigungserfolgen erzielt hatte, ging beim japanischen Überfall auf China (1937) wieder verloren. Die im japanischen Krieg erstarkten Kommunisten nahmen gleich nach Kriegsende den Kampf um ein geeintes Chinas wieder auf.

6.1 China und Japan

Mit der Ausrufung der Volksrepublik China fand das Land 1949 zu einer dauerhaften staatlichen Struktur. Diese war hinreichend effektiv, um sich auch nach außen hin behaupten zu können. Erst seit diesem Datum ist China ein politikfähiger moderner Staat. Das traditionswidrige kollektive Umerziehungsprogramm Mao Zedongs, des Führers der chinesischen Revolution, lähmte das Land in der „Großen Proletarischen Kulturrevolution" (seit 1966) für ein weiteres Jahrzehnt. Mitte der 1970er Jahre schien China abermals im hoffnungslosen Chaos versunken. Doch nach Maos Tod (1976) brach sich die Staatsklugheit Bahn. Das Land sollte sich marktkompatibel modernisieren, die Kommunistische Partei aber sollte im politischen Fahrstand bleiben. Das Ergebnis ist ein kapitalistisches System mit nur noch wenigen staatswirtschaftlichen Elementen. Das politische System indes ähnelt heute eher einer autoritären Diktatur als einer leninistischen Parteiherrschaft. Das große Geld ist mit den Parteikadern eine Ehe eingegangen.

Japan wurde im 19. Jahrhundert mit der westlichen Herausforderung zunächst besser fertig als China. Die chinesische Kultur war lange zuvor über die koreanische Landbrücke nach Japan gelangt, und China wurde von den japanischen Fürsten hoch verehrt. Der Buddhismus und das Christentum fassten Jahrhunderte vor der Konfrontation Japans mit dem westlichen Imperialismus Fuß. Ihre Anhänger wurden vom Shogunat, den Regenten Japans, massiv unterdrückt. Die Meeresgrenzen wurden fortan hermetisch bewacht, um das Inselreich vor weiteren unerwünschten Fremdeinflüssen zu bewahren. Der mit modernster Militär- und Verkehrstechnik bewehrte Imperialismus durchbrach im Jahr 1854 Japans Isolation. Nach kurzen und heftigen Wirren trat Japan in der sogenannten Meiji-Periode die Flucht nach vorn an (1868). If you can't beat 'em, join 'em, wäre der heutige Slogan. Japan entschloss sich, den Westen zu kopieren und einzuholen, wo dieser überlegen war. Die historische japanische Gesellschaft hatte die Merkmale einer Kriegerherrschaft: Machtkonkurrenz, Anpassung, strategisches Kalkül und rechtzeitiges Einlenken waren den Herrschenden wohl vertraut (Iriye 1992: 13).

Das ressourcenarme Japan suchte Sicherheit. Es nahm die Expansion des russischen Einflusses im schwachen China wahr und wollte gegensteuern. Die russische Einflusssphäre war bloß durch das schwache Korea von Japan getrennt. Japan drang 1894 über Korea nach China vor, um chinesische Küstenprovinzen zu erobern und Russland den Weg an die chinesische Küste zu versperren. Eine Dreierkoalition der europäischen Mächte (Deutschland, Frankreich, Großbritannien) fiel ihm in den Arm. Diese hatten sich bereits eigene Einflusssphären in China gesichert. Japan erhielt lediglich den Trostpreis Formosa (heute Taiwan). Es wurde dem japanischen Reich 1895 als Kolonie eingegliedert.

China blieb in der japanischen Wahrnehmung ein Sicherheitsproblem. Beijing selbst war schwach, während Russland seinen Einfluss in Korea verstärkte.

Japan hielt weiter dagegen und setzte sich im südlichen Teil Koreas fest. Dies wiederum veranlasste Russland, seine Präsenz auf der koreanischen Halbinsel zu intensivieren. Der japanisch-russische Krieg (1904/05) entschied den Konflikt zu Gunsten Japans. Das rohstoffreiche Korea wurde 1910 als Kolonie in Besitz genommen, industriell entwickelt und eng mit der japanischen Ökonomie verzahnt. Russland war damit im Fernen Osten vorerst eingedämmt. Dies entsprach auch den Interessen Londons, das Russland als gefährlichen Rivalen in Asien beäugte. Japan trat nach dem Ende des Ersten Weltkriegs das Erbe der ehemals deutschen Einflusssphäre (Schutzgebiet Tsingtau) in China an. Die Empörung über dieses Ereignis sollte den modernen chinesischen Nationalismus entfachen. Japan aber sah sich jetzt auf gleichem Fuß mit den westlichen Mächten.

Als sich China in den 1930er Jahren von seiner Schwäche zu erholen schien, nahm Tokio eine neue Gefahr darin wahr. Die Erfolge der Nationalbewegung bei der Einigung des Landes dokumentierten wachsende militärische Effizienz und schürten in Tokio erneut Ängste, von den Ressourcen des chinesischen Festlands abgeschnitten zu werden. Im Jahr 1937 begann Japan einen Krieg gegen die erstarkende chinesische Nationalbewegung. In den USA, die bisher abseits gestanden hatten, wuchs nun die Sorge vor einem übermächtigen Japan, das massiv aufrüstete und immer stärker unter die politische Kontrolle der Militärs geriet. Als die USA 1940 die Karte wirtschaftlicher Sanktionen gegen Japan zogen, beschleunigten sie damit nur Tokios Entschlossenheit zum umfassenden Eroberungskrieg in Asien. Die Zerstörung der amerikanischen Pazifikflotte in Pearl Harbor (1941) hatte den Zweck, Japan den Rücken für den Zugriff auf die Öl- und Kautschukproduktion in den südostasiatischen Kolonien Großbritanniens und der Niederlande freizuhalten. Tokio hatte die militärische Macht der USA jedoch falsch eingeschätzt. Der pazifische Krieg war bald verloren, obgleich es noch einige Jahre dauern sollte, bis Japan endgültig aus Südostasien vertrieben war.

6.1.2 Wahrnehmungen und Interessen

Die USA, so lautet die These eines neorealistischen Beobachters, müssen um jeden Preis eine asiatische Hegemonialmacht bleiben. Andernfalls könnten China oder Japan zu neuen Weltmächten aufsteigen. In Asien würde dann eine neue Epoche der bipolaren Machtkonkurrenz eingeläutet (Betts 1993/94). Ist dieses Szenario plausibel, wenn man bedenkt, dass Chinas Ambitionen – abgesehen von Taiwan – traditionell über seinen Status in der Region nie hinausgegriffen haben und dass in Japan der Antimilitarismus und die Politik des Handelsstaates heute fest verwurzelt sein dürften (Berger 1993)? China kehrt die dominante Regional-

6.1 China und Japan

macht eher diskret heraus, obgleich es eine entsprechende Rolle hat und auch entsprechend respektiert wird (Callahan 2004). Bei den Nachbarn liegt die Klugheit einer Außenpolitik auf der Hand, die den Interessen Beijings Rechnung trägt. Betrachten wir dazu kurz Vietnam. Nach der Wiedervereinigung des geteilten Landes war Vietnam mit einer seiner erprobten Militärmaschine vorübergehend eine südostasiatische Regionalgröße. Es schloss 1975 einen Beistandspakt mit der Sowjetunion. Es trat ferner dem Wirtschaftsbündnis der sozialistischen Staaten bei und intervenierte 1978 militärisch in Kambodscha. Dessen Regime genoss damals den Beistand Chinas. China war zu dieser Zeit noch heftig mit der Sowjetunion verfeindet. Beide Länder hatten sich sogar Scharmützel in den sibirischen Grenzgebieten geliefert. China deutete diese Vorgänge als Ergebnis sowjetischer Einkreisung. Es quittierte sie 1979 mit einer knappen, heftigen militärischen Invasion im vietnamesischen Grenzgebiet. Die Strafexpedition als solche und ihre Beschränkung auf das Demonstrieren chinesischer Überlegenheit wirkten wie eine Züchtigung. Sie wurde in der Region auch so verstanden. Nicht anders hatte China 1962 hart und kurz gegen Indien zugeschlagen, mit dem es im Himalaja im Grenzkonflikt lag.

Das alte China war keine aggressive Macht. Eine Kultur, die eine Verteidigungsanlage wie die Chinesische Mauer geschaffen hat, will sich die Eroberer vom Halse halten. Die chinesischen Kaiser begnügten sich mit dem Status des Suzeräns, d.h. des Oberherrschers über angrenzende teilsouveräne Reiche wie Korea und Vietnam. Sie erwarteten lediglich symbolischen Tribut, d.h. die Bekräftigung ihres Anspruchs als Herrscher über das Reich der Mitte. Sprache, Verwaltung und Bewässerungstechnik Chinas waren den Praktiken der Nachbarn überlegen. Sie wurden weithin übernommen. China ging im konfuzianischen Kulturkreis mit jüngeren Gliedern derselben Familie um. Als fremd galten nicht die Völker an den chinesischen Peripherien, sondern die Völker anderer Kulturen (Bleiker 1998: 108). Und wie steht es mit dem modernen China?

Über hundert Jahre war es zu schwach, um sich der Aggression westlicher Mächte überhaupt erwehren zu können. Und auch das China der letzten 50 Jahre hat sich damit begnügt, seinen Grenzbestand zu pflegen. Dort, wo sich China in die Nachbarschaft Zentralasiens und Indiens erstreckt, ist es menschenleer und überwiegend nicht von ethnischen Chinesen bewohnt. China betreibt in Tibet und Xinjiang seit langem ethnische Grenzsicherung – mit der Drangsalierung der Einheimischen, mit zwanghafter Assimilierung und mit der Ansiedlung ethnischer Chinesen. Die Kriege, die das moderne China geführt hat, waren sämtlich defensiv angelegt und blieben entsprechend begrenzt: der Korea-Krieg (1950), die Grenzscharmützel mit der Sowjetunion (1969) und der Krieg mit Vietnam (1979). Es handelte sich um Lektionen, die nach langem Zuwarten, überraschend und auf begrenzte Dauer erteilt wurden (Weggel 1996: 152 f.).

Symbole haben in der chinesischen Kultur größte Bedeutung. Deshalb die Drohgebärden gegen Taiwan, das als einziges Relikt aus der Zeit der größten Demütigung Chinas im Bürgerkrieg geblieben ist. Historischen Stoff für expansionistische Gewaltpolitik sucht man vergebens. Mit beiden Koreas unterhält Beijing heute beste Beziehungen. Die koreanische Halbinsel hat ihre Rolle als Brückenkopf japanischer Expansion und als Schauplatz der Weltmächtekonkurrenz im Kalten Krieg verloren. Die Frage „Does China Matter?" allein mit dem Blick auf seine ökonomische und militärische Kapazität zum Mitmischen in der Weltpolitik zu beantworten (Segal 1999) ist nicht falsch, aber er reicht nicht weit genug. „China Does Matter" – ob nun mit oder ohne modernes militärisches Rüstzeug, ob bis vor einem Vierteljahrhundert im Griff einer ideologisierten Politik oder heute als Treibhaus eines urwüchsigen Kapitalismus unter dem Dach eines autoritären Regimes.

China integriert sich in die internationalen Wirtschaftsregime. Bereits 1980 trat China dem IWF bei, im Jahre 2000 wurde es in die WTO aufgenommen. Dies lag in der Logik der Entscheidung für den Markt. Die Legitimität des chinesischen Regimes hängt in hohem Maße davon ab, dass Beschäftigung und Lebensstandard erhalten bleiben. In den bäuerlichen Hinterlandprovinzen und -gebieten gibt es noch bittere Armut. Heerscharen von Wanderarbeitern schuften auf den Baustellen und in den Schmutzjobs der Metropolen und halten mit dem verdienten Geld ihre daheimgebliebenen Familien über Wasser. Ein ökonomischer Einbruch würde also nicht nur den mehr oder minder bescheidenen Wohlstand der Menschen in den Küstenmetropolen, sondern auch das noch arme China treffen. Die chinesische Ökonomie wächst mit jener der umliegenden Staaten zusammen. Das bis zu den städtischen Skylines den Weltmetropolen gleichende Südchina ist der Treffpunkt geschäftstüchtiger In- und Auslandschinesen. Im Ausland lebende Chinesen können als politisch bedeutsame Aktivposten der Volksrepublik nicht hoch genug veranschlagt werden (Hamashita 1997: 132ff.). An die 80 Prozent der in der Volksrepublik getätigten Direktinvestitionen leisten in Südostasien beheimatete ethnische Chinesen. Aus Taiwan kommende Investoren haben den größten Anteil daran (Faust/Kornberg 1995: 42).

Betrachten wir nun Japan. Japan als eine Gesellschaft komplizierter Synthesen asiatischer und westlicher Lebensweisen wirkt weniger selbstbewusst als vielmehr selbstzentriert. Extra Nippon nulla res! Japanische Lebensart ist kein exportfähiger Artikel. So schwer es für Ausländer ist, Zugang zur Etikette des japanischen Alltags zu finden, so rasch verlieren lange im Ausland lebende Japaner das Sensorium für das Leben in ihrer Heimat. Das Inselreich ist eine Großvorstellung in sozialer Disziplin. Die antrainierte Fähigkeit, Situationen zu erspüren und Machtmöglichkeiten zu ergründen, spielt hinein. Sie ist ein Produkt der Erziehung. Nach der Lektion, dass das imperiale Japan die asiatische Welt nicht nach seinem Bilde zu formen vermochte, hat sich das demokratische Japan darauf verlegt, mit dem Strom der internationalen Gegebenheiten zu schwimmen, jedoch in möglichst vorteilhafter Position. Das Ausspähen von Märkten und den Gebrauchsnutzen technischer Innovationen hat es meisterhaft zu beherrschen gelernt.

Die USA sind Japans wichtigster Markt, daneben bedient es auch die asiatischen und europäischen Märkte. Die Schwellenländer Südostasiens sind zu vorgelagerten Werkbänken der japanischen, inzwischen auch der chinesischen Industrie avanciert. Vorprodukte lassen sich günstiger dort herstellen. Japan behält sich die Produktion und Montage hochtechnologischer Komponenten vor (Bünte 2006: 213ff., Bernard/Ravenhill 1995: 186ff.). Auf diese Weise hat sich im ost- und südostasiatischen Raum eine regionale Arbeitsteilung etabliert. Die japanische Wirtschaftshilfe konzentriert sich auf Südostasien (Hatch/Yamamura 1996). Es handelt sich hier nicht nur um eine vorteilhafte Produktionsallianz, sondern auch um die umfassend verstandene Sicherheitsvorsorge Japans in seiner verletzlichen wirtschaftsgeografischen Lage: Japan sammelt Mitinteressenten am Status quo. Handel und Säbelrasseln gehen schlecht zusammen. Ökonomische Interdependenz ist die Sicherheitspolitik des Handelsstaates. Das Aufwachsen starker Volkswirtschaften in der Nachbarschaft hat die Bedeutung der asiatischen Märkte gesteigert (Takahashi 2006). Dessen ungeachtet ist Japan immer noch stärker in die westliche Ökonomie integriert als in die asiatische. Es liegt nur auf der anderen Seite des Pazifik – ein Faktum, das im Zeitalter des Massenflugverkehrs, der Satellitenkommunikation und der ruinösen Konkurrenz um Seefracht keine allzu große Rolle mehr spielt. Japan, das seine Identität auch mit Blick auf seinen Status in der Weltwirtschaft definiert, steht mit seinem politischen Modell und mit seinen wohlfahrtstaatlichen Leistungen den westlichen Nationen näher als den Nachbarn (Sugita 2006: 30).

Japans Soft power ist gering. Es hat Karaoke und seine Comics in ganz Asien verbreitet. Aber die Lingua franca der Region ist das Englische. Es gibt kein Land im südostasiatischen Raum, in dem es keine chinesischen Händler, Geschäftsleute oder Ärzte gibt. Kleine bis mittelgroße Familienunternehmen im Besitz ethnischer Chinesen leisten in Südostasien an die 70 Prozent der Wirtschaftstätigkeit im privaten Sektor (Callahan 2003, Mattli 1999). China ist mit seinen Menschen omnipräsent. Es zieht Investoren an. Koreaner und Japaner stellen die Masse der ausländischen Studierenden an chinesischen Hochschulen (Shambaugh 2005a: 25). Das ist einiges an Soft power im ostasiatischen Raum. Japan ist mit seinen Produkten präsent, sonst hat es wenig Ausstrahlung (Pempel 1997: 75).

Das Japanische Meer ist ein größeres und raueres Gewässer als die Meerenge zwischen Dover und Calais. Die japanischen Außengrenzen lassen sich perfekt überwachen. Nur wenige Armutsflüchtlinge schafften es in der Vergangenheit, ungebeten an japanische Strände zu gelangen. Japan ist auf unbehinderte transpazifische und innerasiatische Verkehrslinien angewiesen. Seine Märkte liegen weit entfernt, Rohstoffe muss es ebenfalls von weither transportieren (Kevenhörster 1993: 54). Die Rohölversorgung erfolgt zu 100 Prozent aus der arabischen Golfregion. Den gleichen Weg wie die Großtanker nehmen in umgekehrter Richtung Containerschiffe mit dem Ziel Europa. Das Südchinesische Meer ist Japans wichtigste Lebensader. Chinas Ansprüche auf umstrittene Inseln in dieser Meereszone und sein Aufbau einer Hochseemarine tangieren japanische Interessen. Zwar lässt sich derzeit kein wirklichkeitsnahes Szenario ausmalen, das Japans exponierte Lage gefährden könnte. Trotzdem wappnet es sich für Eventualitäten mit einem Defensivkonzept. Die japanischen Streitkräfte gehören zu den modernsten in Asien und in der Welt. Sie sind mit Flugabwehrsystemen, Minensuchern und auf Unterseebootbekämpfung spezialisierten Marineeinheiten darauf ausgelegt, Gefahren abzuwehren, die aus der Insellage drohen könnten. Das Militär ist in der Gesellschaft aber nicht sonderlich geachtet (Katzenstein 1996a; Samuels 1994). Die mit einer Viertelmillion Soldaten recht kleine Truppe hat Schwierigkeiten, überhaupt Nachwuchs zu rekrutieren.

Japans wertvollster Sicherheitsfaktor ist und bleibt das Bündnis mit den USA. Dieses ist nicht unbedingt populär, aber ohne Alternative. Subjektiv zahlt Japan mit der Stationierung amerikanischer Truppen einen hohen Preis. Aber die Sache ist es wert. Es gibt durchaus nationalistische Strömungen in der japanischen Politik. Sie artikulieren sich aber hauptsächlich in der Geschichtsbewertung. Sie bergen zwar durchaus Stoff für Konflikte und Kontroversen vor allem im Verhältnis zu den chinesischen und koreanischen Nachbarn. Dieser Nationalismus besitzt aber weder einen militaristischen noch einen anti-amerikanischen Anstrich (Sugita 2006: 29f.). Im Schutz der Allianz mit den USA hat Japan Firmen, Luxushotels und Geschäftsimmobilien in aller Welt erobert. Das Bündnis lässt Japan an den Droh- und Abwehrpotenzialen der amerikanischen Weltmacht partizipieren. Es erspart ihm die militärische Aufrüstung einer Art und eines Ausmaßes, die bei den Völkern in der Region erhebliche Irritation auslösen würde. Ein weitgehender amerikanischer Rückzug aus Ostasien zwänge Japan vermutlich, stärker auf Selbsthilfe zu rekurrieren, d.h. seine Streitkräfte aufzustocken. Das würde nicht nur China, sondern auch die südostasiatischen Staaten beunruhigen. Mit einem militärisch zurückhaltenden Wirtschaftsriesen Japan können alle Staaten der Region gut leben.

Auch die USA dürften von der Aussicht auf ein hochgerüstetes Japan nicht begeistert sein. Als Waffenproduzent hält sich Japan zurück. Es kauft seine Waffensysteme in den USA. Deren High-Tech-Waffen enthalten ihrerseits aber wieder viele Dual-use-Komponenten der Computertechnologie, die aus Japan be-

6.1 China und Japan

schafft oder in gemeinsamer Arbeit für den Rüstungsbedarf angepasst werden. Japans Bedeutung im Rüstungs- und Sicherheitsbereich ist größer, als es der Blick auf militärische Mannschaftsstärken, Flugzeuge und Schiffseinheiten erahnen lässt (Mayer 1998: 186ff.). Eine größere und offenere militärische Rolle würde die überwältigende wirtschaftliche Präsenz Japans in Südostasien und China beeinträchtigen. Die japanische Selbsthilfeformel lautet auf umfassende Sicherheit (Maul 1998: 160). Die Verflechtung mit den asiatischen Ökonomien erzeugt Abhängigkeiten und Wohlfahrtseffekte, die sich mit militärischer Konkurrenz schlecht vertragen (Hummel 2006). Der japanische Handelsstaat betreibt eine diesem Staatstypus kongeniale Sicherheitspolitik.

Japan ist engstens mit Nordamerika verklammert, das seinerseits eine sicherheitspolitische Brücke nach Europa schlägt. Diese drei Zentren der Weltwirtschaft sind folglich auch mit Blick auf ihre Sicherheit miteinander verbunden. Den Part des primären Sicherheitsleisters übernehmen die USA. Die neorealistische Perspektive bietet hier eine Erklärung (Zhao 1997: 11). Das „second image reversed", also die Gegenprobe innenpolitischer Reflexe auf Veränderungen in der Staatenwelt, bestätigt dieses Bild: Das Abtreten der Sowjetunion von der Weltbühne räumte die außenpolitischen Argumente gegen eine Beteiligung der japanischen Linken an der Regierung aus. Gleichzeitig lockerte sich der Zusammenhalt der seit Jahrzehnten regierenden Liberal-Demokratischen Partei. Die innenpolitisch turbulenten 1990er Jahre bestätigten aber den Parteienkonsens über den seit Jahrzehnten verfolgten sicherheitspolitischen Kurs (Curtis 1999: 26, 79). Betrachten wir nun aus dem gleichen Blickwinkel abermals China.

Chinas Außenpolitik war und ist ideologiefrei (dazu folgende Überblicksdarstellung: Möller 2005.). Am Ende der 1960er Jahre kam es zwischen der Sowjetunion und China zu Grenzstreitigkeiten. Sie wurden auf beiden Seiten mit militärischen Mitteln ausgetragen. Schon in den Vorjahren waren die Beziehungen von Fragen der Ideologieführerschaft in der sozialistischen Staatenwelt belastet gewesen. Mit eiserner Faust hatte Moskau 1968 die auf ideologischen Sonderwegen wandelnde Tschechoslowakei besetzt. China selbst war in dieser Zeit von den bürgerkriegsartigen Folgen der Kulturrevolution erschöpft. Vor diesem Hintergrund normalisierte China seine Beziehungen zu den USA. Es folgte damit einer klassischen Gegenmachtstrategie. Gegen Mitte der 1980er Jahre zeichnete sich die Überlegenheit der USA in der Weltmächterivalität ab – die USA betrieben Hochrüstung, in Moskau wurden die Überforderung der sowjetischen Ökonomie und die Überdehnung des von ihr kontrollierten Staatensystems deutlich. Mit der Wiederannäherung an Moskau ging das sich wirtschaftlich erholende und politisch stabilisierende China nunmehr auf gleiche Distanz zu den Hauptantagonisten im Ost-West-Konflikt. Vor diesem Hintergrund war es nur konsequent, dass Beijing mit Russland seinen Frieden machte, als nur noch die USA als globale Macht übrig geblieben waren (dazu Friedrich 2000: 127). Waltz dürfte sich mit solchem Balancing bestätigt sehen. China betreibt in Sicherheitsfragen klassische Selbsthilfe im Sinne der Neorealisten, nicht weniger, aber auch nicht mehr (Hinton 1994: 348f.). An sicherheitspolitischen Klienten hat es kein Interesse. Sein territorialer Status birgt die Nachbarschaft zu hochbewaffneten und nervösen Mächten wie Indien und Pakistan. Beide sind miteinander verfeindet, und sie besitzen wie China Nuklearwaffen. Indien hat im Hochhimalaya seine Grenzkonflikte mit China beigelegt. China wiederum hat überall dort, wo es mit Russland und anderen Anrainern offene Grenzfragen gab, eine gütliche Einigung erzielt. Lediglich die kontroversen Besitzfragen über einige kleine Inseln im Südchinesischen Meer lassen noch Fragen offen. Sie sind rohstoffpolitisch relevant. Nach internationalem Recht präjudizieren Territorialansprüche die Nutzung des Meeresbodens (Fravel 2005).

Chinas tatsächliche Grenzpolitik steht im Kontrast zu einer in den russischen Fernostgebieten verbreiteten Furcht vor der Einwanderung aus dem übervölkerten China. In Sibirien machen Chinesen gute Geschäfte. Sie haben russische Filialen der weltweit verbreiteten Chinatowns eröffnet und stechen die überlieferte russische Wirtschaftsmentalität mit Fleiß, Sparsamkeit und Disziplin aus. So willkommen Chinesen dort als Investoren auch sind, so begegnet man ihnen doch mit Ressentiment. Russische Militärs blicken sorgenvoll auf die Bevölkerungsdisparität beiderseits der Grenzen. Diese verschärft sich seit Jahren noch auf der dünn besiedelten russischen Seite, weil die Jungen und Leistungsfähigen auf der Suche nach Jobs und besseren Einkommen in die europäischen Metropolen des riesenhaften Landes drängen. China tut viel, um Befürchtungen und Ressentiments zu zerstreuen (Shlapentokh 2007). Neben der kulanten Regelung der letzten offenen Grenzfragen beteiligt es sich sogar an gemeinsamen Manövern mit russischen Truppen. In der Shanghaier Organisation für Zusammenarbeit arbeitet es seit 2002 mit Russland und den zentralasiatischen Republiken in einer Sicherheitspartnerschaft zusammen.

Auch in grundsätzlichen Fragen gibt es große Übereinstimmung zwischen China und Russland. Beide treten für die Integrität der bestehenden Grenzen und für das Heraushalten aus den inneren Angelegenheiten anderer Staaten ein. Als Vetomächte im Sicherheitsrat der Vereinten Nationen vertreten sie hier eine gemeinsame Position, und damit treffen sie auch die Interessen der zahlreichen autoritären Regime in der Dritten Welt. Die Beziehungen zu Afrika gewinnen aus Gründen der Energie- und Rohstoffversorgung immer stärker an Bedeutung. Als Wirtschaftspartner ist China bequemer als Europäer und US-Amerikaner. Für Kredite und Projekthilfen stellt es keine politischen Vorbedingungen (Campbell 2008).

6.1 China und Japan

China modernisiert seine Rüstungen und komplettiert sein nukleares Waffenlager. Doch abgesehen vom Krisenpunkt Taiwan geschieht dies offensichtlich allein zu Defensivzwecken. China ist de facto eine große Macht, und es legt sich die entsprechenden Attribute zu.

Chinas Verhältnis zu den USA ist historisch belastet (Li 2000). Die Tatsache der amerikanischen Weltmachtpräsenz in Asien und die Sicherheitsgarantien für Japan und Südkorea nähren Misstrauen. Jede Modernisierung der japanischen Streitkräfte und jede Veränderung der Defensivdoktrin werden argwöhnisch beäugt. Als „zweiter chinesischer Staat" wird Taiwan nicht akzeptiert. Es gilt als Brückenkopf der amerikanischen Hegemonialmacht – nur einen Steinwurf vor der chinesischen Küste gelegen. Das inzwischen demokratische Taiwan dürfte den amerikanischen Beistand kaum einbüßen, es sei denn um den Preis eines massiven Glaubwürdigkeitsverlustes in Südostasien.

Die im Jugoslawienkrieg und in den Golfkriegen vorgeführte Fähigkeit der US-amerikanischen Militärmacht, mit unbemannten Waffen präzise über große Distanz hinweg militärische und ökonomische Infrastrukturen zu zerstören, hält in der chinesischen Führung das latente Bedrohungsempfinden wach. Hier liegt ein Motiv für das chinesische Rüsten. Zum professionellen Ehrgeiz der Armeeführung gehören Waffensysteme vom Neuesten und vom Besten (Shambaugh 1999/2000). Die Führer der revolutionären Befreiungsarmee leben nicht mehr oder sie befinden sich im Greisenalter. Sie waren allesamt gleichermaßen Parteisoldaten und Militärs gewesen und zehrten von der Erfahrung und dem Mythos des Guerillakrieges. Ihre Nachfolger sind Berufsmilitärs, die den Status ihrer Organisation am technischen und Ausbildungsstandard moderner Streitkräfte messen. China will sichergehen, dass es militärtechnologisch nicht von Staaten erpresst werden kann, an die es dann im Falle des Falles nicht mit gleicher Münze zurückzahlen könnte (Glaubitz 1998a: 521).

China folgt in seinen Außenbeziehungen wirtschaftlicher Räson. Nur stetiges Wachstum sorgt für Jobs und hält mit bescheidenem Wohlstand die Menschen in den boomenden Küstenregionen bei Laune. Die Volkswirtschaft muss Jahr für Jahr Bauern und Landbewohner absorbieren, die den elenden Verhältnissen in ihren Heimatprovinzen den Rücken kehren. Sehr pragmatisch begleitet die Politik den Weg chinesischer Produkte nach Lateinamerika und Afrika, wo chinesische Unternehmen in Energie- und Rohstoffquellen investieren. Beijing hilft verschuldeten Regierungen aus der Patsche und schert sich nicht darum, wie die Empfängerregierungen mit ihren Gesellschaften umspringen. Das ist nur konsequent. China verbittet sich selbst Belehrungen zu seiner inneren Befindlichkeit. In den ärmeren Weltgegenden genießt es Vertrauen, weil es keine Vergangenheit als Kolonialmacht besitzt. In den Vereinten Nationen schwingt sich China gern zum

Anwalt der Dritten Welt auf. Sein Status als Vetomacht gibt ihm die Möglichkeit, die rhetorische Solidarität mit tätigem Handeln zu unterstreichen.

6.1.3 Innenpolitik als Faktor der Außenpolitik

China und Japan kommen vielleicht nicht so sehr inhaltlich, aber doch kommunikativ besser miteinander zurecht als etwa Japan mit den USA. Chinesen und Japaner wie auch Südkoreaner und Vietnamesen verstehen sich auf das Gesichterspiel. Die politische wie die allgemeine Kommunikation sind in Asien anders kodiert als im Westen. Die Betrachtung des „second image" kann hier gar nicht anders, als den konstruktivistischen Erklärungspfad zu wählen. Bevor in Japan eine außenpolitische Entscheidung getroffen werden kann, muss sich das Außenministerium langwierig mit anderen Ministerien abstimmen. Die führenden Regierungsbeamten haben ungleich größere Bedeutung als in den meisten westlichen Demokratien (Hartmann 1992: 144ff.). Der Primat des Ökonomischen privilegiert in den Außenbeziehungen das Finanz- und das Handels- und Technologieministerium (McDougall 2007: 86, Kevenhörster 1993: 75ff.). Der Premierminister ist keine starke Figur. Er repräsentiert den Konsens. Ihn ins Werk zu setzen ist die Sache vieler anderer. Vor allem im Verhältnis zu den USA verursacht dies häufig Irritationen. Rasche Entscheidungen lässt das politische System nicht zu. Die Schutzinteressen der Bauern, des Kleinhandels, der Bauindustrie und der Fischerei schlagen auf die internationale Ebene durch. Es handelt sich um treue Wähler der Regierungspartei. Deshalb hakt es in internationalen Handelsgesprächen recht oft bei Themen, die nicht recht zum Zuschnitt eines Hightech-Landes passen wollen. Japan ist eben eine Demokratie.

Dessen ungeachtet sieht es mit der Praxis des langen Sondierens und Konsultierens in China ganz ähnlich aus (Zhao 1995: 199ff.). Entscheidungen gehen nach informellen Regeln vonstatten (Heilmann 2004). Die Außen- und Sicherheitspolitik ist Sache einer Arbeitsgruppe im Ständigen Ausschuss des Politbüros der Kommunistischen Partei. Diesem gehört stets auch der Parteichef an. Er bekleidet gleichzeitig das Amt des Staatspräsidenten. Wissenschaftler, Think tanks und Berufsdiplomaten sind fest in die Entscheidungsvorbereitung eingebunden. Beherrscht die Parteiführung das Feld der Außen- und Sicherheitspolitik, so sind wirtschafts- und währungspolitische Entscheidungen eher die Angelegenheit des Staatsrates, d.h. der Regierung. Wie in Japan greifen Außenhandelspolitik, Technologiepolitik und Industriepolitik als Regievorgaben für die privaten Unternehmen eng ineinander über.

In Entscheidungsprozesses werden glatte Schnitte und Kontroversen vermieden. Sie produzieren Sieger und Besiegte. Sie holen Gegner aus der Deckung, statt sie einzubinden, und sie laufen Gefahr, Intrigen anzuheizen, um eine durch Übergangenwerden erlittene Schmach zu tilgen. Dieser Stil verträgt sich schlecht mit spontanen und kühnen Deals zwischen Präsidenten und Regierungschefs. Ganz im Gegenteil: Westliche Diplomaten sind in diesen Ländern ganz besonders gefordert, ihren politischen Entscheidern diese Umstände nahezubringen und das Vorgehen darauf abzustimmen. Mit Blick auf die staatlichen Kernfunktionen sind China und Japan beinhart. Die Autorität der staatlichen Organe ist anders als in vielen postkolonialen Staaten Asiens unumstritten. Der Staat mit seiner Polizei, seiner Armee und seinen Gerichten ist zweifellos effizient. Die weiche Staatstätigkeit hingegen, in Japan z.B. die Vergabe öffentlicher Aufträge sowie die Entscheidung über Bau- und Verkehrsprojekte, wird allerdings auch weich gehandhabt (Woodall 1996). China besitzt einen durchsetzungsfähigen Regierungsapparat, der trotz seiner autoritären Struktur sensibel auf gesellschaftliche Probleme reagiert und der auch makroökonomisch erfolgreich zu steuern versteht (Hartmann 2006: 93ff.).

Gesellschaften, in denen Geschenke, Gesten und Erkenntlichkeiten harmonie- und einheitsstiftend wirken, tun sich leichter mit der Verquickung von Politik und Geschäft als westliche Gesellschaften, die öffentliches Amt und privaten Vorteil – nach ihrem Anspruch jedenfalls – strikt auseinanderhalten. In solchen Bräuchen nistet eine informelle Machtstruktur der Vermittler, Patrone und Paten.

Der Informationswert der formalen Politikstrukturen liegt in Ostasien beträchtlich unter dem westlicher Gesellschaften. Entsprechend stärker trägt das Wissen um Personen und Abhängigkeiten zur Entschlüsselung der realen Verhältnisse bei (Shambaugh 1996: 91, Iriye 1996). Und noch eines gehört erwähnt: Politiker und Beamte sitzen fest im Sattel. Der Kontrast zu Südostasien, wo Politik und Militär noch eng miteinander verwoben sind, könnte nicht größer sein.

6.2 Süd- und Südostasien

In Südostasien haben wir es mit multikulturellen Staaten zu tun. Ihre Grenzen gehen unmittelbar auf den Kolonialismus zurück. Halten wir uns zunächst an das indonesische Beispiel. Die Vertreibung der niederländischen Kolonialherren durch die japanischen Eroberer hatte der Unabhängigkeitsbewegung großen Auftrieb gegeben. Die Kolonialmacht hatte die zahlreichen Besitztümer mit Gewalt zu einem einheitlichen Kolonialgebiet zusammengeführt. Um keine Spur gewaltärmer sammelte das unabhängige Indonesien dann die kolonialen Reste in seiner Nachbarschaft ein, wie West-Irian (1961) oder Ost-Timor (1975), die nach der Staatsgründung noch bei den Niederlanden und Portugal verblieben waren. Wie von jeher beherrschen Chinesen große Teile des Kommerzes und der Industrie.

Es handelt sich einerseits um die Spätfolge der kolonialen Ansiedlungspolitik und andererseits um das Ergebnis javanischer und malaiischer Tradition. Die angestammte Oberschicht verachtete das Gewerbe und suchte Status und Einkommen in der Staatsverwaltung. Präsidenten verwalten das Land als Patrimonium und bedenken ihre Familien großzügig mit Posten in der Verwaltung und den staatsnahen Industrien. Ohne die Flankierung des Militärs, das die Gesellschaft mit eiserner Klammer umschließt, könnte sich der Staat nicht behaupten. Auch Ex-Militärs im Präsidentenpalast sind nicht davor gefeit, von ihren Offizierskameraden fallen gelassen zu werden, wenn ihre Unfähigkeit zur Krisenbewältigung offensichtlich wird. Kurz: Staat, Politik und Gesellschaft Indonesiens verkörpern Dritte Welt. Und die Dritte Welt, so Ayoob (1998, 1995), verlangt den Blick auf eine fragile Regimesicherheit, um die Außenaktivität zu verstehen. Schon die innere Problemfracht verbietet Indonesien kräftezehrende äußere Aktivitäten. Das Land verzeichnet eine Sekundärindustrialisierung im Rahmen der asiatischen Arbeitsteilung. Die ökonomischen Turbulenzen der Asienkrise zeigten 1997 die Verletzlichkeit der Zulieferwirtschaften. Die indonesische Währung geriet ins Trudeln, das Land gelangte wie so viele andere seiner Art unter das Diktat des Internationalen Währungsfonds. Nur ein drohendes Sanktionsgewitter aus dem Westen erklärt, warum das indonesische Militär 1999 in seiner letzten Eroberung, dem aus Indonesien herausstrebenden Ost-Timor, eine Volksabstimmung über die Unabhängigkeit zuließ. Doch immerhin: Die Asienkrise diskreditierte die seit Jahrzehnten herrschenden Militärs. Seit zehn Jahren praktiziert das Land freie Wahlen, auch den Test des friedlichen Machtwechsels hat Indonesien bestanden.

Ähnlich ist die Situation der Nachbarländer, zum Beispiel Thailand. Der Staat der Thais zeichnet sich durch relative ethnische Homogenität und kulturelle Identität aus. Erst in den letzten Jahren melden sich Exponenten der zivilen Gesellschaft zu Wort. Die persönliche Autorität eines der längstherrschenden Monarchen der Welt stabilisiert eine unstetige Innenpolitik. Die Herrscherföderation Malaysia praktiziert den Autoritarismus im zivilen Gewande eines parlamentarischen Systems. Aber letztlich stehen hinter den Kulissen die militärischen Rückversicherer mit Infanteriewaffen und gepanzerten Fahrzeugen bereit. Im philippinischen Inselstaat, einer hispanischen Enklave in Asien, sieht es in der Sache kaum anders aus, außer dass dort ein lateinamerikanisch anmutender Latifundismus – das Erbe der spanischen Kolonialepoche – Strukturen hervorgebracht hat, die in Asien als Unikat gelten dürften (zu den inneren Verhältnissen in Südostasien Neher/Ross 1995). Vietnam folgt demgegenüber dem chinesischen Industrialisierungs- und Marktbildungsmodell. Wie China aus einem leninistischen System hervorgegangen, kennt es keine feudalen Autoritäten, Oligarchien

6.2 Süd- und Südostasien

und politisierten Militärs. Bewährte Parteiinstitutionen und Bürokraten weisen der Gesellschaft den Weg.

Alle diese Länder haben mit China eines gemeinsam: Sie sperren sich dagegen, Menschenrechtsstandards zum Maßstab ihrer Beziehungen zu erheben. Dass diese mit asiatischen Lebensweisen durchaus kompatibel sind, zeigen inzwischen nicht nur Japaner, sondern auch Südkoreaner und Taiwanesen, seit einigen Jahren auch Indonesier. Asiatische Werte, auf die autoritäre Regime in der Region gern verweisen, sind Vorwände, um mit der Berufung auf die eigene Identität Repression, Militärdiktatur, Parteiherrschaft und Korruption zu verschleiern. Hier liegen die Konfliktquellen vor allem im Verhältnis zu den USA und den Europäern. Für die Beziehungen zu China und Japan spielen sie keine Rolle. Dies erleichtert den Umgang der so unterschiedlichen asisatischen Staaten untereinander. Es wäre indes verfehlt, aus alledem eine Idylle zu folgern. Soviel jedoch wird ersichtlich: Die asiatischen Gesellschaften sehen die Welt anders als der Westen.

Blicken wir noch kurz auf Indien. Die Vielfalt der Religionen und Ethnien ist dort kaum geringer als in Südostasien. Das hervorstechende kulturelle Merkmal ist der Hinduismus. Doch in positiver Unterscheidung von so vielen Dritte-Welt-Ländern herrscht in Indien religiöser Pluralismus, und in der politischen Praxis überwiegen die demokratischen Elemente. Dies ist im Wesentlichen das Verdienst der politischen Elite. Sie hat von den vormaligen britischen Kolonialherren einen durch Regeln kontrollierten parlamentarischen Pluralismus übernommen und ordnet ferner das Militär strikt dem Primat der Politik unter. Im benachbarten Burma (Myanmar) und in Pakistan ist diese Lektion schon nicht mehr angekommen.

Indiens Einflussbereich ist im Norden und Osten vom Himalaja begrenzt. Diese Region, eine geografische Barriere, ist zum größten Teil chinesisches Staatsgebiet. Das benachbarte pazifische Asien blickt auf China und Japan. So hat denn Indien politisches Gewicht allenfalls in den kleinen, zwischen Indien und China liegenden Staaten des unwegsamen Hochgebirges. In Sri Lanka, das durch einen Bürgerkrieg zwischen Singhalesen und Tamilen zerrissen ist, Letztere eine auch im nahen Indien lebende Ethnie, bemüht sich Neu-Delhi um eine Schlichter- und Ordnerrolle. Für Indien gilt das Gleiche wie für Südostasien. Die indische Gesellschaft ist so vielfältig, sie birgt so viele zentrifugale Kräfte, dass die politischen Energien voll davon in Anspruch genommen werden, das Land zusammen zu halten. Die brisanten zwischenstaatlichen Konflikte Südasiens nisten in den Rissstellen der Teilung Britisch-Indiens (1947/48) in den indischen Rumpfstaat und in die muslimische Republik Pakistan.

Notorischer Zankapfel und Ursache mehrerer Kriege zwischen beiden Ländern ist die indische Provinz Kaschmir mit ihrer muslimischen Bevölkerung. Sie fiel in den Wirren der indischen Teilung an Indien. Indien will den Präzedenzfall einer Sezession vermeiden. Diese könnte anderen Regionen ein unerwünschtes Beispiel geben. Pakistan wiederum beansprucht mit Kaschmir eine Provinz von strategischer Bedeutung. Der Konflikt hat für Pakistan seinen Nutzen (Klaff 1998: 1021f.). Die pakistanische Regierung hat in Indien einen innenpolitisch nützlichen äußeren Feind. Dieser erlaubt es ihr, mit waffenrasselndem Patriotismus die erheblichen inneren Spannungen zu übertünchen. Diese Spannungen wiederum haben ihre Ursprünge in der konfessionellen Spaltung der pakistanischen Muslime sowie in der oligarchischen Herrschaft einer schmalen und superreichen Landbesitzerkaste, die jegliche Politik blockiert, die ihre Privilegien antasten könnte.

Indien und Pakistan werden von China, Japan und den südostasiatischen Staaten schon gar nicht mehr als Teil einer gemeinsamen Region wahrgenommen. Ökonomisch und sicherheitspolitisch stehen die beiden Regionen recht isoliert nebeneinander. Südasien liegt im Windschatten der Weltpolitik. Indien hat seit der Unabhängigkeit eine Außenpolitik der Blockfreiheit betrieben. Diese macht seit dem Zerfall der Sowjetunion keinen Sinn mehr. Es hatte dabei überwiegend keine wirkliche Äquidistanz zu Moskau und zu Washington gehalten, sondern eher den außenpolitischen Gleichklang mit der Sowjetunion gesucht. Dies war im Zeichen des chinesisch-sowjetischen Konflikts vernünftig. Die Sowjetunion hielt den Nachbarn China in Schach. Und China unterstützte in gleicher Logik wiederum Indiens Erzfeind Pakistan. Beijing hat zwischenzeitlich seinen Frieden mit Neu Delhi gemacht (Maaß 1995). Russland führt die traditionell guten Beziehungen zu Indien fort und hält an der engen Rüstungskooperation mit Moskau fest (der russische Anteil an indischen Rüstungskäufen im Ausland beträgt ca. 80 Prozent). Auch die USA bemühen sich in letzter Zeit intensiv um gute Beziehungen zu Indien. Im Krieg gegen den Terror, der seit 2001 in Afghanistan geführt wird, ist der bisherige enge Verbündete Pakistan ein zweifelhafter Partner geworden. Pakistan weist etliche Merkmale eines Failing state auf. Es ist mit seinen unkontrollierbaren Grenzgebieten selbst zum Bestandteil des Problems geworden, die Regierung des benachbarten Afghanistan gegen islamistische Rebellen zu stabilisieren.

6.3 Die regionalen Organisationen

Die Staaten der Region arbeiten in verschiedenen Formen zusammen. Die 1989 von zunächst zwölf Staaten gegründete asiatisch-pazifische Wirtschaftskooperation Asia Pacific Economic Community (APEC) verband die südostasiatischen Staaten Brunei, Indonesien, Kambodscha, Laos, Malaysia, die Philippinen, Sin-

6.3 Die regionalen Organisationen

gapur, Thailand und Vietnam mit den USA, Kanada und Australien. Heute schließt die APEC Russland und die pazifischen Anrainer Südamerikas ein. Die APEC bildet aber keinen formalisierten Zoll- und Handelsraum wie etwa die EU, die NAFTA oder der MERCOSUR. Die APEC ist zu groß gestrickt. Die Staaten und Gesellschaften, die ihr angehören, sind zu unterschiedlich, als dass sie veritable Regimequalitäten gewinnen könnte. Die asiatischen Länder folgen einer anderen Wirtschaftsphilosophie als die USA, Kanada und Australien. Die Rolle des Staates in der Wirtschaft wird in Asien deutlich größer geschrieben. Staat und Unternehmen planen und operieren langfristig, während der angelsächsische Kapitalismus eher auf Sicht navigiert. Große Differenzen gibt es vor allem in Fragen der Marktöffnung. Gab es vor dreißig Jahren allein Japan als singulär erfolgreiche Industriegesellschaft des Ostens, so muss man heute nicht nur China und Südkorea, sondern auch einige Staaten Südostasiens hinzurechnen. Das 1994 gegründete Asia Regional Forum (ARF) schuf darüber hinaus in der APEC ein Forum, in dem über Sicherheitsfragen beraten wird. Auch das ARF sollte keine größere Bedeutung erlangen (Solingen 2008: 263ff.).

Die am stärksten entwickelte Staatenkooperation des pazifischen Raumes stellt die Association of South East Asian Nations (ASEAN) dar. Das Gründungsmotiv liegt Jahrzehnte zurück. Es ging darum, Streitigkeiten zwischen Indonesien und Malayisa zu schlichten. Der ASEAN gehören Indonesien, Malaysia, Singapur, die Philippinen, Thailand und seit einiger Zeit auch Vietnam an. Die Stärke der ASEAN sind die kulturellen Gemeinsamkeiten der beteiligten Nationen und heute auch ihre ökonomische Verflechtung. Darüber hinaus haben die ASEAN-Staaten ähnliche Konflikthaushalte gemeinsam, insbesondere ethnische Gemengelagen und religiöse Spannungen. Einer der Hauptzwecke der ASEAN ist es, vorwegnehmend und bereinigend Konfliktquellen zu lokalisieren und sie möglichst im Konsens abzustellen, bevor sie die zwischenstaatlichen Beziehungen belasten.

Unter dem Einfluss des malaysischen Regierungschefs Mahathir bemühten sich die ASEAN-Staaten in den 1990er Jahren um die Verständigung auf ein gemeinsames Set von Werten und asiatischen Umgangsweisen. Doch auch die ASEAN stieß an Grenzen. Der südostasiatische Raum verdankt seine ökonomischen Impulse hauptsächlich der Dynamik Chinas und Japans, die der ASEAN nicht angehören (Dittmer 2002). Die ASEAN bringt regelmäßig die politischen Spitzen der beteiligten Regierungen zusammen. Nicht anders, als es der innergesellschaftlichen Kommunikation entspricht, loten die asiatischen Führer im persönlichen Umgang die Basis für Gemeinsamkeiten aus (Cohen 1998: 122, Mols 1996: 173). Der neopatrimoniale Charakter vieler südostasiatischer Staaten unterstützt die personale Struktur der ASEAN. Der Persönlichkeitsfaktor spielt in der Region ganz allgemein eine herausragende Rolle, so auch im nicht immer friktionsfreien Verhältnis der beiden regionalen Schwergewichte China und Japan. Besuche und Reisen sind mehr als Etikette. Sie stellen Persönlichkeiten aufeinander ein (Johnson 1995: 241). Informalität ist die Seele der asiatischen Politik. Kooperation wird deshalb, wo sie stattfindet, nicht mit den Maßstäben formaler Institutionen zu ermitteln sein, wie sie insbesondere die europäische Zusammenarbeit charakterisieren (Katzenstein 1997, Crone 1993: 509).

Die Asienkrise von 1997 war der Anlass für die Gründung der ASEAN plus Three (APT). Hier fanden sich Staaten zusammen, die sich vom Internationalen Währungsfonds und den USA überfahren empfanden. Die APT bezieht Japan, China und Südkorea in die ASEAN ein. China schloss sogar bilaterale Freundschaftsverträge mit den ASEAN-Staaten (Deng 2008: 223). Dank der schwergewichtigen „plus Drei" muss die ATP inzwischen als wichtigstes Forum der zwischenstaatlichen Zusammenarbeit im ost- und südostasiatischen Raum gelten. Mit regelmäßigen Treffen der Regierungs- oder Staatschefs, der Fachminister und der Geldverantwortlichen hat sie ein hohes Maß an Institutionalisierung erreicht. Ihre Mitglieder haben Vorkehrungen getroffen, um sich in Notfällen gegenseitig mit Krediten auszuhelfen (Stubbs 2002). Es lassen sich Ansätze erkennen, aus der ASEAN plus Drei eine Asiatische Gemeinschaft zu bilden (McDougall 2007: 298).

Die ökonomischen Kooperationen in Ost- und Südostasien sind arbeitsteilig angelegt und hierarchisch gestuft. Investoren in China, Japan und den Tigerstaaten (Hong Kong, Singapur, Südkorea, Taiwan) bestimmen im Wesentlichen, wo, wie und in welchem Ausmaß solche Zusammenarbeit stattfindet. Häufig partizipieren auch ansässige chinesische Geschäftsleute als Partner und Vermittler (Shiraishi 1997: 182). Beijing hält die Auslandschinesen zur Loyalität gegenüber den Gaststaaten an. Es verhält sich nur konsequent, da es selbst das Prinzip der Nichteinmischung hochhält. Dank der neuen Medien und dichter Flugverbindungen ist ein dichtes Geflecht politischer und geschäftlicher Beziehungen entstanden. Es fördert das Bewusstsein, einer gemeinsamen Region anzugehören (Deng 2008: 273, Shambaugh 2004/2005: 78, Coulmas/Stalpers 1998: 63).

Der westfälische Staat hat in Ost- und Südostasien überzeugte Anhänger gefunden. Und dies zu einem Zeitpunkt, da der Staat in weiten Teilen Europas westfälische Eigenschaften abzulegen beginnt – mit Minderheits- und Sprachstatuten, mit dem Delegieren von Souveränität an die EU und mit der Aufhebung der Grenzkontrollen. Der Unterschied erklärt sich aus dem Blick auf die jüngere Geschichte. Asien ist in der Vergangenheit ein Spielball der europäischen Mächte gewesen. Dem asiatischen Nationalismus geht es um das Konservieren überlieferter Eigenheiten, nicht um die Schärfung der eigenen Identität am Feindbild benachbarter Völker. Neorealistisches Balancing kann den ASEAN-Komplex schlecht erklären. Der konstruktivistische Zugang führt hier weiter.

7 Konfliktregion Naher Osten

7.1 Historische Voraussetzungen

Bei der Betrachtung der nahöstlichen Region kommt das gesamte Repertoire der IB zum Zuge. Zunächst sei auch in diesem Kapitel kurz der historische Hintergrund skizziert: Als das Osmanenreich nach 1918 zerfiel und zwischen den Siegermächten des Ersten Weltkrieges aufgeteilt wurde, übernahmen London und Paris die vormaligen osmanischen Gebiete des heutigen Syrien, Libanon und Palästina als Kolonien. Sie wurden schamhaft als Mandatsgebiete des Völkerbundes bezeichnet. Großbritannien ließ zwar einige Gebiete zu Staaten avancieren, schränkte deren Souveränität aber ein (Jordanien, Irak). Frankreich und Großbritannien handelten in geostrategischer Räson. Den großen Kolonialmächten war am Exempel unabhängiger arabischer Staaten nicht gelegen. Es hätte unerwünschte Signale auf ihre Kolonien ausgestrahlt. Erst nach 1945 erlangten die Mandatsgebiete ihre Unabhängigkeit.

Die nahöstliche Region wurde früh in die Weltmachtrivalität zwischen der Sowjetunion und den USA einbezogen. Der Ölreichtum verschaffte ihr die gegenwärtige Bedeutung. Die üppigsten Rohölvorkommen waren erst nach dem Zweiten Weltkrieg entdeckt und erschlossen worden. Das Rohöl löste den Energieträger Kohle als Treib- und Werkstoff ab. Die Abhängigkeit vom Rohöl wurde erst 1973 im israelisch-ägyptischen Krieg bewusst, als die Produzentenstaaten die Öllieferung als politische Waffe einsetzten.

Der Staat Israel ist die zweite Quelle für die Konflikte in der Region. Seine Ursprünge verweisen auf die Zionistische Bewegung. Sie entstand gegen Ende des 19. Jahrhunderts. Ihr Ziel war ein jüdischer Staat. In den europäischen Nationalstaaten war der Antisemitismus trotz der Liberalisierung der inneren Verhältnisse lebendig geblieben. Er hielt sich in den 1918/19 entstandenen europäischen Neustaaten kaum weniger als im Russischen Reich oder in Österreich-Ungarn. Vor dem Hintergrund enttäuschter Erwartungen reifte die Idee einer jüdischen Nation, die in ihrem eigenen Staat leben sollte. Die Zionistische Bewegung engagierte sich für dieses Ziel. Sie erwarb Siedlerland in Palästina, um dort jüdische Emigranten anzusiedeln. Die jüdische Auswanderung nach Palästina schwoll in der Zwischenkriegszeit an. Aus der jüdischen Siedlerorganisation bildete sich im Mandatsgebiet Palästina ein staatsähnliches politisches Gebilde (Haganah).

In der anfänglich noch indifferenten arabischen Bevölkerung regten sich bald Verdrängungsängste. Die Zuwanderung von Juden, die in Europa den Krieg überlebt hatten, verstärkte nach 1945 den moralischen Druck auf London, den palästinensischen Juden das Selbstbestimmungsrecht zu gewähren. Dagegen stand die Erwartung der arabischen Welt, Palästina als arabischen Staat zu konstituieren. London überließ Palästina 1947 sich selbst, nachdem die UN einen Teilungsplan vorgeschlagen hatten. Umgehend brach ein Krieg aus. Auf arabischer Seite beteiligten sich alle Grenzstaaten Palästinas. Die palästinensischen Juden riefen daraufhin den Staat Israel aus. Die Waffenstillstandslinie zwischen den Kriegsparteien markierte 1948 seine Grenzen. Zwischen denselben Konfliktbeteiligten entbrannte 1967 der zweite arabisch-israelische Krieg (Sechstagekrieg). Israel dehnte sich mit okkupierten Gebieten fortan bis zum Jordan, bis zum Suez-Kanal und – auf den Golan-Höhen – bis in die Nachbarschaft der syrischen Hauptstadt aus.

Die Gründung des Staates Israel ging mit der Flucht und Vertreibung palästinensischer Araber einher. Die benachbarten Länder boten ihnen Domizil. Für die Integration der Palästinenser in den Zufluchtsländern fehlten aber die Mittel und auch der Wille. Große Flüchtlingslager in den Aufnahmeländern boten der wichtigsten Exilorganisation der Palästinenser, der PLO, eine Basis. Die PLO bildete in Jordanien und im Libanon Staaten im Staate. Sie wurde zum Sicherheitsproblem. Zunächst wurde sie 1970 aus Jordanien vertrieben. Auch im Libanon wurde sie der Regierung zu mächtig. Im Jahr 1982 musste sie sich zurückziehen. Tunesien bot der PLO-Führung ein neues Exil. Als Ergebnis des Osloer Friedens erhielt die PLO 1997 einen prekären Protostaat von Israels Gnaden zugesprochen. Die Errichtung jüdischer Siedlungen durch orthodoxe Juden fachte im besetzten Palästina den Widerstand gegen die Besatzung noch zusätzlich an.

Der letzte gewichtige Faktor in den Konflikten der Region ist die Politisierung des Islam. Das Zentralereignis dafür war die islamische Revolution im Iran (1978/79). Sie lebte den Muslimen das Beispiel eines erfolgreichen Umsturzes im Einklang mit der Religion vor. Mit Propaganda, Geld und Waffen sowie mit dem Rückhalt eines der bedeutendsten Staaten der Region heizte Teheran den arabischen Kampf gegen Israel an. Das palästinensische Problem erschien jetzt auch als Unterdrückung islamischer Glaubensbrüder, und es bot damit die Grundlage für eine breitere Solidarisierung.

7.2 Das Erdöl

Die Staaten der Nahostregion werden durchweg autoritär regiert. Die Künstlichkeit der Staatsgrenzen hat ihre Ursachen im Kolonialismus. Die grundlegenden Charakteristika der Region sind der Islam und große Erdölvorkommen. Die Ölquellen sind sehr ungleich auf die Staaten verteilt. Auf der arabischen Halbinsel und am Persischen Golf bestimmt die Rohölwirtschaft auch die politische Struktur. Es handelt sich überwiegend um Staaten mit geringer Bevölkerung. Sie verkörpern Rentierstaaten: Ohne großes Zutun streichen sie einen guten Gewinn ein, indem sie westliche Firmen ihren natürlichen Reichtum ausbeuten lassen.

Ein vorteilhafter Sekundäreffekt des Renteneinkommens der Ölstaaten ergibt sich für die Nachbarstaaten, vor allem für Ägypten und die Jordan-Staaten (Pawelka 1993: 127ff.). Viele ihrer Bürger arbeiten in den Ölstaaten und überweisen ihre Gehälter nach Hause. Schlechte Abnehmerpreise in den Förderländern pflanzen sich dann allerdings in schlechten Zeiten mit sinkender Arbeitsnachfrage und nachlassenden Einkommenstransfers in diese so genannten Semi-Rentierstaaten fort.

Ägypten und Syrien streichen keine nennenswerte ökonomische Rente ein. Sie erwirtschaften ihre Einkünfte vielmehr durch Steuern und andere Formen der Umverteilung. Die Massen werden in krasser Armut belassen. Deshalb existieren die herrschenden Eliten in einem Klima der Bedrohung von unten. Innere Aufstände und Putsche haben die Herrschaftsgefüge in der Vergangenheit immer wieder erschüttert. In der Innenpolitik sind die Herrschenden massiver gefährdet als durch äußere Bedrohungen.

In den 1970er Jahren wurde die OPEC (Organization of Oil Exporting Countries) zeitweise zum Instrument der nahöstlichen Produzenten, um ihr Missfallen an der westlichen, insbesondere an der US-amerikanischen Palästinapolitik zum Ausdruck zu bringen, später auch, um einfach nur die Preise zu treiben. Diese Zeiten sind vorbei. Die Position der nahöstlichen Produzenten ist schwächer geworden. Die Ölförderung vor der west- und zentralafrikanischen Küste und im nördlichen Südamerika haben die Abhängigkeit von den arabischen Lieferanten zwar nicht beseitigt, aber doch reduziert. Vor allem mit dem postsowjetischen Russland trat ein mächtiger weiterer Anbieter auf dem Weltölmarkt auf.

Die Industriestaaten mit ihrem hohen Energieverbrauch sind von der Versorgung unter anderem aus dem Orient abhängig. Aber auch die Öl fördernden Staaten stehen in Abhängigkeit – zu den Verbraucherländern. Beliebig lässt sich der Preis nicht heraufsetzen, weil bei den Abnehmern sonst Wachstumskrisen drohen, die wiederum die Nachfrage drosseln. Auch ist zu bedenken, dass vor allem die Golfmonarchien (Saudi-Arabien, Kuweit, Bahrain) das mit dem Öl verdiente Geld in den Verbraucherstaaten anlegen, d.h. in Firmenbeteiligungen,

Immobilien und Aktien. Eine durch steigende Ölpreise induzierte Rezession trifft die Verursacher stets mit. Unter den Lieferanten gilt Saudi-Arabien als preispolitischer Schlüsselakteur. Es wirkt bei Preisabsprachen moderierend, während der Iran eher als preispolitischer Scharfmacher gilt. Hier macht sich die Bindung Saudi-Arabiens an seine Schutzmacht USA bemerkbar. Saudische Geschäftsleute lassen ihr Geld auch dort arbeiten. Der Iran ist seit der Islamischen Revolution mit den USA verfeindet. Sein wirtschaftliches und finanzielles Engagement in den westlichen Ökonomien ist zu vernachlässigen.

7.3 Gesamtarabische Politik

Die Idee einer staatlich geeinten arabischen Nation fand vor Jahrzehnten großen Anklang. Die vom europäischen Konzept der homogenen Sprachnation geleitete Idee eines Staates der Araber bot auch Christen, deren es in Syrien und im Libanon etliche gibt, eine politische Heimat (Tibi 1987). Solange die Idee der arabischen Einheit noch vital war, beanspruchten verschiedene Politiker die Führungsrolle in der arabischen Welt, so der Ägypter Gamal Abdel Nasser, der Libyer Muammar Gaddafi, zeitweise auch der Iraker Saddam Hussein. Diese Führungsrolle ließ sich nur von den bestehenden Staaten aus reklamieren. Die militärischen und zivilen Staatsklassen mussten fürchten, Status und Macht zu verlieren, wenn sich ein arabischer Staat in die erste Reihe spielen sollte. Der Besitz eines Staates als Grundlage für Macht und Einkommen hat die Zusammenarbeit der arabischen Staaten bis in die Gegenwart verhindert. Zu unterschiedlich sind die Voraussetzungen, unter denen sich die Regime behaupten müssen.

Die Stabilität Ägyptens wird von der extremen Spaltung der Gesellschaft in eine wohlhabende politisch-kommerzielle Elite, in eine Masse armer Stadtbewohner und Bauern und in eine verarmende Mittelschicht bedroht. In Syrien privilegiert das System Angehörige der alawitischen Minderheit. Im Irak herrschten bis zur amerikanischen Invasion im Jahr 2003 Sunniten über eine schiitische Bevölkerungsmehrheit. In Jordanien protegiert die Regierung die Nachfahren der transjordanischen Beduinenstämme. Sie werden bevorzugt für das Militär und den öffentlichen Dienst rekrutiert. Demgegenüber ruht die Privatwirtschaft auf den Schultern einer Mittelschicht, die sich in starkem Maße aus Exilpalästinensern zusammensetzt. In Saudi-Arabien gibt es Spannungen zwischen den Stämmen des Nadsch, aus denen sich das Königshaus rekrutiert, dem relativ weltoffenen Hedschas um das Gebiet der Heiligen Städte und der schiitischen Bevölkerung in den Ölfördergebieten.

Syrien arbeitet bis zum heutigen Tage das historische Trauma des Betrugs der westlichen Welt an den Arabern ab. Die Ententemächte hatten den Hasche-

7.3 Gesamtarabische Politik

mitenherrschern auf der arabischen Halbinsel im Ersten Weltkrieg versprochen, aus der ehemals türkischen Provinz Großsyrien – heutiges Israel, Jordanien, Libanon, Palästina und Syrien – einen arabischen Staat entstehen zu lassen. Noch während ihnen die Haschemiten im Ersten Weltkrieg militärisch halfen, die Osmanen aus dem arabischen Raum zu vertreiben, hatten sie bereits beschlossen, Groß-Syrien unter sich aufzuteilen. Der südliche Teil Großsyriens wurde als Palästina britisches Mandatsgebiet (Treuhandgebiet des Völkerbundes) und damit de facto ein Bestandteil des britischen Kolonialimperiums, und Jordanien wurde ein Gebilde unter britischer Vormundschaft. Frankreich eignete sich den Rest Groß-Syriens als Mandatsgebiet an und teilte es umgehend in ein vorwiegend arabisch-muslimisches Syrien und in einen gemischt arabisch-christlich-muslimischen Libanon. Das arabische Königreich Syrien, das zu diesem Zweck aufgelöst wurde, hatte gerade knapp zwei Jahre lang Bestand gehabt. Der König wurde mit dem Angebot entschädigt, Monarch des von Großbritannien beaufsichtigten Königreichs Irak zu werden. Erst gegen Ende des Zweiten Weltkrieges wurden der Libanon und Syrien unabhängig, wenig später auch Jordanien und der Irak. Der arabisch-jüdische Konflikt verhinderte, dass aus dem gesamten Mandatsgebiet Palästina ein Staat wurde. Die jüdischen Palästinenser erstritten im Teilungskrieg von 1948 ein kleines eigenes Staatsgebiet. Das Gebiet östlich davon wurde Jordanien zugeschlagen, Ägypten erhielt den kleinen Gazastreifen im Südwesten Israels.

Syrien und der Libanon sind arabisches Kernland. Beide sind in starkem Maße nach muslimischen und christlichen Konfessionen segmentiert. Sie bildeten historisch einen einheitlichen Kultur- und Wirtschaftsraum. Handels- und Hafenstädte wie Damaskus, Aleppo, Beirut und Larnaka waren eng miteinander verzahnt, und Heiratsverbindungen zwischen dem syrischen und libanesischen Bürgertum untermauerten das Gemeinsamkeitsempfinden. Das relativ starke christliche Element im Libanon setzte besondere Akzente. Dieser Hintergrund ist bei dem mehr als 30 Jahren währenden, meist eher verdeckten Eingreifen Syriens in die inneren Angelegenheiten des Libanon zu bedenken.

Ägypten suchte unter seinem nationalistischen Staatspräsidenten Gamal Abdel Nasser Anlehnung an die Sowjetunion. Er lehnte es ab, sich für die Parteinahme im Kalten Krieg gewinnen zu lassen. Genau diese verlangte der Westen aber als politischen Preis für Wirtschaftshilfe, die von Ägypten dringend benötigt wurde. Der charismatische Nasser nahm die Rolle des arabischen Führers an, obgleich er vor allem ein ägyptischer Nationalist war. Mit dem größten Staat der Region im Rücken suchte er Einfluss weit über die ägyptischen Grenzen hinaus zu gewinnen. Die Heimat der Idee einer gesamtarabischen Politik waren Syrien und der Irak (Ehteshami/Hinnebusch 1998). Syrien war jedoch zu klein und innerlich zu schwach, um eine arabische Führungsrolle einzunehmen. Deshalb betrieben panarabische syrische Offiziere 1958 die Union mit Ägypten. Dieses akzeptierte Syrien aber nicht als gleichberechtigten Partner, sondern behandelte es wie eine untergeordnete ägyptische Provinz. Nach drei Jahren schied Syrien wieder aus der Union aus.

Die Gegnerschaft zu Israel bot der arabisch-islamischen Welt für eine ganze Generation Ersatzstoff, um trotz der innerarabischen Differenzen rhetorisch Einheit zu demonstrieren. Die militärischen Erfolge Israels und die Eroberung der vormals jordanischen West Bank im Sechstagekrieg waren Wendepunkte der gesamtarabischen Politik: Die arabischen Länder hatten sich im Jahr 1967 bedrohlich um Israel aufgestellt, und dieses hatte präventiv zurückgeschlagen. Israel besetzte die Restgebiete Palästinas bis zum Jordan, die syrischen Golanhöhen und den Gazastreifen. In den folgenden Jahren wurde die Solidarität der arabischen Staaten mit den Palästinensern in den von Israel besetzten Gebieten zur billigen Münze, um Tatkraft für die gemeinsame arabische Sache zu demonstrieren.

Ein weiterer Waffengang Ägyptens und Syriens versuchte im Jahr 1973, mit der Wiedereroberung des Sinai und der Golan-Höhen die Tatsachen zu korrigieren. Er brachte einen Wendepunkt. Die USA setzten sich bei dieser Gelegenheit erstmals mit Waffenlieferungen und logistischer Unterstützung massiv für Israel ein. Washington übernimmt seither eine Garantie für die israelische Sicherheit. Fortan gingen die arabischen Länder beim Umgang mit einem Israel, das auf Dauer ihr Nachbar bleiben würde, verschiedene Wege. Von seinen arabischen Gegnern wurde und wird Israel als Brückenkopf westlicher Lebensart im Orient betrachtet. In der Wahrnehmung der USA und Europas steht Israel im Schatten des Holocaust. Mit der Parteinahme für Israel wird das Trauma der Judenverfolgung in Europa auf eine Region projiziert, die keinen Antisemitismus kannte. Diese für einen Teil der Konflikte im Nahen Osten ursächlichen Perzeptionen lassen sich schlecht in neorealistische Theoriesprache fassen. Sie verweisen auf die Weltbilder als Bezugsrahmen der Außenpolitik. Die konstruktivistische Interpretation leistet hier mehr. In den islamischen Gesellschaften der Region werden die USA und Israel als zwei Seiten derselben Münze betrachtet.

Das vom Oktoberkrieg 1973 erschöpfte Ägypten brauchte dringend ökonomische Hilfe. Es stellte sich an die Seite der USA. Der Preis dafür war das Arrangement mit der Existenz Israels. Genauso verhielt sich der Nachbarstaat Jordanien. Beide erkauften damit wirtschaftliche Unterstützung, militärische Zusammenarbeit und ganz allgemein Wachstumsimpulse für ihre Ökonomien. Syrien hingegen lehnte sich an die Sowjetunion an. Als diese gegen Ende der 1980er Jahre ihr Imperium preisgab und ihr weltweites Engagement zurückfuhr, verbesserte Syrien die Beziehungen zum Iran. Dabei könnten zwei Regime gegensätzlicher kaum sein. Hier ein säkulares Bath-Regime, das islamische Parteien und

Bewegungen unterdrückt, dort ein System, dessen Schlüsselstellungen von islamischen Klerikern kontrolliert werden. Die Grundlagen für diese Annäherung sind die Ablehnung der US-amerikanischen Präsenz in der Region, ein antagonistisches Verhältnis zu Israel und gemeinsame Interessen im Libanon. Die Arabische Liga verlor bei alledem noch die geringe Bedeutung, die sie in der arabischen Welt jemals gehabt hatte. Bilaterale Beziehungen sind Trumpf in der Region.

7.4 Der Islam in den regionalen Staatenbeziehungen

Als Quelle innerer Opposition war der Islam bereits vital, als die panarabische Idee noch in Blüte stand. Der politische Islam transportiert ein attraktiveres politisches Programm als der Panarabismus. Er nimmt den Koran als Anleitung für das rechte Handeln der Muslimenstaaten. Der Vorwurf der muslimischen Bewegungen an den breiteren arabischen wie auch an den engeren ägyptischen, syrischen oder iranischen Nationalismus ging dahin, dass diese Art der Identitätssuche lediglich das westliche Modell der säkularen Nation kopiere. Ausschlaggebend für die politische Identität muslimischer Gesellschaften sei aber der Glaube an Gott, wie der Koran ihn verkünde. Die Wirkung des Islamismus gibt keine großen Rätsel auf. Ideen wie Staat und Nation boten den armen, noch weithin analphabetischen und überwiegend ländlich geprägten Gesellschaften wenig. Sie fassten vor allem bei Intellektuellen und in den gebildeten, mit einer gewissen Weltkenntnis ausgestatteten Schichten Fuß. Der Islam ist demgegenüber in das Alltagsleben eingelassen. Anhänger findet der politische Islam jedoch auch in den gebildeten Klassen. Die Rückbesinnung auf islamische Lebensweisen verspricht die bessere Alternative zu den geborgten Nationalismen, mit denen die arabischen Staaten vergeblich ihre demütigende Rückständigkeit gegenüber dem Westen zu überwinden getrachtet hatten (Lewis 1994: 149 ff., Tibi 1992: 170 ff.).

Breitenwirksam zündete der politische Islam in der Region erst, nachdem er den Iran revolutioniert hatte (1978/79). Die Implikationen einer dem Islam folgenden Politik liegen auf der Hand. Sie bedeuten die Aufwertung der islamischen Geistlichen zu Lasten des Militärs und die Verdrängung westlicher Lebensattribute wie Popmusik, Alkohol und lockere Unterhaltung. Im Iran, in Pakistan und in Afghanistan ist das islamische Kulturprogramm in den 1980er und 1990er Jahren mit staatlichem Rückhalt ins Werk gesetzt worden. Der oppositionelle Islamismus wird in Ägypten mäßig geduldet und in Syrien unterdrückt. In Algerien hat er nach einem grausamen Bürgerkrieg in den 1990er Jahren einen Burgfrieden mit dem Staatsestablishment erreicht. Die weltpolitischen Wirkungen des Islamismus sind kaum weniger dramatisch als die innenpolitischen.

Die Türkei konnte dem Panarabismus gegenüber noch gleichgültig bleiben. Auch der nicht-arabische Iran brauchte ihn nicht groß zu fürchten. Der Islamismus aber knüpft an ein universales Merkmal der Region an. Araber, Türken, Iraner – sie alle sind Muslime. Auch die gesellschaftlichen Probleme sind fast überall die Gleichen: mangelnde Perspektiven für die studentische Jugend, ferner schreiende Not auf der einen, üppige Vermögen auf der anderen Seite, schließlichlich auch manipulierte Öffentlichkeiten und Identitätsdefizite vor dem Hintergrund der übermächtigen westlichen Zivilisation. Mit sozialem Engagement untermauern islamische Bewegungen und Parteien ihre Glaubwürdigkeit.

Der Islamismus markiert eine äußere Grenze, die bei aller wirtschaftlichen Liberalisierung, kulturellen Verwestlichung und polizeilichen Regimeverteidigung von den Regierungen beachtet werden muss. In verschiedenen Abstufungen darf sich der politische Islam parteipolitisch frei betätigen. Dort, wo er die größte Toleranz genießt, wie in Jordanien, bekommt er sogar gute Noten für konstruktive Arbeit ausgestellt. Ein geistiges oder politisches Zentrum kennt der Islamismus so wenig wie der Islam als Religion. Er ist vielgestaltig.

Wichtig ist vor allem der Unterschied zwischen Sunna und Schia. Weltweit sind 90 Prozent aller Muslime Sunniten, der Rest hauptsächlich Schiiten. Beide Konfessionen unterscheiden sich in Fragen, die ihre Wurzeln in der islamischen Frühgeschichte haben. Hier mag es genügen, dass der schiitische Zweig des Islam eine priesterliche Religion verkörpert, während die Sunna religiöse Autoritäten und Institutionen geringer gewichtet. Die Schia ist vor allem im Iran, im Nordosten Saudi-Arabiens, im Irak und im Libanon verbreitet. In arabischen Ländern, die von Gläubigen beider Konfession bewohnt sind, gibt es von jeher Spannungen.

Der Islam stellt eine reale, allerdings schwer fassbare Macht dar. Seine Bedeutung für die internationalen Beziehungen in der Region liegt darin, dass er das Arrangement der Regime mit Israel erschwert. Israels Existenz und seine enge Verbundenheit insbesondere mit den USA werden kulturkämpferisch gezeichnet, als Zeugnis der Verachtung für das Recht der Muslime, die politischen Verhältnisse in ihrer Ursprungs- und Kernregion selbst zu bestimmen. Die israelische Besatzungspolitik und häufig überzogene militärische Reaktionen der israelischen Regierung auf Terrorakte, namentlich Luftangriffe und Bodenoperationen, die zahlreiche Zivilisten in Mitleidenschaft ziehen, dazu ein krasses Wohlstandsgefälle zwischen Israel und den Arabern in den besetzten Gebieten tun ein Übriges, um die Rede von der israelischen Geringschätzung der Muslime mit subjektiv glaubhaften Beispielen zu illustrieren.

7.5 Regimesicherheit und sichere Grenzen

Das Verhalten der Staaten in der Region gehorcht, wie es die Theorie des internationalen Systems behauptet, dem Imperativ der Sicherheitsbeschaffung. Das Sicherheitsdilemma tritt hier aber in anderer Gestalt auf als bei der Abwehr auswärtiger Aggression. Zwar sind in der Region viele Kriege geführt worden. Sieht man aber einmal vom Irak ab, auf den an anderer Stelle einzugehen sein wird, so handelte es sich nicht um innerarabische Kriege, sondern um die Folgekriege der Teilung Palästinas. Die arabischen Staaten haben ihre Feindseligkeiten untereinander in erster Linie rhetorisch und propagandistisch ausgetragen. Ihre Grenzen haben sie im Allgemeinen respektiert.

Es bietet sich an, auf die These Ayoobs (1998) zurückzukommen, dass die Herrschenden in der von Armut und Instabilität bedrohten Dritten Welt ihre Außenbeziehungen nicht so sehr auf Feinde und Aggressoren in den Nachbarstaaten ausrichten, sondern dass ihre Außenpolitik vorrangig dem Zweck dient, von außen kommende Gefährdungen für die innere Stabilität abzuwehren (so auch Halliday 2005: 306ff.). Für solche Gefährdungen bieten die Gesellschaften zahlreiche Ansatzpunkte. Darunter ragen Armut und Beschäftigungsmangel heraus. Sie wirken als Treibsätze für Elendsaufstände, radikale Ideologien und wirkungsmächtige Oppositionsbewegungen.

Diese Situation meint Ayoob (1995) mit dem Sicherheitsdilemma der Dritte-Welt-Staaten. Krieg schafft Unruhe. Er wertet das Militär auf, von dem traditionell am ehesten Putschgefahr droht. Mit Folgeerscheinungen wie Inflation und Versorgungsmängeln treibt er die Menschen auf die Straße. Das Risiko der militärischen Niederlage und Demütigung mag zudem die Bühne für einen wie auch immer gearteten Machtwechsel bereiten. Die Sicherheit eines vertrauten Status quo, der sich im elementaren Ereignis eines Krieges verlieren muss, dürfte trotz allem gelegentlich martialischem Wortgetöse die geringe Kriegsbereitschaft in der spannungsreichen Region erklären.

Beispiele gibt es zu Hauf. Blicken wir etwa auf Jordanien. Die Vereinigung des Königreiches mit den palästinensischen Restgebieten westlich des Jordan erwies sich nach 1948 als schwere Hypothek für die Stabilität des Landes. Die Palästinenser akzeptierten die konservative Monarchie nicht. In den herrschenden Kreisen Jordaniens hielt sich das Bedauern über den Verlust der West Bank im Sechstagekrieg in Grenzen. Zunächst hatte das Regime aber gewaltige Schwierigkeiten mit der Exilpalästinenser-Organisation PLO, die sich unter anderem in Altjordanien niedergelassen hatte. In ihren ostjordanischen Basisgebieten führte sie sich wie ein Staat im Staate auf und missachtete die Autorität der jordanischen Behörden. In einer brutalen Militäraktion wurde sie 1970 aus Jordanien vertrieben. Das Land konnte sich daraufhin konsolidieren, auch mit

Hilfe von Exilpalästinensern, die loyal zum Staat standen. Panarabische Solidarität zählte hier nichts, weil der Bestand des Regimes in Frage stand. Nehmen wir ferner Saudi-Arabien, ein Staatsgebilde, dem Liberalität und Gleichberechtigung fremd sind und das kulturpolitisch von ultraorthodoxen islamischen Geistlichen beherrscht wird. Saudi-Arabien pflegt von jeher das Sicherheitsbündnis mit den USA. Zunächst hatte es dabei den sozialistisch aufgezäumten arabischen Nationalismus des Nasserschen Ägypten vor Augen. Als sich Ägypten dann in die nahöstlichen Bündnispartner der USA einreihte, pumpte Saudi-Arabien Anleihen an die ägyptische Regierung. Gleichzeitig unterstützte es aber islamische Vereine und regierungsferne Moscheeorganisationen in Ägypten. Es pflegte also die Beziehungen zu Regierung und Opposition. Mit der einen Hand unterstützte es so eine nunmehr stark am Status quo interessierte Regionalmacht, mit der anderen Hand wehrte es innersaudische Kritik ab, das Regime verrate in seinen Auslandsbeziehungen seine islamischen Grundlagen. Der darin enthaltene Widerspruch lässt sich nicht auflösen.

Internationale Kriege sind Gift für die Regimesicherheit. Diese Lektion haben die Staaten der Region gut begriffen. Und damit dürfen sie als bekennende Mitglieder der großen Staatengemeinde gelten, die sich im Prinzip der Nichteinmischung in die inneren Angelegenheit anderer Staaten und in der Respektierung ihrer Staatsgrenzen einig sind. Eine Ausnahme wie der Irak Saddam Husseins bestätigt die Regel.

Der damalige irakische Staatschef Saddam Hussein erlag 1980 der Fehleinschätzung, der an den Erschütterungen der Islamischen Revolution laborierende Iran sei außerstande, einen militärischen Angriff des Irak zu überstehen. Sein Überfall auf den östlichen Nachbarn zielte auf die benachbarte iranische Ölprovinz. Dahinter stand jedoch das weitere Motiv, in Teheran ein Regime zu Fall zu bringen, das in Bagdad als Bedrohung für die innere Stabilität empfunden wurde. Die Mehrheit der Iraker sind Schiiten, ebenso wie eine noch viel größere Mehrheit der Iraner. Die irakischen Schiiten scharen sich wie ihre Glaubensbrüder im Iran um theologische Führer. Diese beherrschten im Nachbarland Iran inzwischen die Politik. Die USA und die sunnitisch-arabischen Nachbarstaaten des Irak signalisierten ihre stillschweigende Zustimmung zum Angriff auf den Iran. Die arabischen Nachbarn hatten Grund, die Ansteckungsgefahr eines politisierten Islam zu fürchten. Die Ölförderprovinzen Saudi-Arabiens sind die östlichen Ausläufer eines sich über den Südirak bis zum Iran erstreckenden Gebiets, das mehrheitlich von Schiiten bewohnt wird. Dort war es nach der Islamischen Revolution zu Demonstrationen gekommen, die von Sicherheitskräften niedergeschlagen wurden. Für das irakische Bath-Regime, das saudische Königshaus und die Golfemirate hatte der Islamismus zu dieser Zeit ein schiitisches Gesicht. (Nasr 2006: 136).

7.5 Regimesicherheit und sichere Grenzen

Ein acht Jahre dauernder Auszehrungskrieg trocknete die beträchtlichen Ressourcen des Irak aus, obgleich Saudi-Arabien und die Golfstaaten den Irak massiv unterstützten. Völlig überraschend wandte sich der Profiteur dieser Unterstützung, der irakische Präsident Saddam Hussein, ab 1990 in heftigen rhetorischen Attacken gegen die Herrscher der Nachbarstaaten. Einer der Vorwürfe lautete, sie verschleuderten die gemeinsame arabische Ressource des Öls, um sich die Gunst und den Schutz des Westens zu erkaufen. Die irakische Forderung, das benachbarte Kuweit möge die Ölförderung drosseln, um den Ölpreis in die Höhe zu treiben, verhallte ungehört. Daraufhin warf der Irak Kuweit vor, ein Ölfeld auszubeuten, das sich zum größeren Teil unter irakischem Boden befand. Mit den üblichen Vorwänden historischer Ansprüche besetzte der Irak 1991 das kleine Nachbarland.

Die Aktion ging auf verschiedene Kalküle zurück. Darunter spielte die Einschätzung eine Rolle, die Region sei reif für einen neuen Führer, dem die arabischen Gesellschaften zujubeln würden, wenn er nur die Mächte des Status quo herausforderte – ein neuer Nasser. Ein kleiner Erfolg gegen das praktisch wehrlose Kuweit könnte zudem das verlustreiche militärische Unentschieden im unlängst beendeten Golfkrieg überschatten. Die Einverleibung des kleinen Scheichtums hätte dem Irak einen beträchtlichen Ressourcenzuwachs verschafft (Halliday 2005: 143ff.).

Der Überfall auf Kuweit rief eine Gegenkoalition derselben Staaten auf den Plan, die den Irak zuvor, beim Überfall auf den Iran noch unterstützt hatten. Jetzt bedrohte der Irak die Stabilität ihrer Regime, und er respektierte nicht einmal die historischen Grenzen. Eine breite, von den USA geführte Koalition vertrieb die Irakis aus Kuweit. Sie machte jedoch an den irakischen Grenzen halt (Barnett 1998: 215ff.). Für das irakische Regime bewahrheitete sich jetzt, dass gerade der Krieg das innere Regime gefährdet. Die seit Jahrzehnten unterdrückten Schiiten im Süden und die Kurden im Norden des Irak rebellierten gegen Bagdad. Sie wurden in grausamen Aktionen unterworfen.

Dieselben Nachbarn wiederum, die sich 1991 gegen den Irak zusammengeschlossen hatten, übten beim amerikanischen Angriff auf den Irak im Jahr 2003 wieder Zurückhaltung. Aus ihrer Sicht stand hier nichts auf dem Spiel, was eine Verletzung der irakischen Souveränität und einen Sturz des Regimes gerechtfertigt hättte. Der seit 1991 unter den Sanktionen der Vereinten Nationen ächzende Irak war zu abermaliger Aggression gegen die Nachbarn überhaupt nicht mehr in der Lage. Auch das Gegenmachtkalkül zum Iran hatte nachgelassen. Der Iran hatte sich seit dem Ende des ersten Golfkriegs zu einer dem Status quo verpflichteten Macht entwickelt. Er respektierte die Grenzen und die inneren Verhältnisse der Nachbarn.

Der Iran ist ein Gewinner der jüngsten Entwicklungen in der Golfregion (Perthes 2008: 83ff.). Die US-amerikanische Invasion und die Besetzung des Irak hatten für den Iran das kuriose Ergebnis, dass die dort lebende schiitische Bevölkerungsmehrheit, zuvor jahrzehntelang unterdrückt, nunmehr ein Spielmacher der Bagdader Regierung geworden ist. Damit ist die Isolation Teherans als einziger von Schiiten regierter Staat in der Region durchbrochen. Die Verbindung des Iran mit den libanesischen Schiiten, die inzwischen an der Regierung beteiligt sind, stellt die dritte Säule der gestärkten iranischen Präsenz in der Region dar. Der Iran gewinnt in den arabischen Öffentlichkeiten an Respekt. Seine Regierung trotzt den verhassten USA, insbesondere mit der Entwicklung seiner Atomindustrie. Der Iran bekennt sich ferner laut zur Sache der Palästinenser, und er scheut schließlich – zumindest rhetorisch und in Gesten – nicht die Konfrontation mit Israel (Goodarzi 2006). In allen diesen Punkten agieren die Regime der – sunnitischen – Nachbarländer zurückhaltend, um das Verhältnis zu den USA nicht zu belasten.

Betrachten wir jetzt den Zentralkonflikt in der Region. Nach Gebiet und Bevölkerungszahl ist Israel eine winzige okzidentale Insel in einem Meer arabisch-islamischer Lebensart. Seine Selbstbehauptung in drei Kriegen mit den arabischen Staaten verdankt es der Pflege seines Waffenarsenals und seiner hohen militärischen Bereitschaft. In regelmäßigen Abständen wurde das Bedrohungsempfinden dramatisch aufgefrischt, zuletzt 1991 von irakischen Raketen, die auf Israel abgefeuert wurden. Die Folge der Dauerbereitschaft zum militärischen Handeln hat der israelischen Demokratie den Anstrich einer belagerten Gesellschaft verliehen: Sicherheitsfragen überlagern die ethnischen und sozialen Konflikte. Ungelöste Probleme stauen sich auf. Diplomatische Erwägungen haben es schwer, sich gegen das Denken in Stellungsvorteilen und Überlegenheitskalkülen durchzusetzen (Barzilai 1996). Israel bietet ein Musterbeispiel des „second image reversed".

Grenzscharmützel und Terrorakte sind in Israel trauriger Alltag. In der Vergangenheit gingen die israelischen Reaktionen häufig um einiges über die bloße Bedrohungsabwehr hinaus. Siedlungen israelischer Bürger im besetzten Westjordangebiet wurden ursprünglich als strategische Sicherungspunkte im Vorfeld Israels angelegt. Weitere Siedlungen wurden von der Regierung auch dann noch unterstützt, als sie offen mit Ansprüchen auf die Zurückgewinnung biblischen Landes für das Volk Israel errichtet wurden. Demütigende und übermäßig harte Reaktionen auf palästinensische Proteste heizen die Konfrontation weiter an. In israelischer Wahrnehmung handelt es sich um Defensivakte, in palästinensischer und arabischer Wahrnehmung hingegen um Gesten der Kränkung und Verachtung der Landsleute und Glaubensbrüder. Ein Beispiel gegenläufiger Wahrnehmung, die einer gütlichen Einigung entgegensteht.

7.5 Regimesicherheit und sichere Grenzen

Die anti-israelische Politik der nahöstlichen Regime beschränkt sich inzwischen auf Rhetorik. Israels Existenz wird de facto nicht mehr in Frage gestellt, mag die flächendeckende offizielle Anerkennung auch noch Jahre auf sich warten lassen. Militärisch ist Israel nicht besiegbar. Mit den Erfahrungen der Vergangenheit scheiden weitere militärische Abenteuer nach aller Wahrscheinlichkeit aus. Die innergesellschaftlichen Folgen wären unkalkulierbar. Die Vorsicht, die in diesem Verhalten Ausdruck findet, ist vom Sicherheitskalkül autoritärer Regime diktiert.

Israel ist kein Vasallenstaat der USA, sondern für Washington ein gelegentlich sehr schwieriger Verbündeter. Es verfolgt eigene Interessen, gerade mit dem Blick auf die offene Palästinafrage. Die USA brauchen auch die arabischen Verbündeten. Gerade diese aber sehen sich von Israel häufig brüskiert und provoziert. Typischerweise sind es Grenzfragen, die den Konflikt nähren. In Israel selbst geht es in der Außenpolitik nicht um die äußere Flankierung eines fragilen inneren Regimes. Hier geht es um Schutz vor Aggression von jenseits der Grenzen durch Abstand, also durch Raum, und ferner durch militärische Überlegenheit. Israels Verhalten lässt sich mit realistischer Deutung gut erklären (Beck 2002).

Israel ist existenziell auf den Schutz der US-amerikanischen Weltmacht angewiesen. Umgekehrt ist die Sicherheit Israels in die essentiellen Sicherheitsinteressen der USA integriert. Neben den Gründen, die in der US-amerikanischen Gesellschaft selbst liegen, gibt es dafür eine handfeste strategische Grundlage. Israel liegt in der Nachbarschaft der Ölförderregion. Es ist militärisch effizient, und sein demokratischer Zuschnitt verspricht politische Stabilität und Verlässlichkeit. Hier greifen dann auch Erklärungen mit der Innenpolitik. Der demokratische Charakter Israels erschwert es, Friedenslösungen zu finden, die von bedeutenden innenpolitischen Kräften abgelehnt werden. Nach dem Sechstagekrieg von 1967 hatte sich die Auswanderung der noch in den arabischen Nachbarstaaten lebenden Juden nach Israel beschleunigt. In den 1970er Jahren wählten hauptsächlich orthodoxe, in den USA lebende Juden Israel als politische Heimat. Etliche darunter ließen sich in genehmigten oder ungenehmigten Siedlungen im besetzten Westjordanland nieder. Im gleichen Zeitraum handelten die USA mit Moskau die Ausreise jüdischer Sowjetbürger aus. Alle diese Entwicklungen, die hier nur angedeutet werden sollen, veränderten den Rahmen der israelischen Innenpolitik. Die Aufgabe jüdischer Siedlungen kam für konservative und religiöse Parteien nicht in Frage. So mancher von den Nachbarstaaten und den USA gutgeheißene Vorschlag zur Lösung der Palästinafrage scheiterte, weil darüber Hardliner-Parteien eine der üblichen zerbrechlichen israelischen Regierungskoalitionen sprengten.

8 Hinterhöfe der Weltpolitik

8.1 Lateinamerika

8.1.1 Grundzüge der innergesellschaftlichen Entwicklung

Am Anfang der interamerikanischen Beziehungen stand der Anspruch der USA, die europäischen Mächte von Amerika fernzuhalten (Monroe-Doktrin, 1823). Großbritannien beherrschte den Subkontinent bis zum Beginn des 20. Jahrhunderts als Handelsmacht (informal empire). In dieser Epoche versorgte Lateinamerika die europäischen Märkte mit Rohstoffen und Agrarerzeugnissen. Die Weltwirtschaftskrise von 1929 drosselte die Nachfrage nach lateinamerikanischen Exportprodukten, der Zweite Weltkrieg würgte den Import von Industriegütern aus Europa und Nordamerika ab. Unter diesen Voraussetzungen setzte eine heimische Produktion ein. Sie trat an die Stelle der bisherigen Einfuhren (Importsubstituierende Industrialisierung). Als Folgen bildeten sich in den 1930er und 1940er Jahren eine Mittelschicht und eine Industriearbeiterschaft heraus. Parteien und Gewerkschaften betraten die innenpolitische Bühne. In Gesellschaften, die bis dahin ganz von landbesitzenden und vom Export der Rohstoffe und Cash crops (Kaffee, Kakao, Bananen) profitierenden Oligarchien beherrscht worden waren, meldete sich erstmals das Volk zu Wort.

Die jetzt aufkommenden Spannungen zwischen den alten und den neuen gesellschaftlichen Kräften entzündeten sich meist an Eigentumsfragen (Bodenreform, Staatsbeteiligung an der Rohstoffförderung) und an der Verteilungspolitik (Sozialpolitik, Gewerkschaftsrechte). Sie wurden in den folgenden Jahrzehnten häufig nicht an der Wahlurne, sondern mit einem Militärputsch gelöst. Das Militär, in den meisten Ländern eine Macht, die in den Auseinandersetzungen Partei für die Privilegierten nahm, regierte in aller Regel eine gewisse Zeit, um die Macht dann wieder Zivilisten zu überlassen. Erst in den 1960er Jahren kam es aber zu ungewöhnlich langen Perioden der Militärdiktatur, so in Argentinien, Brasilien und Chile. Bis in die Mitte der 1980er Jahre sollte dieser Wechsel von Zivil- und Militärherrschaft anhalten. Seither ist die Militärherrschaft auf dem Subkontinent zur Ausnahmeerscheinung geworden und haben sich die demokratischen Verhältnisse stabilisiert. Trotz der starken Präsenz des Militärs gerade auch in der jüngeren Geschichte Lateinamerikas sind die Beziehungen zwischen den Staaten relativ friedlich gewesen. Gewaltfrei war die lateinamerikanische Staatenwelt aber nie. Blicken wir dazu kurz in die Vergangenheit.

8.1.2 Sicherheitspolitik: Der Großkonflikt als Ausnahme

Die meisten Großkriege auf dem Kontinent wurden, wie in Europa auch, um Gebiete und um Ressourcen geführt. Der Zerfall des Großstaates Kolumbien ging noch einigermaßen friedlich vonstatten. Er war in den Grenzen des spanischen Vizekönigtums Neu-Granada entstanden und beherbergte zu unterschiedliche Landschaften und Lebensweisen, um Bestand zu haben. Im Jahr 1830 zerfiel er in die heutigen Staaten Ecuador, Kolumbien und Venezuela. Blutig fielen die Auseinandersetzungen vor der Konsolidierung der Staatsgebiete im Süden des Subkontinents aus. Brasilien intervenierte 1864 im kleinen Nachbarstaat Uruguay, um dort einen Bürgerkrieg zu beenden. Argentinien war schon ein zwar großer, aber noch schwacher und unterbevölkerter Staat, Paraguay hingegen eine starke Militärmacht. Brasilien wiederum hatte bei weitem noch nicht die Statur des bedeutendsten südamerikanischen Staates erreicht. Paraguay erklärte Brasilien den Krieg, weil es dessen Engagement in Uruguay als Auftakt brasilianischer Expansionsgelüste behauptete. Brasilien wiederum schloss sich mit Argentinien und Uruguay in einer Tripelallianz zusammen. Als der Krieg nach sechs Jahren endete (1870), hatte Paraguay die Hälfte seiner Bevölkerung verloren und musste große Teile seines Staatsgebietes an Argentinien und Brasilien abtreten. Sein weiteres Schicksal als ein Armenhaus Lateinamerikas war damit vorgezeichnet.

Auch an der Pazifikküste klärten sich die Machtlagen erst in militärischen Auseinandersetzungen. Bolivien und Peru führten gegen Chile einen Krieg um die Atacama-Wüste nahe der Pazifikküste (1879-1883). Es ging nicht einfach nur um Grenzen, sondern um Salpetervorkommen; Salpeter wurde bis zum Ersten Weltkrieg noch für die Produktion von Schießpulver benötigt. Chile konnte seine Ansprüche durchsetzen. Bolivien verlor als Folge der Niederlage seinen Zugang zum Pazifik. Der Chaco-Krieg war eine mittelbare Spätfolge. Fünfzig Jahre später bekriegten sich Bolivien und Paraguay, bereits damals zwei der ärmsten Staaten in Südamerika (1932-35). Mit diesem verlustreichen Krieg wollte sich Bolivien aus seiner Landumschlossenheit befreien, indem es ein an den La Plata grenzendes Gebiet des Nachbarstaates eroberte, um sich so wieder einen Zugang zum Meer zu verschaffen. Es verlor diesen Krieg und musste Teile seines Staatsgebietes an Paraguay abtreten. In späteren Jahrzehnten ist der Krieg als Mittel der Politik eher in den Hintergrund getreten. Vollständig verschwunden ist das Kriegsrisiko aber nicht.

Als Kuriosum gilt bis heute der so genannten Fußballkrieg. Er brach 1969 aus, nachdem Honduras ein Spiel für die Qualifikation zur Fußballweltmeisterschaft gegen die Mannschaft des Nachbarstaates El Salvador verloren hatten. Die Gewalttätigkeiten nach dem Spiel steigerten sich bis 1970 in weiteren Qualifikationsrunden zu einer ausgewachsenen militärischen Auseinandersetzung zwischen zwei der ärmsten Länder Mittelamerikas. Ursächlich für den Konflikt war die Besiedlung ungenutzten honduranischen Landes durch Wirtschaftsflüchtlinge aus El Salvador. Die illegalen Einwanderer wurden in Honduras für die schlechte Wirtschaftslage verantwortlich gemacht. Die Vorurteile und Animositäten unter den vom Fußball begeisterten Menschen beider Länder sprengten die Schranken des im Sport ausgetragenen Stellvertreterkrieges. Das Ausmaß der spontanen Gewalttätigkeiten zwang den Regierungen einen wirklichen Krieg auf. Sie scheuten den Widerspruch zu den aufgebrachten Massen. Die Organisation der Amerikanischen Staaten vermittelte (OAS) und erwirkte ein Ende der Auseinandersetzungen.

Chile und Argentinien rangelten sich schon seit dem 19. Jahrhundert um den Grenzverlauf am Beagle-Kanal und in den Anden. Der Beagle-Kanal ist eine Passage im unwegsamen und menschenleeren Patagonien. Es ging bei diesem Konflikt um eine Inselgruppe, die von beiden Ländern beansprucht wurde. Chile war sie wichtig, weil ihm diese Inseln bessere Ansprüche auf Rechte in der Antarktis eröffnete. Im Jahr 1978 standen beide Länder am Rande des Krieges. Der Vatikan vermittelte und verhinderte offene Feindseligkeiten. Beide Konfliktparteien kamen 1985 überein, die chilenischen Besitzansprüche anzuerkennen (Oelsner 2005: 105ff.). In den Folgejahren einigten sie sich auch auf den Grenzverlauf im Hochgebirge. Blicken wir kurz auf die Hintergründe. Sie sind instruktiv für die Motive, die dem Subkontinent in jüngerer Zeit vernichtende Großkriege erspart haben.

Beide Länder wurden im Zeitpunkt des Konflikts von harten Militärregimen beherrscht. Während aber die argentinischen Militärs nach außen hin aggressiv agierten, hielt sich Chile zurück. Beider Verhalten klärt sich beim Blick auf die innenpolitische Situation auf. Das chilenische Militär ließ sich von neoliberalen Ökonomen beraten, und chilenische Wirtschaftstechnokraten krempelten die gewachsene Wirtschaftsstruktur mit ihren staatswirtschaftlichen und sozialstaatlichen Elementen vollständig um. Die nunmehr geöffnete chilenische Ökonomie war auf die Bedienung neuer Exportmärkte eingestellt. Teile der Bevölkerung profitierten vom beachtlichen Wachstum, das vom Regime wiederum als Stabilitätsfaktor geschätzt wurde. Ein Krieg mit Argentinien hätte schwer kalkulierbare Folgen für Wachstum und innere Stabilität gehabt.

Das argentinische Regime empfand die Schlichtung durch den Vatikan als Niederlage. Es laborierte weiterhin ohne Erfolg an seinen ökonomischen Schwierigkeiten. Und abermals erhofften sich die regierenden Militärs Entlastung vom Aufrühren nationalistischer Empfindungen. Vor diesem Hintergrund beschlossen sie im Jahr 1982, die zu Großbritannien gehörenden, weit vor der argentinischen Küste gelegenen Falkland-Inseln zu besetzen. Die Inselgruppe galt nicht nur Argentiniern als koloniales Relikt. Das militärische Risiko erschien angesichts der Entfernung der Inseln zum britischen Mutterland nicht allzu groß. Wider Erwarten vertrieb jedoch eine britische Militäraktion die Besatzer. Trotz etlicher Verluste auch auf britischer Seite demonstrierte das Unterfangen die Inkompetenz der argentinischen Militärführung.

Das chilenische Militärregime zog aus diesen Ereignissen den Schluss, dass von der argentinischen Militärmacht nichts zu befürchten sei. Die von der Falkland-Aktion diskreditierten argentinischen Militär legten die Regierung in die Hände ziviler Politiker. Die nachfolgenden demokratischen Regierungen Argentiniens reformierten die unpopulär gewordenen Streitkräfte, sie verkleinerten sie und brachen ihren Einfluss auf die Politik. Unter diesen Umständen kamen eine der immer noch härtesten Militärdiktaturen Lateinamerikas, diejenige in Chile, und demokratische Politiker an der Spitze Argentiniens überein, den Konflikt im Beagle-Kanal zu lösen. Die chilenischen Besitzansprüche wurden bestätigt, und Chile gewährte Argentinien Durchfahrt- und Nutzungsrechte. Argentinien demonstrierte so weltweit seine Friedlichkeit und neue Respektabilität. Dieses kleine Beispiel deutet auf den Primat der Regimesicherung auch in der äußeren Politik (Parish 2006).

Hier ist es nun an der Zeit, kurz auf die Organisation Amerikanischer Staaten (OAS) einzugehen. Ursprünglich als kollektives Verteidigungsbündnis gegründet, hat sich die OAS zu einem Konfliktschlichtungsinstrument gewandelt. Die OAS schaltet sich ein, um Konflikte zwischen ihren Mitgliedstaaten im Vorwege zu entschärfen oder um sie möglichst rasch zu beenden, wenn sie in Gewalt umschlagen. Als diplomatisches Instrument hat sie große Bedeutung. Als Verteidigungsbündnis spielt sie aber schon deshalb keine Rolle, weil es selbst auf dem Höhepunkt des Kalten Krieges in Lateinamerika keine klassische militärische Bedrohung durch das sozialistische Staatenlager gegeben hat.

Im Grenzgebiet zwischen Peru und Ecuador kam es 1995 zu handfesten militärischen Auseinandersetzungen. Auch dieser Konflikt hatte eine lange Vorgeschichte. Ecuador hatte bereits 1941, nachdem es von Peru überfallen worden war, große Teile seiner Amazonasgebiete an Peru abtreten müssen. Im Windschatten des Weltkrieges in Asien und Europa war das Interesse der USA anderweitig gebunden. Die Nachbarstaaten Ecuadors übten diplomatischen Druck aus, sich den vom Angreifer geschaffenen Tatsachen zu fügen. Der Grenzkrieg von

8.1 Lateinamerika 167

1995 entzündete sich an peruanischen Gebietsansprüchen in einem Gebiet mit vermuteten Öl- und Edelmetallvorkommen. Der Krieg wurde 1998 durch Vermittlung der OAS und mit der Bestätigung des Status quo beendet. Ein Jahr später wurde eine Einigung über den Grenzverlauf erzielt. Für gewaltsame Grenzveränderungen sind die Zeiten in Lateinamerika schlechter geworden.

Im Jahr 2008 machte Ecuador militärisch mobil, nachdem kolumbianisches Militär ecuadorianisches Gebiet bombardiert und ecuadorianische Truppen die Grenze überschritten hatten. Kolumbien wollte die von Ecuador aus operierende linke Guerilla FARC zerschlagen, die das öffentliche Leben seit vielen Jahren mit Terroranschlägen und Entführungen belastet hatte. Der Präsident des mit Kolumbien zerstrittenen Venezuela, Hugo Chavez, erklärte sich solidarisch und schickte Militär an die Grenzen zu Kolumbien. Bevor es hier zu bewaffneten Auseinandersetzungen kam, schaltete sich die Rio-Gruppe, die Konferenz der lateinamerikanischen Regierungschefs, vermittelnd ein. Der Streit wurde bis auf Weiteres beigelegt.

Wandern wir weiter nördlich, um die Konflikte in der Region zu erkunden. Seit 150 Jahren herrscht in Mittelamerika Ruhe an den Grenzen. Am Ende des letzten Krieges zwischen den USA und Mexiko (1848) vereinnahmten die USA immerhin die Hälfte des damaligen mexikanischen Territoriums. Dieses macht heute etwa ein Drittel des gegenwärtigen kontinentalen Staatsgebiets der USA aus.

Um ihre Pläne eines Kanaldurchstichs zwischen Atlantik und Pazifik zu fördern, ermunterte Washington 1903 zur Sezession der kolumbianischen Provinz Panama. Die Kanalzone blieb bis 1978 exterritorial. Sie beherbergte zahlreiche US-amerikanische Militäreinrichtungen. Noch 1917 intervenierten die USA militärisch im revolutionären Mexiko, um eine Öl produzierende Region zu sichern. Die Zucker- und Freizeitinsel Kuba wurde zum erbitterten Feind der USA, als 1959 Spätstudenten wie Fidel Castro und Che Guevara mit Marx und Lenin im Gepäck einen hyperkorrupten Präsidenten stürzten. Die USA schätzten diesen Präsidenten zwar auch nicht besonders. Aber sie verteufelten marxistisches Gehabe aller Art als Paktieren mit Moskau. Sie setzten eine Self-fulfilling prophecy in die Welt: Castro führte Kuba in die Arme der Sowjetunion.

Mit Kubas freiwilliger Bindung an das sozialistische Lager nahm in Washington die Furcht vor Nachahmung nahezu hysterische Züge an. Washington ging davon aus, auch andere arme und von krassen sozialen Gegensätzen gezeichnete Länder des südlichen Halbkontinents könnten Opfer einer kommunistischen Guerilla werden. Die gesamtamerikanische Politik der USA folgte deshalb dem Motto, linke Regime abzuwehren. In Brasilien (1964) und Chile (1973) hatten die USA erkennbar die Finger im Spiel, als Regierungen gestützt wurden. In Bolivien unternahmen sie einiges, um ein linkes Militärregime zu Fall zu bringen, das 1968 ausländische Firmen verstaatlichte und die Reform der ländlichen Besitzverhältnisse anpeilte. Nicaragua öffnete sich nach 1978 unter einer linken Regierung für die Beziehungen zum sozialistischen Staatenblock. Die US-Administration Reagan unterstützte daraufhin eine Rebellenbewegung, um diese Regierung zu Fall zu bringen. Erfolg war ihr nicht beschieden. Noch 1989 nahmen die USA im Zuge einer Militärinvasion den panamesischen Präsidenten Manuel Noriega gefangen, der eine Schlüsselrolle im Drogenhandel nach Nordamerika spielte. Genug der Beispiele: Die vergangenen Interventionen der USA haften im kollektiven Gedächtnis. Rückhalt fanden sie nur bei den Herrschenden und Besitzenden, die ihren Status durch Umverteilung, Landreform und die Ergebnisse freier Wahlen bedroht sahen.

8.1.3 Lateinamerika und die Internationalen Finanzinstitutionen

Jedes Land südlich von Mexiko hat in den vergangenen 40 Jahren das Spektrum der Herrschaftsformen von der harten Militärdiktatur über einen weichen Autoritarismus bis hin zur demokratischen Praxis durchmessen. Die gesellschaftlichen Verhältnisse, insbesondere die Konzentration des Landbesitzes und die extreme Armut unter Landarbeitern und Landflüchtigen sowie in den Slums der Großstädte sind davon unberührt geblieben. Die Politik steht unter Druck, die schmale Schicht der Privilegierten nicht mit Reformen zu behelligen (Stavenhagen 1997). Die unzufriedenen Massen müssen politisch so weit ruhiggestellt werden, dass sie nicht offen aufbegehren. So manche demokratische Regierung hat sich mit solchen Spagaten verschlissen.

Der Weltmarkt ist für alle Staaten der Region ein Überlebensdatum ersten Ranges. Die hochverschuldeten Länder sind von internationalen Kreditgebern abhängig geworden. Der Internationale Währungsfond und die Weltbank erzwangen eine Wirtschaftspolitik, die den Staat in der Gesellschaft zurückdrängte. Ihnen steht als Reformziel eine Ökonomie vor Augen, die große Ähnlichkeit mit dem liberalen Kapitalismus der USA besitzt (Tuozzo 2004). Doch das liberale Modell, das die USA mit ihrer staatsfernen Tradition bisher einigermaßen gut verkraftet haben, zeitigte auf dem von großer Armut gezeichneten südlichen Subkontinent gravierende negative Folgen (Grabendorff 2002: 260). Die Korruption grassierte bei den von jeher unterbezahlten Beamten stärker denn je zuvor. Das Einstellen staatlicher Subventionen sowie der Abbau von Zollbarrieren führten zu Betriebsschließungen. Selbst in den schmalen, gut ausgebildeten Mittelschichten treten seit vielen Jahren Wohlstandsverluste und im größeren Umfang Arbeitslosigkeit auf. Gut ausgebildete Bürger wandern nach Europa und Nordamerika aus. Die Ärmsten der Armen flüchten sich noch stärker in die Kriminalität, weil selbst der informelle Sektor nicht mehr genügend Chancen zum Überleben bereitstellt. Wechselnde Regierungen verwalten eine unveränderbar scheinende soziale Misere (Schrieberg 1997).

Zu Beginn des neuen Jahrtausends wurden in Venezuela und in Bolivien mit Hugo Chavez und Evo Morales Präsidenten indianischer Herkunft gewählt – Vertreter einer Bevölkerungsgruppe, die über Generationen hinweg von politischer Teilhabe ausgeschlossen gewesen war. Seit 2006 regte sich in Bolivien internationales Konfliktpotenzial. Die Vertreter der reichen Provinzen des bolivianischen Tieflandes, wo Öl und Gas gefördert werden, wehrten sich gegen Pläne, die Einnahmen aus den Bodenschätzen mit den armen, von Indios besiedelten Hochlandprovinzen zu teilen. Sie drohten 2008 sogar mit einer Sezession. Dem traten allerdings die Staatschefs der lateinamerikanischen Länder entgegen. Die Grenzen Lateinamerikas gelten weiterhin als tabu. Demokratische und autoritäre Regime sind sich darin einig, ihre inneren Angelegenheiten zu respektieren. Dies gilt ungeachtet der Tatsache, dass die OAS auch den Erhalt und die Wiederherstellung der Demokratie in ihren Zielkatalog aufgenommen hat (Shaw 2004: 151ff.). Wir treffen in diesem Punkt also eine ähnliche Konstellation an, von der oben im arabischen Raum berichtet wurde.

8.1.4 Brasilien und die inneramerikanischen Beziehungen

Die Außenbeziehungen des südlichen Subkontinents sind in die gemeinsame lateinamerikanische Kultur eingebettet. Brasilien hebt sich durch die Größenordnung, die Vielfalt der Klima- und Wirtschaftszonen und die Ressourcenvielfalt von den übrigen Ländern des Subkontinents ab. Brasilien müsste, geht man von den Prämissen der neorealistischen Theorie aus, nach hegemonialer Macht auf dem Subkontinent streben. Zwar überragen seine Ressourcen die der Nachbarn um mehr als Häupterlängen. Aber es befindet sich im Griff vormoderner sozialer Traditionen und extrem ungleicher Besitzverhältnisse. Insgesamt zeichnet es sich durch politisch-gesellschaftliche Merkmale aus, die es von den Nachbargesellschaften letztlich nicht groß unterscheiden (Mols 1996: 123f.). Die Ambition eines Spielmachers auf dem Subkontinent ist Brasilien aber durchaus nicht fremd. Es betreibt ein diskretes Balancing gegen die Dominanz der USA.

Als Land von kontinentalen Ausmaßen hat Brasilien Grenzen mit nahezu sämtlichen Staaten des Subkontinents. Es ist eine treibende Kraft bei den Bemühungen, eine gemeinsame Position der Lateinamerikaner zu entwickeln. Mit viel Fingerspitzengefühl setzt es Gegenakzente. Seine bevorzugte Methode ist der Konsens mit den Nachbarn. Diplomatie steht als Mittel der Konsensbeschaffung hoch im Kurs (Burges 2004). Die Nachbarn wissen es zu schätzen. Die Abgrenzung von den USA ist in Lateinamerika billige Münze. Die angloamerikanische Kultur wirkt als Kontrastmittel für die Bekräftigung der eigenen Identität.

In den USA und in einigen lateinamerikanischen Ländern gibt es Bestrebungen, eine gesamtamerikanische Freihandelszone einzurichten. Dieses Projekt findet positive Resonanz vor allem in den Ländern, die den Freihandelszonen der Andengemeinschaft sowie der zentralamerikanischen und karibischen Gemeinschaft angehören. Der ökonomische Kompass dieser auf die Rohstoffförderung und den Anbau von Cash crops orientierten Volkswirtschaften zeigt nach Norden und nach Westen.

Anders steht es mit den Ländern des MERCOSUR (Südamerikanischer Markt). Brasilien besitzt einen eigenen Markt für Konsum- und Investitonsgüter, eine ungeheure Vielfalt natürlicher Energiequellen und eine produktive Landwirtschaft. Eine gesamtamerikanische Freihandelszone (FTAA: Free Trade Area of the Americas), über die seit Jahren schleppend verhandelt wird, würde hier Schutzräume einreißen, die es Brasilien ermöglichen, auf der Grundlage seiner Ressourcen weiterhin seine industrielle Produktion zu pflegen. Mit guten Gründen widersetzt sich Brasilien der Idee eines gesamtamerikanischen Wirtschaftsraumes, der kraft seines Gewichts ganz von den USA beherrscht würde (Tussi/ Labaqui 2005: 69ff.). Streitpunkte sind unter anderem Fragen des Zugangs zu den nordamerikanischen Märkten und die Subventionierung der US-Agrarproduktion.

In ökonomischer Hinsicht praktizieren die lateinamerikanischen Staaten in wachsendem Maße Zusammenarbeit. Die Andengemeinschaft (früher Andenpakt) hat zwischen den Staaten auf der pazifischen Seite Südamerikas (Bolivien, Peru, Ecuador, Kolumbien, Venezuela) einen gemeinsamen Handelsraum geschaffen. Er konnte bislang allerdings nur begrenzte Wirkung entfalten. Die Andengemeinschaft bindet Länder zusammen, die sich mit ihren Produkten nicht gut ergänzen. Sie wickeln schätzungsweise lediglich zehn Prozent ihres Handels untereinander ab. Ihre Produktionspalette ist auf Öl, Gas, Rohstoffe und Agrarprodukte ausgerichtet. Diese Erzeugnisse werden – unter anderem – in die USA geliefert. Der Zentralamerikanische Gemeinsame Markt – die Staaten auf der Landbrücke zwischen Nord- und Südamerika – bringt es auf nicht einmal 20 Prozent innergemeinschaftlichen Handel. Die Karibische Gemeinschaft, im Wesentlichen die Antillenstaaten, kommt auf nicht einmal zehn Prozent Handelsvolumen unter ihren Mitgliedstaaten (Bulmer-Thomas 2001: 365).

Der wichtigste Handelsraum auf dem südlichen Subkontinent ist der 1991 gegründete Südamerikanische Markt (MERCOSUR). Ihm gehören Argentinien, Brasilien, Paraguay und Uruguay an. Der MERCOSUR bringt die stärksten Ökonomien des Halbkontinents zusammen (Oelsner 2005: 167ff., Kurtenbach/- Bodemer/Nolte 2000). Zwar bringt es auch der MERCOSUR nur auf etwa ein

8.1 Lateinamerika

Viertel innerregionalen Handel. Die tatsächliche Verknüpfung der beteiligten Ökonomien wird aber durch die Größe des brasilianischen Marktes verzerrt. Große Teile Brasiliens, vor allem im Nordosten, haben den Zuschnitt einer Armutsgesellschaft der Dritten Welt. Die an Argentinien, Uruguay und Paraguay grenzende südöstliche Region hat jedoch das Format einer Industriegesellschaft, ganz ähnlich wie der Nordosten Argentiniens. Der MERCOSUR schöpft Kostendifferenzen im innerindustriellen Handel aus (z.b. die Verarbeitung brasilianischer Agrarprodukte in der argentinischen Lebensmittelindustrie, argentinische Komponenten für brasilianische Autofabriken). Uruguay und Paraguay wickeln einen Großteil ihres Handels mit Brasilien und Argentinien ab. Der Handel mit den USA ist für die Länder des MERCOSUR weniger bedeutend als für die übrigen lateinamerikanischen Länder (Bulmer-Thomas 2001: 366). Allein Brasiliens Exporte in die Europäische Union überstiegen 2006 diejenigen in die USA mit einem Viertel des Gesamt um nahezu zehn Prozent.

Die Interessen Argentiniens und Brasiliens, der beiden tragenden Mitgliedstaaten des MERCOSUR, sind durchaus verschieden. Das hochverschuldete und seit vielen Jahren nach den neoliberalen Rezepten des IWF und der Weltbank regierte Argentinien ist eine offene Ökonomie geworden. Es entspricht in dieser Hinsicht ganz den Vorstellungen, nach denen die USA die Handelsbeziehungen auf dem gesamten Kontinent gestalten möchten. Auch Brasilien hatte sich in den 1980er und 1990er Jahren den Vorgaben der internationalen Finanzinstitutionen beugen müssen. Die sozialen Proteste gegen Marktöffnung und Subventionsstreichung wurden aber so heftig, dass die Regierung einige Gänge zum Schutz der heimischen Industrien zurückschaltete. Auf dieser Linie wertete Brasilien 1999 und noch einmal 2001 seine Währung ab. Es bremste damit die argentinischen Importe und veranlasste seine Produzenten zu einer Großoffensive auf dem argentinischen Markt. Argentinien wehrte sich 2002 schließlich mit einer Abwertung der eigenen Währung. Mit der Vereinbarung über ein dauerhaftes Schlichtungsorgan und mit der Absprache, die Wirtschaftspolitiken künftig besser aufeinander abzustimmen, fand diese Krise ein Ende. Die Aktion hatte den MERCOSUR an den Rand des Scheiterns gebracht (Carranza 2003).

Das brasilianische Einlenken hatte seine Gründe im Balancing gegen die US-amerikanische Hegemonialmacht. Die OAS mit ihren Mitgliedern Kanada und USA eignet sich schlecht, um die lateinamerikanische Identität herauszustellen. Bereits 1986 wurde deshalb die Rio-Gruppe gegründet, in der die Regierungschefs der ibero-amerikanischen Länder regelmäßig zusammenkommen. Seit Ende 2008 gehört ihr auch Kuba an, das die USA seit 1962 mit einem Handelsembargo belegen. Der MERCOSUR steigert Brasiliens Gewicht in Lateinamerika wie auch in der Weltwirtschaft. Nicht von ungefähr gehörte Brasilien zu den treibenden Kräften bei der Gründung der Group of 20 (G 20), dem regelmäßigen Treffen der Finanzminister und Notenbankgouverneure der Industrie- und Schwellenländer. Erklärtes Ziel dieser G 20 war es, ein Forum zu schaffen, das dem exklusiven, von den USA und den EU-Staaten dominierten Klub der G 8 (Group of 8) Paroli bieten sollte.

Bei aller regionalen Zusammenarbeit ist die Institutionalisierung der Beziehungen zwischen den lateinamerikanischen Staaten nicht weit gediehen. Wie oben skizziert, sind die Außenbeziehungen in hohem Maße innenpolitisch konditioniert. Die Präsidenten, ob nun demokratisch oder autoritär regierend, beherrschen die Innen- und die Außenpolitik. Mit den Erwartungen, die einen neuen Präsidenten ins Amt begleiten, wechseln nicht selten auch die außenpolitischen Akzente. Die Regierungsapparate folgen den politischen Konjunkturen. Je nachdem, welche Klientel Zugang zum Präsidentenpalast und zu den Ministerien findet, gerät die Generalrichtung der Entscheidungen. Politische Parteien, die eine Verstetigung des Regierungshandelns leisten könnten, sind die Ausnahme. Aus diesem Grunde hat sich eine Entscheidungskultur der Gipfeltreffen der Staatschefs einerseits und der bilateralen Vereinbarungen andererseits herausgebildet. Neben der OAS ist hier vor allem die Rio-Gruppe zu erwähnen. Es handelt sich hier um eine regelmäßige Zusammenkunft ausgewählter Regierungschefs, darunter zunächst die der größten süd- und mittelamerikanischen Staaten. Seit dem Jahr 2000 beraten im Rahmen der Rio-Gruppe alle mittel- und südamerikanischen Präsidenten.

8.1.5 Lateinamerika und die USA

Die Außenpolitik der lateinamerikanischen Staaten unterscheidet sich am stärksten im Verhältnis zu den USA. Während sich Brasilien in kritischer Distanz zu den USA bewegt und im Süden des Kontinents mit intensiver Diplomatie und regionaler Zusammenarbeit die Rolle eines globalen Spielers sucht, neigen seine regionalen Partner Argentinien und Uruguay eher dazu, sich an der Seite der USA zu positionieren. Sie sind in stärkerem Maße auf Washington angewiesen, um Finanz- und Währungskrisen mit Hilfe der von den USA dominierten Internationalen Finanzinstitutionen zu bewältigen (Rivarola 2007: 102).

Die enge Verklammerung Mexikos mit der US-amerikanischen Wirtschaft lässt ihm wenig Raum für ein so eigenständiges Handeln, wie es Brasilien praktiziert. Weiter südlich lässt sich teilweise sogar eine Polarisierung der Staaten in den Beziehungen zu Washington beobachten. Kolumbien steht fest an der Seite der USA und wird von den Nachbarn wegen dieser Nähe sogar angefeindet. Die FARC-Guerilla in Kolumbien und die Rolle des Landes als Zentrum der Drogenproduktion und des Drogenumschlags bringen beide Regierungen zusammen.

8.1 Lateinamerika 173

Die USA bekämpfen hier auch Drogenkonsum und Drogenkriminalität im eigenen Lande, indem sie in Zusammenarbeit mit der kolumbianischen Regierung den Drogenanbau bekämpfen. Dieser Kampf geht auf Seiten Kolumbiens in der Art militärischer Razzien vonstatten. Mit Entführungen und Attentaten untergräbt die linke FARC-Bewegung seit Jahren die Autorität der Regierung. In Washington wird sie als eine gefährliche, die ganze Region destabilisierende Kraft beurteilt.

Weder die FARC noch die kolumbianischen Streitkräfte respektieren bei ihen Operationen die Grenzen der Nachbarstaaten. Entsprechend frostig sind die Beziehungen zu Brasilien, Ecuador und Venezuela. Venezuela und Ecuador werden inzwischen von linken populistischen Politikern regiert. Venezuela im Nordosten des Subkontinents ist derzeit einer der bedeutendsten Ölproduzenten. Die ökonomische Sanktionsgewalt der USA könnte ihm wenig anhaben. Wirkungsvoller als alles rhetorische Auftrumpfen gegen den Weltmacht-Koloss im Norden ist allerdings die Art und Weise, wie Brasilien seine Ressourcen, seine geografische Lage und seine Diplomatie ins Spiel bringt, um sein eigenes Profil und das Lateinamerikas insgesamt in der Weltpolitik zu schärfen (Rivarola 2007: 98f.).

Washington ist in den Köpfen lateinamerikanischer Politiker allzeit präsent: ein Musterbeispiel für Gourevitchs „second image reversed". Diese Tatsache wirkt in der Art der Einbindung in ein informelles Imperium (Smith 2000). US-amerikanisches Kapital beherrscht – neben asiatischem und europäischem Investment – die Szene. In den 1980er Jahren trat eine tiefgreifende Verschuldungskrise zutage. Sie wirkt bis heute nach. Die höchstverschuldeten Länder erkauften sich mit der Akzeptanz strikter Auflagen des Internationalen Währungsfonds weitere Kreditlinien. Der Preis dafür war hoch, er fällt noch heute an. Mexiko hat mit der von ihm eifrig betriebenen Mitgliedschaft in der NAFTA die Eckpunkte einer liberalen Wirtschaftspolitik gleich in seine internationalen Vertragsverpflichtungen integriert. Es zahlt dafür den hohen Preis der noch weiteren Marktöffnung für US-Unternehmen. Aber es erhofft sich Investitionen vom Ausreizen der geringen mexikanischen Löhne und der mehr als laxen Umweltauflagen. Die US-amerikanischen Befürworter der NAFTA-Erweiterung um Mexiko setzten auf diesen Effekt. Sie wollen den Druck illegaler Migration in die Vereinigten Staaten verringern, dem bisher alle grenzpolizeiliche Raffinesse und auch die Razzien der Einwanderungsbehörde nicht gewachsen sind.

Im IWF haben die USA, wie im nächsten Kapitel zu zeigen sein wird, die stärkste Stimme. US-amerikanische Banken treten in Lateinamerika als die wichtigsten Gläubigerinstitutionen auf. Addiert man noch die Soft power der Sozialisierung eines Teils der lateinamerikanischen Eliten an US-amerikanischen Hochschulen hinzu, dann kann es nicht überraschen, dass die US-amerikanische Hegemonie in der Region hält.

Die Konservierung der latifundistischen Agrarstruktur ist eine der Hauptursachen für die Armut der lateinamerikanischen Gesellschaften. Das Kalkül komparativer Kostenvorteile, wie es Banker und der Währungsfonds verinnerlicht haben, verlangt eine exportgerichtete Agrarproduktion. Diese aber verschlingt Produktionsfläche, die für die Subsistenzlandwirtschaft ausfällt. Der von den Kreditgebern erzwungene schlanke Staat kostet Arbeitsplätze und nagt an den vor mehr als fünfzig Jahren errungenen sozialen Sicherungssystemen für die Mittelschichten. Die Hegemonie der USA, die den Staat selbst denkbar klein schreiben und dabei stets prosperiert haben, projiziert die eigene Erfahrung auf die arme Welt Lateinamerikas. Doch diese Hegemonie schleift sich ab. Große Länder wie Mexiko und Brasilien haben an Selbstbewusstsein gewonnen. Die Wähler entscheiden sich für Parteien und Regierungen, von denen erwartet wird, auch den Konflikt mit Washington zu wagen.

8.2 Afrika

8.2.1 Fragile Staaten und poröse Grenzen

Betrachten wir noch eine letzte Weltregion, in der zwischenstaatliche Konflikte eher selten hervortreten. Staatsgrenzen ziehen sich in Afrika quer durch geschlossene Siedlungs- und Sprachgebiete. Die Gefahr des Separatismus lauert in vielen afrikanischen Staaten. Deshalb respektieren sie gemeinhin die international festgelegten Grenzen. Die Afrikanische Union (AU, davor: Organisation der Afrikanischen Einheit [OAU]), ein Forum der afrikanischen Staaten, legte sich bereits 1964 auf die Garantie der bestehenden Grenzen fest. Diese Grenzen sind im Wesentlichen mit den kolonialen Grenzen identisch. Sie gehen auf die Ergebnisse der Berliner Konferenz von 1884/85 zurück. Damals teilten die europäischen Kolonialmächte Afrika unter sich auf. Die einzige nennenswerte Veränderung im Bestand der afrikanischen Staaten spielte sich mit der Verselbständigung der äthiopischen Provinz Eritrea ab. Selbst hier handelte es sich um einen Sonderfall. Die vormalige Kolonie Eritrea war erst 1962 in den äthiopischen Staat eingefügt worden. Die AU hat die Sanktifizierung der Grenzen leicht modifiziert, als sie die ältere OAU ablöste. Der Grund lag in der Erfahrung der vergangenen Jahrzehnte. Wenn ein Staat kollabiert und wo sich der Staat zurückzieht, schlägt die Stunde bewaffneter Banden und Milizen. Sie entziehen sich jeglicher Kontrolle. Das politische Schlüsselgut, das bereits die OAU um jeden Preis schützen wollte, ist gleich geblieben: Die Wahrung des Status quo!

In der Vergangenheit haben bei Sezessionen ressourcenpolitische Kalküle eine bedeutende Rolle gespielt. Beispiele bieten die kupferreiche südkongolesische Provinz Katanga (1961) und die ölreiche nigerianische Südostregion. Letztere hatte sich vorübergehend als Biafra (1967-1970) verselbständigt. Sie wurde international jedoch nicht anerkannt und in einem Bürgerkrieg in den nigerianischen Staatsverband zurückgezwungen. Konflikte zwischen Ethnien und Religionen gehören zum Alltag der meisten afrikanischen Staaten. Bis 2005 tobte im Sudan ein Krieg zwischen dem von Afrikanern besiedelten Süden und dem von Arabern bewohnten Norden des Landes. Neben der Diskriminierung der sudanesischen Afrikaner lag ein Grund für den Konflikt im Streit über die Verteilung der Einnahmen aus den im afrikanischen Sudan gelegenen Ölvorkommen. Gleich nach dem Burgfrieden zwischen den Bürgerkriegsparteien, der die Entscheidung über die Zukunft des Sudan als geeinter Staat bis 2011 hinausschob, entflammte ein Bürgerkrieg in der westlichen Darfur-Region des Sudan. Bei der Vertreibung und Gewalt gegen die dort ansässigen Völker geht es auch wieder um Ressourcen. Das Aufrühren rassischer und religiöser Ressentiments kaschiert lediglich, dass die sudanesische Führung auf die erwarteten Einkünfte aus dem Verkauf des Öls schielt. Die Erfahrungen der Vergangenheit lassen erwarten, dass diese Einnahmen bereits für den Konsum der Staatselite verbucht sind (Johnson 2003).

In den zumeist bettelarmen afrikanischen Ländern ist der Staat eine Versorgungsmaschine für Positionen und Einkommen. An erster Stelle bedient sich die politische Elite eines Volkes, das die Regierung beherrscht. Einige Angehörige dieses Volkes profitieren durch Jobs in Behörden, staatlichen Betrieben und in den mit dem Staat verquickten privaten Unternehmen mit. Hinter dieses Faktum des Staatsbesitzes treten säkulare Ideologien und Klassenunterschiede zurück. Aufstände diskriminierter Völker und Separationsbewegungen dienen dem Ziel, entweder die Unabhängigkeit zu reklamieren und damit eine eigene Versorgungsmaschinierie zu etablieren, oder aber bei passender Gelegenheit die Führungsposition des Gesamtstaates zu erobern (Clapham 2000: 38).

In Südafrika überragen die wirtschaftliche Entwicklung und der Lebensstandard die des übrigen Afrika. Zwar ist auch dort die Masse der Bevölkerung arm. Aber das Land hat insgesamt den Zuschnitt einer Industriegesellschaft – der einzigen auf dem Kontinent. In den anderen afrikanischen Ländern sind zumeist Subsistenzwirtschaft, die Produktion von Cash crops und die Förderung von Rohstoffen anzutreffen. Letztere unterliegen den Schwankungen der Weltmarktpreise.

Wenn in den Staaten Repression und Unterdrückung eine gewisse Schwelle überschreiten, wenn dadurch insbesondere Flüchtlingsströme ausgelöst werden oder eine Guerilla übermächtig wird, dann greifen die UN, gelegentlich auch die AU ein (Tetzlaff/Jacobeit 2005: 198ff., 204ff). So geschehen Anfang der 1980er Jahre im Tschad, zu Beginn der 1990er Jahre in Ruanda und seit dem Jahr 2000 im Kongo. In der ersten Hälfte der 1990er Jahre verwüsteten Bürgerkriege Liberia und Sierra Leone. Beide Länder wurden mit Truppen der Westafrikanischen Wirtschaftsgemeinschaft (ECOWAS) befriedet. Das Motiv für das Eingreifen war in diesen Fällen stets gleich. Es ging darum, Bürgerkriege zu beenden, die ein Vakuum regierungsfreier Territorien hatten entstehen lassen. Nachbarländer drohten in diese Konflikte hineingezogen zu werden: Die Rebellengruppen respektierten keinerlei Staatsgrenzen. Für die betroffenen Regierungen selbst war der blanke Verlust von Territorium als solcher weniger gravierend als die Tatsache, dass die Übergriffe darauf abzielten, die Kontrolle über die wichtigsten Einkommensquellen – Tropenholz und Edelsteine – zu gewinnen.

Das Rückgrat der ECOWAS ist Nigeria, der afrikaweit größte Staat. Es ist einer der wenigen Akteure im subsaharischen Afrika, der auf der internationalen Bühne wahrgenommen wird und dort auch eine gewisse Handlungsfähigkeit besitzt (Tetzlaff/Jacobeit 2005: 197). Der ECOWAS geht es darum, die zahlreichen Staaten Westafrikas in einen einheitlichen Wirtschaftsraum einzubringen. Schon wegen der Größenverhältnisse ist Nigeria der wichtigste Staat in dieser Organisation. Ein Schwachpunkt der ECOWAS ist das Nebeneinander von Staaten in britischer und französischer Kolonialtradition. Die frankophonen Staaten blicken auf Frankreich, das sich von jeher sehr um seinen Einfluss in dieser Region bemüht. Einschlägige Bindungen an die frühere Kolonialmacht ergeben sich aus dem Französischen, das als Lingua franca in den meisten westafrikanischen Staaten gebraucht wird, ferner aus einem Studium in Frankreich, aus Wirtschaftskontakten und schließlich aus der Modellhaftigkeit französischer Verwaltung und Streitkräfte. Seit 1994 bilden die frankophonen Staaten eine eigene Währungszone. Diese Gemeinsamkeiten streichen die Differenz zum anglophonen Afrika heraus. Aus diesen Gründen ist die ECOWAS-Kooperation hinter den Erwartungen zurückgeblieben (Hofmeier 2004: 205ff.). Staatsgrenzen werden in Westafrika im Übrigen so nachlässig und ineffektiv administriert, dass sich das Wirtschaftsgeschehen zum erheblichen Teil in grenzüberschreitenden Händler- und Schmugglernetzwerken abspielt.

Bei Einsätzen der ECOWAS-Truppe ECOMOG ist Nigeria in aller Regel der größte Truppensteller. Kleinere Länder, die sich beteiligen sollen, besitzen dafür oft weder die finanziellen Ressourcen noch die erforderliche Ausbildung und Ausrüstung. Nigeria ist das Rückgrat der ECOWAS. Die militärischen Strukturen sind aber auch dort verfallen – nicht anders als die übrige Staatsverwaltung. So, wie es die Militärs aus den Zeiten langer Militärherrschaft gewohnt sind, sich an wirtschaftlichen Transaktionen zu bereichern, so bereichern sie sich auch den Ressourcen der Einsatzländer. Den Europäern und den USA ist es nur recht, wenn bei Befriedungs- und Ordnungsaufgaben Afrikaner einspringen, um die Ansteckungsgefahren zu bannen, die von kollabierten Staaten ausgehen.

Doch in der Vergangenheit standen Frankreich, Belgien und die USA bereit, um notfalls zu stützen und zu übernehmen. Südafrika steht im Mittelpunkt der South African Development Community (SADC) (Schraeder 2007: 127 f.). Südafrikanische Unternehmen sind die einzigen im subsaharischen Afrika, die groß und effizient genug sind, um im übrigen Afrika neben europäischen, US-amerikanischen und neuerdings chinesischen Firmen operieren zu können. Ursprünglich gegründet, um die Frontstaaten des rassistischen Südafrika zusammenzubringen, hat die SADC seit dem Ende der weißen Vorherrschaft an Bedeutung und Profil gewonnen. Die Kooperation wird dadurch erleichtert, dass alle Mitgliedstaaten der anglophonen Sprachzone angehören. Auch die SADC schützt den Status quo. Ungeachtet der Proteste in der außerafrikanischen Öffentlichkeit weigerte sich Südafrika, Wahlfälschung und Verfolgung der Opposition im benachbarten Simbabwe zu verurteilen.

Der Machterhalt absorbiert die Energien der Staaten und ihrer Führer. Weil die politischen Führungen meist unsicher im Sattel sitzen, meiden sie den Krieg mit Nachbarstaaten (Clapam 1996: 77ff., Jackson/Rosberg 1982: 83). Hier greift wieder, wie schon am Beispiel des Nahen Ostens gezeigt, das spezifische Sicherheitsdilemma in der Dritten Welt.

8.2.2 Staatszerfall, Kriege und Regimeerhalt

Afrika liegt für die Staaten Europas, Amerikas und wohl auch Asiens am Ende der Welt. Allein Frankreich ist dort vielfach präsent. Es kultiviert seine Beziehungen zu den ehemaligen französischen Kolonien. Die südlich der Sahara stationierten, hochmobilen Elitesoldaten verschaffen Frankreich nach den Maßstäben der Region den Status einer militärischen Supermacht. Das Motiv für dieses Engagement liegt außerhalb Afrikas. Frankreich kann sich auf diese Weise als Staat mit Weltgeltungsanspruch profilieren (Schlichte 1998). Es handelt sich freilich um politischen Kraftsport ohne Herausforderer. Weder die USA noch die ehemalige afrikanische Kolonialmacht Großbritannien engagieren sich in ähnlicher Weise auf dem Schwarzen Kontinent.

Mögen die tatsächlichen Verhältnisse in vielen subsaharischen Staaten auch nicht viel schlechter sein als in anderen Teilen der Dritten Welt, so hat Afrika bei den europäischen und US-amerikanischen Politikern und in den meinungsführenden Medien doch das Image eines hoffnungslosen Jammertals von Korruption, Stammeskriegen und Irrationalität gewonnen. Zudem galt Afrika jahrzehntelang als recht unwichtig für das Wohlergeben der Gesellschaften auf der nördlichen Halbkugel.

In einem Punkt stimmt dies schon nicht mehr: afrikanische Immigration, vor allem nach Europa. Afrika ist ein Fall für karitative Hilfe und für die möglichst rasche Evakuierung westlicher Diplomaten, Touristen und Geschäftsleute geworden, wenn im ausweglosen Elend eines Landes die Sicherungen platzen und dumpfe Gewalt losbricht – wie in den letzten Jahren im Kongo, Kenia, Sierra Leone, Ruanda oder Burundi geschehen.

Das Beispiel des Kongo zeigt, dass der Respekt vor der territorialen Unversehrtheit der Staaten gelitten hat. Das gewaltig dimensionierte Kongobecken verdankt seine politische Struktur der unternehmerischen Energie des vor mehr als hundert Jahren herrschenden belgischen Königs Leopold I. Er gedachte sein Einkommen als gekrönter Staatsbeamter durch ein reich mit Edelmetallen gesegnetes privates Patrimonium aufzubessern. Erst als die Ausbeutung und Misshandlung der Afrikaner das Ansehen Belgiens zu schädigen begann, trat der belgische Staat in die Eigentümerrechte ein. Nach der Unabhängigkeit (1960) lösten eine Reihe heimischer Potentaten die Kolonialadministratoren ab. Seit dem Sturz des jahrzehntelang herrschenden Autokraten Mobutu (1965-1997) haben die stets vorhandenen zentrifugalen Kräfte die Oberhand gewonnen.

In Ruanda regieren Vertreter des Tutsi-Volkes, eine Minderheit in einem mehrheitlich von Hutu bewohnten Land, in Burundi zurzeit aber Vertreter des Hutu-Volkes über eine große Minderheit von Tutsi. In beiden Ländern kam es in der Vergangenheit wiederholt zu Progromen gegen die Tutsi. Ruanda wurde 1994 sogar Schauplatz eines Progroms von der Dimension eines Völkermordes. Die Hutu-Initiatoren dieser Aktion wurden von Exil-Tutsi vertrieben. Seither wird Ruanda von den Tutsi regiert. Die Täter flohen in den benachbarten östlichen Kongo. Von jeher leben verwandte Tutsi auch auf der kongolesischen Seite der Grenzlinie. Die Spannungen zwischen den Volksgruppen wurden in den Kongo exportiert.

In den östlichen Provinzen des Kongo flammt seit gut 15 Jahren in Abständen ein Bürgerkrieg auf, an dem kongolesische Völker, Milizenführer, eine undisziplinierte und ineffektive Armee, Flüchtlinge aus den Nachbarländern und auch von den Regierungen der Nachbarstaaten gelenkte – und als kongolesische Rebellen getarnte – Stellvertretertruppen beteiligt sind. Der Rohstoffreichtum des östlichen Kongo trug ein Übriges dazu bei, den Krieg weiter aufrecht zu erhalten (Kaul 2007). Der kongolesische Staat ist kaum präsent, die Grenze eine imaginäre Linie, die weder von den innerstaatlichen Akteuren noch von den Nachbarstaaten respektiert wird. Die UN hat dort eines ihrer größten Truppenkontingente stationiert. Sie vermochte die Auseinandersetzungen aber nicht zu beenden (Autesserre 2007, Baregu 2006). Die kongolesische Regierung hätte gern mehr Kontrolle über diese strategisch wichtige Grenzregion hätte, wegen des Versagens der staatlichen Strukturen ist sie dazu aber nicht dazu in der Lage.

8.2 Afrika

Andere Staaten vernachlässigen Randgebiete, die ihren Regierungen nichts einbringen. Verwaltung und Infrastruktur würde hier nur Mittel verbrauchen, die sie gern anders verwenden möchten. So verhält es sich etwa in Kenia. Seine Regierung kümmert sich wenig um die Sicherheit ihrer Bürger in den weitläufigen und spärlich besiedelten, an Äthiopien und Somalia grenzenden Westgebieten. Weil es aber auch in Äthiopien nur eine schwache und in Somalia schon seit eineinhalb Jahrzehnten überhaupt keine effektive Regierung mehr gibt, folglich auch keine brauchbaren Ansprechpartner für die kenianische Regierung, sind die Menschen dieser Peripherie schutzlos Überfällen und Raubzügen äthiopischer und somalischer Banditen und Stammesmilizen ausgeliefert. An der somalischen Küste wiederum hat der komplette Zusammenbruch der Regierungsstrukturen eine aus dem Elend der Küstenbevölkerung gespeiste Piraterie hervorgebracht, die für die internationale Schifffahrt inzwischen zu einem großen Problem geworden ist.

Uganda bietet ein weiteres Beispiel für das internationale Konfliktpotenzial schwacher Staaten. Der karge Norden des Landes bringt nichts ein. Das seit 1986 herrschende Regime stützt sich auf die Völker in der ökonomisch wertvolleren und bevölkerungsreicheren Südregion. Es entschied, den Norden sich selbst zu überlassen. Als Folge entwickelten sich dort Rebellenbewegungen, darunter vor allem die Lord's Resistance Army (LRA). Sie verschafft ihren Kämpfern mit Banditentum einen Lebensunterhalt. Das Regime des benachbarten Sudan paktiert mit der LRA. Es blickt dabei auf die südliche, von Afrikanern bewohnte Sudanregion, die über Jahrzehnte hinweg einen Bürgerkrieg mit dem arabischen, nördlichen Sudan ausgetragen hat. Für den Fall, dass der seit 2005 beendete Krieg wiederauflebt, verspricht es sich davon, dass das grenznahe Uganda als Versorgungs- und Unterstützungsraum nicht in Frage kommt. Grenzen haben in Afrika geringere Wirkung als in anderen Weltregionen. Mit den Bildern des Failed state oder des Failing state lassen sich diese Phänomene gut verstehen.

Lassen wir es mit diesen Illustrationen gut sein. Afrika ist hauptsächlich in wirtschaftlicher Hinsicht in die internationalen Beziehungen eingebunden. Sicherheitspolitisch bleiben die Staaten sich selbst sowie der Fähigkeit von UN und AU zur Wahrung des Status quo überlassen. Der schwarzafrikanische Subkontinent liegt wie keine andere Region im Schatten der Weltpolitik. Wollen wir daraus eine Lehre für das analytische Repertoire der IB ziehen, so wird sie den Primat der Sicherung des inneren Regimes in den Mittelpunkt rücken müssen. Die Respektierung der Grenzen erlaubt es den Regierenden, die politischen Kräfte ganz auf den Regimeerhalt zu konzentrieren.

Kommt es doch einmal zum Angriff auf die Souveränität eines Landes, so bilden sich Abwehrkoalitionen. Dies geschah im Jahr 2002 in Liberia, wo fünf Jahre zuvor der frühere Rebellenführer Charles Taylor zum Präsidenten gewählt worden war. Bereits in den Vorjahren war Taylor als Rebellenführer mit seinen Bewaffneten von Liberia aus in Guinea, Elfenbeinküste und Sierra Leone eingefallen, um – auch zur persönlichen Bereicherung – die dortige Produktion und den Handel mit Edelsteinen unter seine Kontrolle zu bringen. Als er 1997 in regulären Wahlen zum Präsidenten von Liberia gewählt wurde, unterstützte er Stellvertretergruppen in den Nachbarländern, um diese Ressourcen weiterhin zu plündern. Die westafrikanischen Staaten verstanden dies als Aggression und drängten Taylor in einer gemeinsamen Militäraktion 2003 aus dem Amt.

Als der ugandische Diktator Idi Amin 1978 die Grenze nach Tansania überschritt, wurde er unter dem Beifall der afrikanischen Staaten zurückgeschlagen. Tansanische Truppen stürzten sein Regime. Der nächste ugandische Staatschef Obote, ein früherer Regierungschef, nahm dieselbe brutale Herrschaftspraxis wieder auf. Jetzt wurden andere ugandische Völker unterdrückt. Auch der Bürgerkrieg lebte wieder auf. Die afrikanischen Staaten blieben jetzt untätig. Das ugandische Regime respektierte die Grenzen. Die Furcht, den Ungeist der Grenzrevision aus der Flasche zu lassen, bewog die afrikanischen Staaten auch, die Konfliktparteien im östlichen Kongo im Jahr 2002 zum Rückzug ihrer Truppen auf kongolesischem Boden zu veranlassen. Die wenigsten afrikanischen Staaten wären zur Kraftanstrengung der Selbsthilfe mit Hilfe großer Militärapparate und Rüstungen fähig, die in das Theoriebild des Realismus integriert sind. Da die afrikanischen Staaten – mit Ausnahmen – keine Bedrohung füreinander darstellen, ist es für sie das Beste, den Status quo aufrechtzuerhalten.

9 Internationale Organisationen

Die Staatenwelt ist von internationalen Organisationen durchwirkt. Schon diese Tatsache dementiert die Regellosigkeit der internationalen Politik. Internationale Organisationen beherbergen Agenturen, und diese bereiten Verhandlungen vor und zerlegen komplexe Themen in handhabbare Einzelpunkte. Diese werden dann nach bewährten Mustern und Routinen von Regierungen und Diplomaten abgearbeitet. Internationale Organisationen entstehen ad hoc, um ein gemeinsam erkanntes Problem in den Griff zu bekommen. Neu entstehende internationale Organisationen sind im Allgemeinen nicht darauf angelegt, sich mit bereits vorhandenen Organisationen zu verzahnen. Bisweilen behindern sie einander sogar. Exemplarisch sind Reibungen zwischen Organisationen, die den Welthandel fördern, und anderen, die einen verbesserten Umweltschutz erreichen wollen (Ruloff 1999). Hier sollen beispielhaft die internationalen Finanzinstitutionen, die Welthandelsorganisation und die Vereinten Nationen näher betrachtet werden, außerdem die G 8 als institutionalisierter Gipfel der Regierungschefs der weltwirtschaftlich wichtigsten Staaten.

NGOs (non-governmental organizations) bleiben außerhalb dieser Betrachtung. Der Vollständigkeit halber sei vermerkt, dass es sich hier um gesellschaftliche Vereinigungen handelt, die zu internationalen Problemen oder zu Problemen in bestimmten Ländern Stellung nehmen. Sie machen mit spektakulären Aktionen und Protesten auf Missstände aufmerksam und bringen sich schließlich in politische Entscheidungsprozesse ein, um die Position der Verhandlungsführer zu beeinflussen. Bedeutende NGOs sind Greenpeace, Amnesty International, Ärzte ohne Grenzen und Attac. Sie haben ihre Schwerpunkte in den Demokratien Amerikas und Europas. Autoritäre Regime dulden die NGOs mit ihren unbequemen Themen der Menschenrechte, der Umweltschädigung und des Hungers ebenso wenig, wie sie die Aktivität freier Parteien und Gewerkschaften zulassen (ausführlicher dazu: Franz/Martens 2006, Windfuhr 1999).

9.1 Internationaler Währungsfonds und Weltbank

Der Internationale Währungsfonds (IWF) und die Weltbank bilden die so genannten Internationalen Finanzinstitutionen. Beide sind Produkte der 1944 im amerikanischen Örtchen Bretton Woods entworfenen Wirtschaftsordnung für die Zeit nach dem Zweiten Weltkrieg. Der wichtigste Pfeiler dieser Ordnung war der Dollar. Er wurde in einer bestimmten Relation zum Goldpreis gewogen. Der Währungsfonds sollte Staaten beispringen, die vorübergehend in Zahlungsschwierigkeiten gerieten. Die Weltbank sollte mit Projektfinanzierungen dabei helfen, die wirtschaftlichen Strukturen auf den Weltmarkt einzustellen. Der Dollar verlor 1971 seinen Status als Leitwährung. Dies veränderte und schwächte die Stellung der USA im Weltwährungssystem. Die gegenwärtige Bedeutung des IWF datiert auf die wachsende ökonomische Disparität zwischen den Industrieländern sowie Afrika, Asien und Lateinamerika.

Der IWF administriert Finanzmittel im Auftrag der etwa 180 Staaten, die sich an ihm beteiligen. Jeder Teilnehmerstaat hat beim IWF eine Einlage hinterlegt. Über die Verwendung der Gesamteinlage entscheidet das Direktorium des Fonds. Die USA kontrollierten Ende 2007 17,09 Prozent, Japan 6,13 Prozent, Deutschland 5,99 Prozent, sowie Frankreich und Großbritannien je 4,94 Prozent der Stimmen. Wichtige Entscheidungen fallen bei einem Quorum von 85 Prozent der Stimmen. Die USA haben damit den Status einer Vetomacht. Die Einlagenanteile Europas und Nordamerikas sind seit Jahren rückläufig. Zwar steht traditionell ein Europäer an der Spitze des Fonds, gegen die USA läuft im IWF aber nichts. Das US-Finanzministerium reicht die Wünsche der amerikanischen Bankenindustrie gern an seinen Vertreter im IWF weiter (Vreeland 2007: 46f., siehe auch Peet 2003: 204ff).

Gerät ein Teilnehmerstaat des IWF in Zahlungsschwierigkeiten, dann darf er auf den Betrag zurückgreifen, der seiner Einlage entspricht, plus ein weiteres Viertel dieses Betrages. Überschreitet der Auszahlungsantrag dieses Kontingent, dann muss das Direktorium eine Entscheidung treffen, ob, in welchem Umfang und unter welchen Bedingungen es diesen weiter gehenden Zugriff genehmigt. Hauptsächlich versuchen arme Länder und Schwellenländer, ihre Schuldenprobleme mit Hilfe des IWF zu bewältigen.

Der IWF gilt weithin als ein Schurke im internationalen Wirtschaftsgeschehen. Nachdem sich im Lateinamerika der 1970er Jahre eine flächendeckende Schuldenkrise zusammengebraut hatte, gewannen seine Beistandskredite legendären Ruf. Die weitgehend auf Rohstoff- und Agrarexporte disponierten südamerikanischen Volkswirtschaften konsumierten auf hohem Niveau Importprodukte. Gleichzeitig stagnierten oder sanken die Preise auf den Weltrohstoff- und Agrarmärkten. Die Lücken in den Zahlungsbilanzen stopften die Regierungen mit

9.1 Internationaler Währungsfonds und Weltbank 183

Bankkrediten. Die Folgen waren hohe Schulden und Inflation. Der IWF hatte Antrag stellenden Ländern bis dahin zwar auch nicht ganz voraussetzungslos unter die Arme gegriffen. Jetzt aber stellte er fest, dass seine Empfehlungen, wie die Bilanzen saniert werden sollten, nichts bewirkt hatten. Er folgerte daraus, künftig strengere Auflagen für die Freigabe seiner Einlagen zu verlangen (Vreeland 2007: 20ff., Boughton 2001: 557ff.).

In den Empfängerländern agiert der IWF seither als politischer Mitspieler. Wichtig ist nicht nur seine Mittelzusage an die Empfängerstaaten. Seine Entscheidungen erzielen über die zur Verfügung gestellten Mittel hinaus Wirkung, indem sie Signale für die international operierenden privaten Banken setzen (Lipson 1985). Der IWF attestiert kalkulierbare Kreditrisiken (Wellons 1986).

Die Verfassung des IWF hat einen Drall zu Gunsten jener Staaten, die mit den größten Einlagen am Fonds beteiligt sind. Im Direktorium des IWF stellen Deutschland, Frankreich, Großbritannien, Japan und die USA jeweils einen Direktor. Er wird von der betreffenden Regierung nominiert. Die übrigen Vorstandsmitglieder verteilen sich auf Ländergruppen. Diese verständigen sich jeweils auf einen gemeinsamen Vertreter (Vreeland 2007: 21ff.).

Der IWF als eine von Fachökonomen betriebene Institution geht davon aus, dass sich Zahlungsschwierigkeiten mit einer marktkonformen Wirtschaftspolitik bewältigen lassen. Die Ursachen der Probleme liegen demnach in der betreffenden Volkswirtschaft, die nicht hinreichend auf Weltmarktbedürfnisse eingestellt ist. Die Komplexe des Agrarprotektionismus der reichen Länder und die unvorteilhaften Terms of trade zwischen den Industrieländern und den armen Ländern werden damit ausgeblendet (Barnett/Finnemore 2004: 54ff.).

Wenn Antrag stellende Länder in absehbarer Frist ihre Schulden nicht abtragen können, erlaubt der IWF zwar den Zugriff auf Fondsmittel. Er verlangt jedoch, dass die Empfänger seine makroökonomische Auflagen beachten. Darum bemüht, den Vorwurf politischer Einmischung zu entkräften, formuliert der Fonds lediglich Eckwerte. Sie zu exekutieren überlässt er der betreffenden Regierung. Mitarbeiter des IWF in Außendienststellen sehen jedoch hin und berichten, ob und wie dies geschieht. Nur bei spitzfindiger Lesart lässt sich daraus folgern, dass sich der IWF aus der Politik der Empfängerländer heraushält (Best 2007). De facto bleibt in mehr oder weniger großem Ausmaß die Politikfähigkeit der Empfänger auf der Strecke.

Die Auflagen des Fonds sind aus der liberalen Wirtschaftstheorie hergeleitet: Deregulierung, die Reduzierung des Staatsanteils am Inlandsprodukt, die Privatisierung staatlicher Betriebe und öffentlicher Dienstleistungen sowie die Förderung jener Wirtschaftszweige, mit denen sich am besten Exporterlöse erzielen lassen (Barnett/Finnemore 2004: 67). Wir haben es hier mit institutioneller Macht zu tun. Der IWF ist, förmlich betrachtet, zwar ein Instrument der 180 teilnehmenden souveränen Staaten. Aber in der Stimmengewichtung, in den Einlagenanteilen und in der Philosophie der Institution drückt sich – obgleich wiederum mit langsam rückläufiger Tendenz zu Gunsten der großen asiatischen Ökonomien – die Macht der westlichen Staaten aus. Sie drücken der Weltwirtschaftsordnung immer noch ihren Stempel auf. Unter ihnen kommt den USA – auch hier mit nachlassender Tendenz – noch einmal besondere Bedeutung zu. Der IWF arbeitet eng mit der Weltbank zusammen. Diese finanziert Entwicklungsprojekte. Beide Institutionen einigten sich 1990 im so genannten Washington-Konsens auf eine neoliberale Rezeptur für die Empfängerstaaten. Der Washington-Konsens wurde seither mehrfach revidiert. Im Kern blieb er unverändert.

In relativ entwickelten Ländern wie Argentinien und Chile wurde als Folge der IWF-Auflagen der Sozialstaat abgetakelt. Auch sonstige staatliche Leistungen blieben auf der Strecke. In Afrika setzten die Kreditkonditionen des IWF eher schon die Subsistenz aufs Spiel. Kleinbäuerliches Land wird aus der Selbstversorgungs- und Lebensmittelproduktion genommen, um darauf Devisen bringende Produkte anzubauen. Der Fonds baute den Katalog der von den Empfängern zu beachteten Bedingungen im Laufe der Zeit immer weiter aus. Dies geschah in dem Maße, wie seine Rezepturen die eigentlich erwartete grundlegende Verbesserung der Situation verfehlten. Ein Beispiel für Zusatzforderungen ist Good governance: die Bekämpfung der Korruption. In Lateinamerika und Afrika ist der IWF zeitweise zum Hassobjekt depravierter Massen avanciert.

Die Entwicklung der letzten 30 Jahre hat in Ostasien Fälle erfolgreicher Wirtschaftspolitik hervorgebracht. Sie weichen von dem Modell ab, das der IWF und die Weltbank präferieren. In Südkorea, in Indonesien, auf den Philippinen und in Thailand sind der Staat und die private Wirtschaft nach japanischem Vorbild eng miteinander verzahnt – enger, als es in das Weltbild der akademischen Ökonomen passt. Als die Regierungen dieser Länder auf dem Höhepunkt der Asienkrise (1997) frisches Geld brauchten, stellte der IWF, bevor er Geld locker machte, in gewohnt brachialer Manier seine Entstaatlichungsbedingungen. Die japanische Regierung regte an, einen Asiatischen Währungsfonds aufzulegen, der passgenauer arbeiten sollte. Sie war mit den Eigenheiten des asiatischen Kapitalismus besser vertraut. Diesen Vorstoß lehnten die USA rundheraus ab. Eine asiatische Konkurrenzinstitution hätte ihren Zugriff auf die Weltökonomie geschwächt. Auch China lehnte ab. Hier war das Motiv maßgeblich, es könnte ein von Japan beherrschter Yen-Block entstehen (Deng 2008: 223, McDougall 2007: 91). Wichtige und treue Verbündete der USA, etwa diejenigen im Nahen Osten, erhalten vom IWF allerdings auch dann Zusagen, wenn die Implementation der Kreditbedingungen auf Grund selbst jüngster Erfahrungen nicht zu erwarten ist (Thacker 1999). Der IWF ist ein Instrument globaler Politik. Die strukturalistische Theorie der IB (Weltgesellschaft) stellt auf Phänomene dieser Art ab.

9.1 Internationaler Währungsfonds und Weltbank

Der IWF operiert auf der schiefen Ebene des Nord-Süd-Gefälles in der Weltwirtschaft. Die Schuldnerländer westlicher Banken haben keine Wahl. Sie müssen haushalts- und geldpolitisch so wirtschaften, dass der IWF ihre volkswirtschaftlichen Daten kopfnickend entgegennimmt. Der innenpolitische Preis dafür ist hoch. Heute verschleißt sich in Brasilien ein Präsident nach dem anderen in der Zwickmühle, eine den Gläubigern genehme Haushaltsdisziplin zu praktizieren und dennoch erfolgreich seine Bestätigung in der nächsten Wahl zu betreiben. Ein Land wie Mexiko – ja gegen Ende der 1990er Jahre zeitweise selbst Russland – kommt ohne das Prüfsiegel des IWF nicht über die Runden, von kleineren Ländern ganz zu schweigen.

Die Empfängerregierungen müssen die Wogen der unvermeidlichen politischen Unwetter abreiten, wenn sie die Beamtenapparate reduzieren und Gehälter kürzen, wenn Teile des unteren Mittelstandes, etwa in Lateinamerika, unter die Armutsgrenze rutschen, wenn – durch unterbezahlte Beamte und Polizisten – die Korruption angeheizt wird und wenn die Kriminalität steigt, weil sich die legalen Erwerbsmöglichkeiten dramatisch verringern. Ein weiterer Effekt: Die Wirtschaftsstruktur wächst in die von den internationalen Bankern gewünschte Richtung, wenn sich der Staat aus den vorhandenen sozialen Sicherungssystemen und aus der staatlich subventionierten Industrie zurückzieht.

In Argentinien hat dies zur Re-Agrarisierung eines erst vor 60 Jahren mit staatlichem Anschub industrialisierten Landes geführt, ebenso in Chile. Die Abarbeitung der Schuldenlast nach den Konditionen des IWF läuft auf die Eingliederung der Empfänger in die internationale Arbeitsteilung hinaus. In Afrika wird der IWF als dauerhafter Rückversicherer für private Kredite in Anspruch genommen. Die meisten Länder des Schwarzen Kontinents wären ohne laufende Kredite überhaupt nicht existenzfähig. Eine Rückzahlung ihrer Schulden ist nicht absehbar.

Der IWF ist eine Währungs- und Schuldenfeuerwehr. Die letzte große Wirtschaftskrise in Südostasien (1997/98) zehrte die Reserven des IWF nahezu auf. Eine Krisenursache war die Zockermentalität in den großen Geldhäusern, die auf die Abwertung asiatischer Währungen gewettet hatten. Hier war der IWF schon nicht mehr so sehr als Leitwolf privater Kreditgeber gefordert. Er trat im großen Stil als Zahler auf. Das internationale Bankgewerbe hielt die Situation für zu brenzlig, um eigenes Geld einzusetzen. Weit bedeutsamer jedoch: Der IWF verlangte detaillierteste Veränderungen in der Wirtschaftspolitik etwa Thailands und Indonesiens. Selbst Südkorea musste sich auf enge Programmvorgaben einstellen. Ähnliches hatte der IWF im großen Stil von den vormaligen Planwirtschaften Osteuropas verlangt, als diese Hilfen für die Umstellung von der Plan- auf die Marktwirtschaft benötigten (Hamilton 1999). Den Zuschnitt eines sich industrialisierenden Schwellenlandes hatte Südkorea dabei schon lange überschritten. Es operierte erfolgreich auf den europäischen und amerikanischen Märkten. Sogar Veränderungen im Arbeitsrecht und in der Struktur seiner Konzerne wurden verlangt. Südkorea steckte nicht einmal in grundsätzlichen Zahlungsschwierigkeiten. Es hatte lediglich ein vorübergehendes Zahlungsbilanzdefizit. Der IWF forderte hier Reformen ein, um die ökonomische Gesamtstruktur zu verändern. Die USA und Japan als Schwergewichtakteure im IWF hatten beide ein massives Interesse daran, den sperrigen südkoreanischen Markt aufzubrechen (Feldstein 1998).

Die Weltbank wird als Zwillingsinstitution des IWF wahrgenommen. Ihr Aufgabenspektrum ist die Förderung von Wachstum und ökonomischer Selbstbehauptung. Projektgebundene Kredite sind ihr bevorzugtes Instrument. Während der IWF als kreditpolitischer Nothelfer auftritt, Löcher stopft und Prophylaxe verordnet, agiert die Weltbank als eine fazilitierende Organisation. Sie arbeitet mit den Regierungen und Investoren zusammen, um Hilfe zur Selbsthilfe zu organisieren. Ihr Sitz befindet sich in Washington, D.C., gleich gegenüber dem Sitz des IWF. Strukturiert ist die Bank ähnlich wie der Währungsfonds. Die Regierungen zahlen Beträge in die Bank ein, und sie dirigieren ein dem Volumen dieses Beitrags entsprechendes Stimmaufkommen. Dieselben Big Five, die im IWF auftreten, spielen ihre Rolle im Direktorium der Weltbank. Beide Institutionen haben es mit derselben Staatenkundschaft zu tun, d.h. vornehmlich den verschuldeten Staaten in der Dritten Welt.

Die Struktur der Weltbank ist ungleich komplizierter als die des IWF. Sie vergibt langfristige, häufig zinslose Kredite und finanziert Projekte. Damit diese Gelder tatsächlich den erwarteten Effekt erzielt, arbeitet sie eng mit dem IWF zusammen. Ihre Projekte und Kredite passen sich möglichst in die vom IWF verlangten Strukturanpassungsprogramme ein (zur Weltbank im Einzelnen: Marshall 2008).

9.2 Welthandelsorganisation (WTO)

Die Welthandelsorganisation (WTO) setzt die vormalige UN-Organisation des Internationalen Zoll- und Handelsabkommens (GATT) fort. Die Philosophie der WTO ist die Meistbegünstigung. Räumt ein Mitgliedstaat einem anderen Staat günstigere Handelsbedingungen ein, so gelten diese Vorteile auch für alle übrigen Staaten.

Wie die internationalen Finanzinstitutionen, so verkörpert die WTO institutionelle Macht. Kritische Betrachter sehen sie als dritte Säule einer „unheiligen Allianz" mit dem Währungsfonds und der Weltbank (Peet 2003). Die WTO steht unter dem Motto des fairen Handels. Doch was für den einen fair ist, mag vom

9.2 Welthandelsorganisation (WTO)

anderen als unfair empfunden werden. Die Lesart, die sich in der WTO durchgesetzt hat, reimt sich auf die Liberalisierung des Welthandels. Sie hebt auf Produzentenvorteile ab und wird häufig zu Lasten der Arbeitnehmer betrieben. Beschäftigte in Hochlohnländern konkurrieren mit denen der armen Niedriglohnländer (Peet 2008: 18f.).

Als wichtigster Exportmarkt Europas und Asiens haben die USA in der WTO eine starke Verhandlungsposition. Umgekehrt stellt die EU für amerikanische Agrarproduzenten einen höchst interessanten Markt dar. Die EU schottet sich aus innenpolitischen Gründen gegen Agrarimporte ab – vor allem um die Einkommen ihrer landwirtschaftlichen Bevölkerung zu sichern. Das Nachsehen haben afrikanische Bauern. Subventioniertes Hühnerfleisch aus der EU war im Jahr 2008 in Westafrika billiger zu haben als Lebendhühner, die afrikanische Tierhalter auf den lokalen Märkten anboten.

In der internationalen Handelspolitik ist die Rhetorik der USA liberal – wie sich dort auch innenpolitisch kaum etwas verkaufen lässt, das nicht in liberaler Sprache angeboten wird. Die darin verpackte Botschaft lautet auf die Erzwingung einer amerikanischen Lesart des Freihandels (Cortell/Davis 1996). Dies zeigt nichts anderes, als dass dieselbe Vokabel zwischen den Staaten und Wirtschaftsräumen höchst unterschiedlich geladen ist. Hier bietet sich der Hinweis auf die Fruchtbarkeit einer konstruktivistischen Erklärung an. Die angelsächsische Ladung – der Atlantische Kapitalismus – lautet auf Minimalregierung, auf den Wettbewerb, auf bedenkenfreiere Umweltausbeutung und auf Kleinschreibung kollektiver Arbeitnehmerrechte. Die europäische Ladung – der Rheinische Kapitalismus – beinhaltet eher die vom Staat zu garantierenden kollektiven Güter, darunter auch sozialstaatliche Errungenschaften. Die japanische Ladung – der Asiatische Kapitalismus – hebt im internationalen Handelsregime auf nationale Regulierungsreserven ab, die das Konservieren gewachsener politischer und ökonomischer Strukturen begünstigen. Unschwer lässt sich in diesen Differenzen, die sich in den letzten Jahren peu à peu mit einem angelsächsischen Drall abgeschliffen haben, eine von den USA über Europa bis Ostasien aufsteigende Erwartungshaltung an die gestaltende Rolle des Staates in der Gesellschaft erkennen. Die Bildung regionaler Freihandelszonen hat nichts daran geändert.

Die nordamerikanische Freihandelszone NAFTA, bestehend aus Kanada, Mexiko und den USA, bringt in den USA und in Kanada komplementäre Volkswirtschaften zusammen. Mexiko hingegen besitzt den Zuschnitt eines Dritte-Welt-Landes. Das in der Vergangenheit staatswirtschaftlich geprägte Mexiko musste in den 1980er Jahren seine Strukturen im Zeichen einer gewaltigen Überschuldung liberalisieren. Um diese Umorientierung irreversibel zu machen und sie der innenpolitischen Auseinandersetzung zu entziehen, drängte Mexiko in die Freihandelszone. Die USA wiederum erhofften sich davon, den Druck der illegalen mexikanischen Einwanderung auf den eigenen Arbeitsmarkt zu dämpfen, so auch durch die Förderung des innerindustriellen Handels wie etwa die Verlagerung von Fertigungsstufen in grenznahe Billiglohngebiete.

Der MERCOSUR dient in ähnlicher Weise wie die NAFTA dem Zweck, Wirtschaftsräume zu entgrenzen. Die Nutzung komparativer Standortvorteile soll gemeinsame Wohlfahrtseffekte erzielen. Mit der Weizen- und Fleischproduktion haben Argentinien und Uruguay einiges zu bieten. Die südlichen Teilstaaten Brasiliens liegen etwa auf dem industriellen Niveau Belgiens. Sie befinden sich zudem in der Nachbarschaft Argentiniens, dessen Märkte für industrielle Gebrauchsgüter aufnahmefähiger sind als die der politisch desorganisierten und konfliktgeplagten Andenstaaten. Das Problem des MERCOSUR sind die sozialen Verwerfungen infolge des Rückzugs des Staates aus dem ökonomischen Geschehen. Er ist den Teilnehmerstaaten von den Internationalen Finanzinstitutionen auferlegt worden. Wachsende Massenarmut und steigende Arbeitslosigkeit konterkarieren selbst in den bisher noch konsumfähigen lateinamerikanischen Mittelschichten die Wachstumsimpulse der zollfreien Räume.

Die WTO ist ein Handelsregime, aber sie stellt ein sparsames Regime dar. Ihre Verfassung ist ein Prinzipienset, das alle Jahre wieder mit internationalen Vereinbarungen für Waren- und Leistungsgruppen präzisiert werden muss. Ihr Institutionalisierungsgrad ist gering. Die International Trade Commission, eine US-amerikanische Regulierungsbehörde, ferner die EU-Kommission und das japanische Handels- und Technologieministerium waren noch im GATT wichtiger als die schwache Schiedsgerichtsbarkeit des Handelsregimes. Dies hat sich mit der Aufwertung der WTO zu einer internationalen Organisation mit gemeinsamen Agenturen geändert. Die WTO besitzt eine Schiedsgerichtsbarkeit. Ihre Entscheidungen gelten unmittelbar und sind bislang auch akzeptiert worden.

War das GATT noch ganz dem Bild des Handels mit industriellen Produkten verhaftet, so hat die WTO die freihändlerischen Grundsätze auf den Handel mit Agrarprodukten, auf den internationalen Leistungsverkehr und auf den Transfer geistigen Eigentums – Copyright – ausgedehnt (May 1995). Bislang hat die WTO Konflikte schon im Vorwege eines Schiedsspruches beilegen können. Doch letztlich bietet auch die WTO bloß einen Verhandlungsrahmen, den die Staaten als prozedurale Vorgabe respektieren (Benedek 1995: 14ff.). Die Inhalte werden ausschließlich von den Staaten bestimmt.

Jeder Staat hat im WTO-Ministerrat eine Stimme. Entscheidungen fallen im Konsens. Damit sind die formalen Möglichkeiten der Dritten Welt verbessert worden, sich Gehör und Beachtung zu verschaffen (Bayne 2000). Die Konflikte zwischen armer und reicher Welt treten seit geraumer Zeit deutlicher zutage. In den reichen Ländern opponieren Umweltschützer und Gewerkschaften vehement gegen Welthandelsvereinbarungen, die keine Mindeststandards für eine umweltschonende Produktion und für die Lohn- und Arbeitsbedingungen festschreiben. Ihre Straßenproteste brachten Ende 1999, unterstützt von einschlägigen NGOs, die WTO-Konferenz im amerikanischen Seattle zum Platzen. Die Sprecher der Länder in der armen Welt setzen sich gegen die Vorteile der reichen Länder zur Wehr. Ihr Argument: Nur mit Billigstlöhnen und mit großzügiger Umweltausbeutung haben sie überhaupt die Chance, in der Weltwirtschaft aufzuholen. Das Handelsregime wird von solchen Auseinandersetzungen stark belastet. Gruppenbildungen in der WTO deuten auf dauerhafte Kontroversen bei der Beratung gemeinsamer Themen. Hervorzuheben ist die Gruppe der 77. Es handelt sich um einen Zusammenschluss der armen Länder, der inzwischen auf 133 Teilnehmer angewachsen ist. Gründungsanlass war eine Konferenz der UN über Handel und Entwicklung. Hier wollten die Ärmsten der Armen ihre Ressourcen bündeln. Im Rahmen der WTO sucht die Gruppe der 77 ihre Ressourcen geschlossen in das Konferenzgeschehen einzubringen. Doch diese Gruppe umfasst inzwischen ein heterogenes Spektrum der armen und ärmsten Länder, aber auch durchaus erfolgreicher Länder. Die so genannten Schwellenländer bilden die Group of 22. Führende Mitglieder sind Brasilien, China und Indien, aber auch Ägypten, Bolivien, Chile und Argentinien sind in dieser Gruppe vertreten. Die Group of 33 repräsentiert die Position der armen und ärmsten Länder. Die letztgenannten Gruppen engagieren sich vor allem in Fragen des Weltagrarhandels.

9.3 Weltwirtschaftsgipfel

Auf Initiative des französischen Staatspräsidenten und des deutschen Kanzlers wurde 1975 das Treffen der politischen Führer der ökonomisch gewichtigsten Volkswirtschaften ins Leben gerufen. Der französische Präsident Valéry Giscard d'Estaing und der deutsche Kanzler Helmut Schmidt sahen Handlungsbedarf. Das Ende des Bretton Woods-Systems mit der Dollarbindung der Währungen im Jahr 1971, der Ölpreisschock von 1974 und die weltweite ökonomische Stagnation sollten im kleinen Kreis besprochen werden. Dahinter stand die Hoffnung, dass die Regierungschefs anschließend gleichgerichtete Impulse an ihre Finanz- und Handelsminister geben würden. Die USA, so der Ausgangsbefund, waren nicht mehr in der Lage, mit eigener Wirtschaftsleistung tragfähige Lösungsansätze für die Weltwirtschaft anzubieten. Diese so genannte Group of Six (G 6) wurde mit der Aufnahme Kanadas zur G 7 erweitert. Seit 1977 kamen dann regelmäßig die Präsidenten bzw. Regierungschefs der Bundesrepublik Deutschland, Frankreichs, Großbritanniens, Italiens, Japans, Kanadas und der USA als G 7 – populär als Weltwirtschaftsgipfel bezeichnet – zusammen. Nach der Auflösung der Sowjetunion wurde die G 7 um Russland zur G 8 erweitert. Auch der Präsident der Europäischen Kommission wird zu den Treffen eingeladen (zum Folgenden: Bayne 2000).

Die Themenpalette der G 8 wurde im Laufe der Zeit auf andere Politikbereiche von weltweiter Bedeutung ausgedehnt, unter anderem auf Umwelt- und Klimafragen, den internationalen Terrorismus und die Armutsbekämpfung. Die G 8 startete als Gesprächsrunde der Staats- und Regierungschefs. Dabei sollte es nicht lange bleiben. Bald wurde sie in das Korsett dicht gepackter Tagesordnungen gezwängt. Die Gipfelkonferenzen erzwingen eine aufwändige Vorbereitung. Für die Gespräche der Regierungschefs müssen auf Abruf Daten und Argumente vorliegen.

Die Außenminister sowie die Finanzminister und Handelsbeauftragten der G 8 treffen sich heute unabhängig von ihren Staats- und Regierungschefs. Um die Regierungschef- und Finanzministertreffen herum ist eine diplomatische Aufbereitungs- und Implementationsapparatur entstanden. Nach gut 20 Jahren drohte die G 8 an Themenüberfrachtung und engen Zeitfenstern zu ersticken. Die Regierungsbürokratien hatte die G 8 in der Art und Weise in Beschlag genommen, wie Themen auf internationalen Konferenzen nun einmal abgearbeitet werden, mit Planung bis ins kleinste Detail. Dabei wurde es zum Problem, dass die Staatenlenker selbst weder die Zeit noch das Know-how parat haben, um komplexe Agenden zu bedienen. Deshalb ist die G 8 seit 1997 wieder dazu übergegangen, die eingeplante Zeit auf die Beratung weniger Komplexe zu verwenden. Selbst diese schlankere Form der Beratung verlangt noch immense administrative Vorbereitung. Aber sie entlastet die Chefrunde. Unterhalb der Gipfeltreffen läuft die G 8-Maschinerie kontinuierlich weiter.

Ein Nutzen der G 8 wird darin gesehen, dass die Zusammenkünfte Vertrautheit und Vertrauen erzeugen und dass auf dieser Grundlage Vereinbarungen der politischen Spitzen mit dem erforderlichen innerstaatlichen Nachdruck verwirklicht werden. Tagungen der G 8 sind mediale Großevents. In den Tagungsorten und ihrer Umgebung lösen sie den Ausnahmezustand aus. NGOs und Globalisierungskritiker nehmen G 8-Treffen zum Anlass für Gegenkundgebungen. Wegen der massiven Präsenz der Weltpresse finden sie ein lautes Echo.

Brasilien, China, Indien, Mexiko und Südafrika stellen inzwischen gewichtige weltwirtschaftliche Akteure dar. Sie werden zu den Gipfeltreffen der G 8 geladen. Nach den Beratungen der engeren G 8 wird mit ihnen aber erst im Rahmen der G 8+5 konferiert. Kritiker bemängeln, dass sich die G 8 noch nicht entschlossen hat, sich konsequent zu einer G 13 oder zu einer G 8 plus X zu erweitern.

Seit geraumer Zeit profiliert sich neben den G 8 immer deutlicher die Group of 20 (G 20). Sie wurde 1999 als Reaktion auf die Asienkrise ins Leben gerufen, eine Finanz- und Währungskrise. Die G 20 bringt die Finanzminister und Notenbankchefs der G 8, darunter den Chef der Europäischen Zentralbank, sowie diejenigen der Schwellenländer, darunter Schwergewichte wie China, Indien und Brasilien in regelmäßigen Treffen zusammen. In der jüngsten Weltfinanzkrise des Herbstes 2008 hat die G 20 sogar die G 8 überspielt. Um über die Bewältigung der Krise zu beraten, kamen hier auch die Regierungschefs der G 20 zusammen. Diese Krise, ausgelöst durch riskante Bank- und Immobiliengeschäfte, traf den Kreis der G 8-Staaten zunächst heftiger als die wichtigsten Schwellenländer Asiens und Lateinamerikas, die inzwischen ein beachtliches Finanzpotenzial aufweisen. Damit zeigen die Gipfelteilnehmer zuverlässig die Verschiebung der Gewichte insbesondere nach Asien an.

9.4 Vereinte Nationen (UN)

Betrachten wir zuletzt den Komplex der Vereinten Nationen. Eine Organisation sind die UN lediglich als völkerrechtliches Blueprint. In dieser Hinsicht wurden sie, wie bereits der Völkerbund, quasi-parlamentarisch konstruiert. Alle Mitgliedstaaten, inzwischen so gut wie die gesamte Staatenwelt, sind als Mitglieder in der UN-Vollversammlung vertreten. Die Vollversammlung wiederum bestimmt – mit Ausnahme der fünf Ständigen Mitglieder – die Mitglieder des Sicherheitsrates. Der Sicherheitsrat ist ein permanent arbeitendes Gremium der UN. In seiner Funktion als internationale Beschwerde-, Schlichtungs- und Ordnungsinstanz ist er das Herzstück der UN. Nicht-Ständige Mitglieder rotieren darin innerhalb eines kontinentalen Proporzes. Die Ständigen Mitglieder des Sicherheitsrates besitzen das Privileg, ein Veto gegen Ratsbeschlüsse einzulegen. Das Veto drückt die Machtverhältnisse am Ende des Zweiten Weltkrieges aus. Frankreich und Großbritannien mit ihren Kolonialimperien wurden damals noch ähnlich gewichtet wie China, die Sowjetunion und die USA. Der Generalsekretär der UN kommt einem Geschäftsführer des Sicherheitsrates gleich (zur Konstruktion und zu den Aufgaben der UN: Knapp 2004, Gareis/Varwick 2002).

Die Idee der UN ist die Bewahrung der friedensfördernden Grundsätze des internationalen Rechts. In den Zeitumständen und für die politischen Szenarien, auf welche die UN in ihrer Gründerzeit einmal berechnet waren, bedeutete dies im Wesentlichen die Wahrung der völkerrechtlichen Souveränität, sprich: die Unantastbarkeit der Staatsgrenzen. Im Falle der Aggression eines Staates gegen einen anderen soll der Sicherheitsrat – eventuell sogar mit Gewalt – einschreiten, um den Aggressor in seine Schranken zu verweisen.

Man halte sich diese Konstruktion mehr als 60 Jahre nach ihrer Erfindung vor Augen. Damals gab es etwa 50 souveräne Staaten. Die größten Teile der afrikanischen und vorderasiatischen Landmasse und die südostasiatische Inselwelt waren britisches, französisches, niederländisches und belgisches Kolonialgebiet. Folgende Staaten, die heute aus den Weltkonflikten nicht mehr fortzudenken sind, gab es noch überhaupt nicht: Indien, Pakistan, Indonesien, Israel, Nigeria, Kongo. China war noch 1945 der Schauplatz eines eben wieder auflebenden Machtkampfes zwischen den Nationalisten, die offiziell die Regierung Chinas stellten, und den Kommunisten, die immer größere Teile des Landes unter ihre Kontrolle brachten. Frankreich eignete sich, ebenso wie die Niederlande, verlorene Kolonien in Südostasien wieder an. Die indische Unabhängigkeit zeichnete sich zwar ab, aber nicht die Teilung Britisch-Indiens in ein überwiegend hinduistisches Rumpfindien und in ein muslimisches Pakistan. Heute kann man sich die Weltkarte ohne Indien und Pakistan, ohne den indonesischen Inselstaat und ohne Israel nicht mehr vorstellen.

Das chinesische Nationalistenregime hatte sich 1948 auf die Insel Taiwan zurückgezogen und dort überlebt. Es durfte bis 1971 noch das Veto des Ständigen Sicherheitsratsmitglieds Chinas verwalten. Als es den USA dann gefiel, nach 20 Jahren den Staat auf dem chinesischen Festland als das eigentliche China anzuerkennen, wanderte das Veto mit Zustimmung der UN-Gremien, die es mehrheitlich schon lange so gewollt hatten, an Beijing. Die Sowjetunion gibt es seit 1991 nicht mehr. Die Rechte des Ständigen Mitglieds gingen an Russland über.

Die Entkolonialisierung hat die Verbreitung des Union Jack und der französischen Trikolore in Afrika und Asien auf die Fahnenstangen vor den Botschaftsgebäuden reduziert. Großbritannien und Frankreich sind bedeutende europäische Staaten. Sie artikulieren im Unterschied zu ihren Nachbarstaaten unbefangen auch Interessen weit jenseits der europäischen Grenzen. Aber ihre Privilegierung mit einem Ständigen Sitz im Sicherheitsrat, während gleichzeitig Indien, Indonesien und Brasilien, zwar arme, aber durchweg bevölkerungsreiche Staaten, statusmäßig unter „ferner liefen" rangieren, überzeugt nicht mehr. Über eine Reform, die unter anderem den Kreis der Ständigen Mitglieder im Sicherheitsrat erweitern soll, wird seit Jahren beraten. Indien und Brasilien hätten wohl am ehesten Aussicht, zu ständigen Mitgliedern aufzusteigen. Die Europäische Union wäre ebenfalls gern mit einem Sitz vertreten (zu den Defiziten der UN und zur UN-Reform: Czempiel 1994).

Solange die Ost-West-Konkurrenz mitten durch die Ständigen Mitglieder, den Sicherheitsrat und die Vollversammlung verlief, waren die UN in dieser Zeit häufig blockiert. Seither tritt der Sicherheitsrat stärker als Instrument des Krisenmanagements und nicht zuletzt der Bewältigung der politischen und humanitären Folgen internationaler Krisen hervor. Die UN sind vor allem in Ländern und Regionen aktiv, in denen die ganz Großen in der Staatenwelt, China, Russland und die USA keine besonderen Interessen anmelden. Dies gilt hauptsächlich

9.4 Vereinte Nationen (UN)

für Afrika, aber gelegentlich auch für Krisenpunkte in anderen Erdteilen. Beispiele sind Haiti, wo in den letzten Jahren vorübergehend jegliche Regierungsautorität zusammenbrach, und Georgien, aus dessen Staatsverband sich abtrünnige Republiken wie Abchasien und Südossetien verabschiedeten. In der turmhoch mit den verschiedensten Konflikten befrachteten Nahostregion nehmen die USA und die beteiligten Staaten die Dinge selbst in die Hand. In Afrika und Lateinamerika arbeiten die UN mit den Staatengemeinschaften (ECOWAS, OAS) zusammen (Malone 2007: 122ff.). Die Konkurrenz zwischen dem Souveränitätsprinzip und der Menschenrechtswahrung belastet die UN seit ihren Anfängen bis heute. Leider sind die Verhältnisse in weiten Teilen der Welt so beschaffen, dass sie die gleichzeitige Bekräftigung beider Grundsätze nicht erlauben. Die Gräuel im jugoslawischen Kosovo und im russischen Tschetschenien boten in jüngerer Zeit Beispiele dafür. Die meisten Staaten dürften der Souveränität schon deshalb den höheren Wert zusprechen, weil die Staatenwelt insgesamt nur zu gut einem Viertel aus Staaten besteht, in denen die Menschen- und Minderheitenrechte ernst genommen werden.

Das vielbeschworene Mandat der UN ist unter diesen Auspizien eine fragwürdige Legitimation, wenn es gilt, einem Staat in den Arm zu fallen, dem es gefällt, missliebige Diasporen anderer Ethnien oder Religionen zu vertreiben oder diese gewaltsam zu assimilieren. Zwei der fünf Ständigen Sicherheitsratsmitglieder, China und Russland, stehen selbst am Pranger (Tibet, Tschetschenien). So bleibt denn als Nettoeffekt der UN nicht viel mehr als die nicht gering zu schätzende Partizipation vieler sonst auf die internationale Statistenrolle festgeschriebener Staaten an der internationalen Politik – in Einzelfällen sogar bei Entscheidungen über Sanktionen und Gewaltanwendung. Ebenso bleibt die Funktion der UN als Schlichtungsplattform und ständiger Ort für Kontakte und Gespräche. Sie ist bedeutsamer, als es vordergründig den Anschein hat. Der ständige Austausch bei der Beratung internationaler Probleme lässt einigermaßen zuverlässige Einschätzungen reifen, ob und unter welchen Voraussetzungen die UN vermittelnd und Frieden erhaltend eingreifen kann. Dies heißt für die Analyse der UN, dass hier Ideen, Gewohnheiten und Weltbilder, ebenso Kalküle mit den Vorteilen der Staatenkooperation eine Rolle spielen (Barnett/Finnemore 2007). Diplomatie ist die Seele der UN. Machtmittel besitzt sie nicht.

Die US-amerikanische Weltmacht verlangt den sicherheitspolitischen Akteuren der UN besondere Aufmerksamkeit ab. Die USA haben in vielen Weltregionen dezidierte Interessen. Die UN aber sind nur aktionsfähig, wenn sie die Interessen der Betroffenen und die Auffassungen der Sicherheitsratsmitglieder unter einen Hut bringen. Die Grundstimmung des Gastlandes der UN-Institutionen zur Weltorganisation ist schlecht. Afrikanische, asiatische und lateinamerikanische Nationen stellen nun einmal die Mehrheit im Sicherheitsrat, und viele darunter sehen die Welt und ihre Probleme anders, als es in US-amerikanischen Regierungskreisen geschieht.

Wenig spektakulär, aber mühsam und verdienstvoll sind die zahlreichen Peacekeeping- und Monitoring-Einsätze der UN. Zivile und militärische Beobachter der UN verteilen sich auf Krisenpunkte rund um den Globus. In aller Regel haben sie keinen Kampfauftrag. Überhaupt muss der Generalsekretär erst einmal die Runde bei den Regierungen machen, um die Stellung von Militäreinheiten für UN-Einsätze zu erbitten. Die von den mandatierten Mitgliedstaaten gestellten Truppen – die so genannten Blauhelme – halten Bürgerkriegsparteien auf Abstand, oder sie schreiten ein, um Bürgerkriegsauseinandersetzungen zu beenden. Die Einsatzgebiete liegen heute vor allem in Afrika, also in einer Region, die den USA und Russland, UN hin, UN her, nicht so wichtig ist, um dort mit eigenen Soldaten aufzutreten. Weltweit stehen über 100.000 Soldaten unter dem Kommando der UN. Die meisten darunter kommen aus den ärmeren Mitgliedsländern, während die Kosten für die Einsätze hauptsächlich von den finanzstarken UN-Mitgliedern getragen werden. Ausbildung und Ausrüstung der Blauhelme bleiben deshalb nicht selten hinter den Erfordernissen zurück.

Die UN haben mit den Veränderungen der letzten Jahrzehnte nicht Schritt gehalten. Was Wunder, dass sie von regionalen Sicherheitsorganisationen wie der NATO und von Aggressoren- und Befriederstaaten nach Gusto ausflankiert werden? Ein verurteilter Aggressor muss die UN nur dann fürchten, wenn sich die Bereitschaft der USA oder der NATO abzeichnet, den UN mit ihren militärischen Potenzialen beizustehen, und wenn darüber hinaus Russland oder China nichts dagegen einwenden – eine nicht sonderlich wahrscheinliche Konstellation! Vom beherrschenden Sicherheitsauftrag abgesehen, sind die UN inzwischen zu einem internationalen Trust gewachsen, der viele Aspekte des internationalen Geschehens vom Kulturellen bis zum Wirtschaftlichen abdeckt. Erinnert sei an die WHO, die UNESCO, das UNHCR und an UNICEF. Ausnahmslos handelt es sich hier um Institutionen der weichen Politik. Sie sammeln Daten, sie retten, helfen und bergen und sie bieten schlicht eine Kulisse für die ungleich verteilte ökonomische Macht auf dem Globus.

10 Staatenwelt und Politikwissenschaft

Von der Vorstellung eines Staatensystems, das Stabilitätslagen sucht und bisweilen dramatisch an Stabilität verliert, ist hier mehrfach die Rede gewesen. Der Clou des neorealistischen Staatenmodells ist die Idee eines systemischen Ganzen, aus dem sich das Verhalten einzelner Staaten erschließt. Das Schlüsselwort des Modells ist Sicherheit. Bei aller Ökonomisierung der internationalen Beziehungen gibt es im Verhältnis der Staaten untereinander reale Sicherheitsdilemmata und Sicherheitshierarchien. Sie traten in der Epoche des Kalten Krieges stärker hervor als in der Zeit danach. In der Weltwirtschaft beobachten wir die Konkurrenz privater Akteure, während die Staaten kooperieren, um diese Konkurrenz unter vergleichbare Bedingungen zu zwingen.

Staatenkooperation wird in den IB aus zwei unterschiedlichen Prämissen hergeleitet: (a) Staaten haben Interessen, und wenn diese Interessen besser in einer Staatenkooperation als im Alleingang erreicht werden können, dann mögen sogar institutionelle Strukturen wie Regime reifen. Das Interesse bleibt dem Zusammenarbeitskalkül vorgeordnet. (b) Regierungen repräsentieren das Resultat innergesellschaftlicher Prozesse. Soweit der gesellschaftliche Konsens die grenzüberschreitende Kooperation verlangt oder toleriert, kann Zusammenarbeit stattfinden. Wenn die gesellschaftliche Akzeptanz nachlässt, steht sie zur Disposition. Sie kann freilich dennoch fortgesetzt werden, wenn die Routine der Zusammenarbeit so stark eingeschliffen ist, dass die Vorteile der Kooperation immer noch größer anmuten als die Abkehr davon.

Beide Positionen weisen streng genommen keine grundlegende Differenz auf. Die zweite öffnet sich für Erklärungen mit gesellschaftlichen Tatbeständen. So lässt sich die nachlassende Unterstützung der USA für die UN mit der verbreiteten Einschätzung erklären, dass sie den internationalen Interessen der USA nicht mehr nützen. Ein anderes Beispiel: Die Europaskepsis in den Gesellschaften der EU-Mitgliedstaaten kontrastiert mit der Entschlossenheit der Regierungen, die erreichte Integration noch zu vertiefen. Die treibende Kraft der Integration ist weniger Enthusiasmus als das ganz rationale Kalkül, dass es auf dem eingeschlagenen Pfad kein Zurück mehr gibt, ja dass Stagnation unter Umständen mehr kostet als ein Weitermachen nach inzwischen gut abschätzbaren Zumutbarkeiten. Kurz: Die Kooperation gilt selbst in Gestalt der Delegation nationaler Souveränität an europäische Institutionen als der günstigere Weg im Vergleich zum nationalen Alleingang. Um dies nachzuvollziehen, bedarf es der Erklärung mit Erfahrung und mit Lernprozessen. Für Momentaufnahmen mag sich die Vorstellung staatlicher Interessen als fixe Größe gut eignen. Sie trifft ein wichtiges Element der Realität. Entscheidungen fallen meist unter dem Druck aktueller Probleme und mit kurzen Zeitperspektiven. Die Selbst- und Fremdeinschätzungen der relevanten Akteure in den IB ändern sich nicht von heute auf morgen. Langfristig geschieht dies aber sehr wohl.

Der Vorstellung eines Staatensystems lässt sich auch nach dem Drama des Kalten Krieges einiges abgewinnen. Als die Idee einer Miniaturisierung bipolarer Großszenarien im Regionalformat, wie sie einige Neorealisten mit der möglichen Restauration Deutschlands und Japans zu Großmächten beschwören, überzeugt sie aber nicht. Beide Länder sehen ihre Zukunft im Handelsstaat. Nie zuvor in ihrer Geschichte haben sie Militärisches so strikt dem wohlfahrtspolitischen Ziel untergeordnet wie in den letzten 60 Jahren. Dennoch bleibt festzustellen, dass es keine hierarchiefreie Weltregion in Fragen der äußeren Sicherheit gibt. In Asien handelt es sich um weiche Hierarchien, mit denen auch die Staaten auf den niederen Rängen gut leben können. Weil China als größter und mächtigster Staat der Region von seinen Nachbarn nicht mehr als die Respektierung dieses Status erwartet, schmerzt seine Rolle andere nicht weiter. Nicht einmal die Sicherheitspartnerschaft Japans und Südkoreas mit den USA steht dem im Wege. Selbst die neorealistische Selbsthilfethese bestätigt sich hier noch: Das Arrangement ist auch eine Art Selbsthilfe. Obgleich geografisch exponiert, betreibt die Wirtschaftsweltmacht Japan keine mit militärischer Hardware ausgestattete Politik zur Sicherung ihrer Ressourcen weitab der Grenzen. Die USA nehmen ihr diesen Job ab.

Die sicherheitspolitische Hierarchie im Verhältnis USA-Westeuropa ist nicht weich, aber betont tiefgehängt. Die USA brauchen Europa, weil sie ihre Ziele gern mit den gleichgerichteten Interessen anderer Staaten legitimieren. Die Europäer sind zur militärischen Rückversicherung für – nicht mehr sonderlich wahrscheinliche – Eventualbedrohungen auf die USA mit ihrer logistischen und technologischen Militärkapazität angewiesen. Das Einholen des Vorsprungs der USA im Verteidigungsbereich verbietet sich auf absehbare Zeit schon aus wohlfahrtsökonomischen Gründen. Die europäischen Öffentlichkeiten werden keine teure Aufrüstung mittragen. Die politischen Selbsthilfekosten fallen für die Europäer damit geringer aus als für die USA. Aus diesem Grunde gehorchen die transatlantischen Beziehungen ein Stückweit der Logik des „wer zahlt, schafft an". Die USA tragen die politischen Transaktionskosten des Konsultierens, Abstimmens und multilateralen Handelns, und sie kommen für eine teure Militärmaschine auf. Für die Europäer heißt dies eine stattliche Sicherheitsdividende bei gleichzeitiger, allerdings stark abgestufter Akzeptanz der US-amerikanischen Führungsrolle.

10 Staatenwelt und Politikwissenschaft

Die westlichen Gesellschaften suchen die Bestätigung der Maßstäbe, nach denen sie leben, auch jenseits ihrer Grenzen. Dies gilt vorzugsweise dort, wo es sich um vertraute Staaten und Regionen handelt, die das Gütesiegel der Demokratie für sich in Anspruch nehmen. Die Ideenwelt des Westens ist universalistisch. Was hier richtig ist, darf hinter dem nächsten Grenzpfahl nicht falsch sein. Darin manifestiert sich ein gleichermaßen abstrahierendes wie generalisierendes Gerechtigkeitsdenken. Es bestimmt die westlichen Gesellschaften seit der Aufklärung. Gesellschaftliche Interessen drücken sich auch in Konventionen aus. Befremdlich wirken im Westen die Etikettebetontheit und der scheinbare Konformismus der Asiaten, die ihrerseits wieder Schwierigkeiten mit der kontextfreien Ethik und der empathiearmen Kommunikation der Europäer und Amerikaner haben. Das Argumentieren mit universalen Standards, die einem bestimmten Weltbild verpflichtet sind, beschränkt sich in Asien auf kleine Segmente der Öffentlichkeit und der politischen Opposition. Die Selbstbestätigung der asiatischen Gesellschaften ist auf die Bewahrung ihrer Eigenheiten, nicht auf den Export eigener Lebensart gerichtet. Das Anrufen gemeinsamer Wertvorstellungen verhallt außerhalb des okzidentalen Kulturkreises.

Huntingtons These vom „Clash of civilizations" zum Trotz punkten die Gemeinsamkeiten von Kultur und Religion in der islamischen Welt weniger als die Interessen der Staatsklassen, die ihre Staaten autoritär beherrschen (Huntington 1998). Hier verhält es sich nicht anders, als es im Europa des 17. und 18. Jahrhunderts war, als sich die christlichen Herrscher von Gottes Gnaden bekriegten. Weil die meisten nicht-westlichen Staaten autoritär geführt werden – keine Opposition, keine Minderheitenrechte –, entzündet die Selbstbestätigung westlicher Gesellschaften immer wieder Konflikte und Misshelligkeiten in den Außenbeziehungen. Moralität und Opportunität stehen sich in den IB mitunter im Wege.

Suprematiestreben und Mitspielenwollen in fernen und fremden Welten treten auch heute noch zutage. Die USA sind in der arabischen Welt unmittelbar präsent, einerseits, um Israel abzusichern, andererseits, um sich die Golfstaaten mit ihrem Ölreichtum gewogen zu halten. Die vorbehaltlose Parteinahme für ein Israel, das über seine Grenzen von 1948 hinausgreifen wollte, lässt sich damit nicht vereinbaren. Die amerikanische Diplomatie ist in dieser neuralgischen Zone der Weltpolitik stark gefordert – und allzu oft überfordert.

Durch diplomatische Aktivität, ökonomische Abhängigkeiten, Sicherheitsgarantien und Militärkooperation versucht Moskau verlorenen Boden dort wieder zu gewinnen, wo es vordem als die Zentralgewalt eines multinationalen Staates das Sagen hatte. Die Weltmachtreflexe der vormaligen Sowjetunion haben sich, wenn auch abgeschwächt, im postsowjetischen Russland gehalten. Die USA werden als der große Gegenspieler wahrgenommen.

Von amerikanischen Unternehmen geführte Firmenkonsortien haben sich Zugang zu den Ölvorräten des Kaspischen Meeres verschafft. Dieses Faktum ist mit der realistischen Deutung vereinbar, wenn man die Verfügung und den Zugang zu Öl und Gas als Faktor internationaler Macht bedenkt. Das russische Spielmachertum an den Rändern des zerfallenen Sowjetreiches läuft auf einen Antagonismus zu den USA und teilweise auch zu Westeuropa hinaus. Der darin angelegte Konflikt hat nichts mit Ideologie zu tun, umso mehr aber mit dem Dissens über die Grenzen des Schicklichen und Erlaubten im Umgang mit den eigenen Bürgern. Ein mit schwersten Waffen geführter Landkrieg gegen die Zivilbevölkerung einer ganzen Region, die aus dem russischen Staat heraus will, wie vor einigen Jahren in Tschetschenien, steht im haarsträubenden Kontrast zu der Art, wie etwa Kanada sein Quebec-Problem, Großbritannien den Gemeinschaftskonflikt in Nordirland und Spanien die Spannungen in der baskischen Region angehen – nämlich politisch, aber nicht vorrangig polizeilich oder gar militärisch. Russland manövriert sich mit dem Pochen auf das Souveränitätsprinzip fest ins Mehrheitslager der Staatengemeinschaft, während das Einklagen menschen- und minderheitenrechtlicher Standards, wie es westliche Demokratien von Zeit zu Zeit betreiben, in der Sache einen Grundsatz angreift, der mit Blick auf internationale Konflikte zur Friedenswahrung beiträgt. Prinzipienkämpfe sind auch Machtkämpfe. Dazu dürften die Realisten bzw. Neorealisten Beifall spenden.

Selbst die relative Geräuscharmut der zwischenstaatlichen Beziehungen im ostasiatischen Raum lässt sich in Machtbegriffen umschreiben. An den grundlegenden Interessen Chinas kommt kein Staat in der Region vorbei. Aber die chinesische Sicherheitspolitik ist selbstgenügsam. Sie erwartet und kassiert den schuldigen Respekt vor der Regelung ihrer eigenen Angelegenheiten. Wo es daran mangelt, lässt die Maßregelung nicht lange auf sich warten, wie das moderne China auch in Zeiten innerer Schwäche mehrfach bewiesen hat. Der einzige Staat, der in der ostasiatischen Region rückblickend an Einfluss und Präsenz verloren hat, sind die USA.

Wenden wir uns jetzt der ökonomischen Seite des Staatensystems zu. Die Sicherheitsinteressen der Staaten, zumal die der reichen Staaten, verlangen den Zugang zu Energie und Rohstoffen. Ökonomische Einbrüche und Beschäftigungskrisen rühren an den Legitimitätsnerv demokratischer Gesellschaften. Doch macht es Sinn, Phänomene der internationalen Wirtschaftsbeziehungen in den Begriffen des Staatensystems zu diskutieren? Erinnern wir dazu an den Tenor jener Sparte der IB, die unter dem Etikett der Internationalen Politischen Ökonomie bekannt geworden ist. Der Weltmarkt hat sich dramatisch von den Staaten emanzipiert. Internationale Konzerne bewegen sich im Koordinatensystem der Aktionärsinteressen und Wechselkurse. Unternehmen verfolgen andere Interessen als Staaten. Sie handeln auf einer anderen Ebene als die Politik, mögen ihre Interessen hier und dort auch konvergieren. Staatsfrei laufen die Transaktionen in der internationalen Produktion und im Welthandel allerdings nicht ab. Denn letztlich garantieren die Staaten Kaufverträge, Schuldenrückzahlungen und Zahlungsfristen im internationalen Wirtschaftsverkehr. In Gestalt von Freihandelszonen, Zollvereinbarungen und international organisierten Wirtschaftsräumen existiert auch in wirtschaftlicher Hinsicht ein Staatensystem – als politischer Rahmen für den Weltmarkt.

Das Abstraktum des Staates wird in den IB nicht selten für das empirische Phänomen eines existierenden Staates genommen: Selbst wenn hypothetisch alle Staaten im Grundsatz das Gleiche wollten – Sicherheit, Wohlfahrt, Selbstbestimmung –, wäre die Kenntnis dieser Tatsache für die Erklärung der realen Welt nicht sonderlich hilfreich. Reichert man diese abstrakten Ziele jedoch mit Informationen über historische Begebenheiten, Werte und wirkungsmächtige Routinen an, so bleibt die schlanke, exakt gemeinte Theorie des selbstinteressierten Sicherheitsgewinns auf der Strecke. Sie gerät zur uneleganten „dichten Beschreibung" (Geertz 1987). Erst diese Beschreibung öffnet aber die Augen für Unterschiede. Fasst man die Vorstellung eines Staatensystems also plastisch, so lässt sie sich gut mit der Pluralität politischer Formen, mit regionaler Differenzierung und mit historisch-kulturellen Hintergrunddeutungen kombinieren. Die Staatslastigkeit des Zugangs zu den IB verschenkt keine Erkenntnismöglichkeiten. Auch in der Länder vergleichenden Politikwissenschaft gibt es kopflastige Theorien, die mit guten Gründen die staatlichen Institutionen und nicht die gesellschaftlichen Institutionen der Politik wählen, um die Innenpolitik eines Landes zu erschließen. Die Parlamentarismusforscher beispielsweise behaupten ja keineswegs, es genüge, die Arbeitsweise des Deutschen Bundestages oder die des britischen Unterhauses zu kennen, um damit schon die Gesamtheit des politischen Systems zu erfassen. Ihr Clou ist die Beobachtung, dass in der Institution des Parlaments die Parlamentsabhängigkeit der Regierung und die Affinität der parlamentarischen Opposition zur Medienöffentlichkeit zum Ausdruck kommen. Die Beobachtung des Parlaments wird nicht dadurch entwertet, dass sie nicht den gesamten Regierungsprozess erschließen kann. Ohne Kenntnis des Parlaments wäre das Regieren in den Demokratien aber gar nicht verständlich.

Ähnlich verhält es sich mit dem Staat in den IB. Staaten sind nicht die einzigen Akteure in der Weltpolitik. In einigen Sphären, etwa in der Ökonomie, mögen sie vielleicht nicht einmal mehr die wichtigsten sein. Aber sie sind in der Weltpolitik allgegenwärtig. Die meisten und die wichtigsten Ereignisse und Entwicklungen der internationalen Politik ließen sich ohne die Staaten überhaupt nicht verstehen. Erklärungen der IB können an Treffsicherheit nur gewinnen, wenn diese politikwissenschaftliche Teildisziplin stärker mit jener Sparte der Politikwissenschaft kommuniziert, die sich mit den Staaten und politischen Systemen anderer Kulturkreise befasst. Diese durchleuchtet das Innenleben der Staaten. Sie legt verschiedene Röntgenaufnahmen übereinander und sinniert über die Gründe für Abweichungen und Unterschiede. Das Innere der Staaten ist mit der Außenansicht verknüpft. Im Sinne eines zum Inneren der Staaten offenen Staatensystems lässt sich der Neorealismus analytisch nachrüsten.

Das Spezifische der IB ist die Tatsache, dass die Staaten in einem geografischen Raum zusammengeworfen sind. Darin müssen sie sich miteinander arrangieren, oder sie verweigern dieses Arrangement um den Preis des Konflikts und mit dem Risiko des Krieges. Keine Staatenregion gleicht der anderen. Jede hat ihr historisch gewachsenes Profil, und keine Region bleibt im Zeitverlauf unverändert. Wanderungsbewegungen, ökonomische Verwerfungen und neue Ideologien werden in der einen Region in bewährten Regelsystemen, etwa in internationalen Regimen, abgearbeitet. In einer anderen Region verschärfen sie ältere Konflikte oder sie fügen diesen neue hinzu. Gelegentlich verändert sich sogar das Staatenbild einer ganzen Region, wie vor nicht einmal einem Vierteljahrhundert in Osteuropa und am südlichen Rand des gegenwärtigen Russland geschehen.

Das reale Staatensystem hat viele Gesichter, die sich berühren oder überlagern. Kontextualisiert man die Sichtweise des Staatensystems, wie es hier versucht wurde, so fällt es auch nicht weiter schwer, internationale Regime und Bündnisse sowie die Interaktion der Regierungen mit nicht-gouvernementalen und gewinnorientierten Akteuren zusammenzubringen. Ernst-Otto Czempiels Rede von einer Staaten- und einer Gesellschaftswelt deutet in diese Richtung (Czempiel 1981). Staaten existieren nicht abgehoben von der internationalen Ökonomie, genauso wenig wie Regierungen und Parlamente in klinisch-interessenfreien Gemeinwohlzonen operieren. Aber selbst starke Interessenten richten in der innergesellschaftlichen Politik der Demokratien nichts aus, wenn sie keine durch Mehrheiten legitimierten Parlamentarier oder Minister überzeugen. Auch eine liberale Welthandels- und Weltfinanzordnung funktioniert nicht, wenn sie die Unterstützung der wichtigsten Staaten verliert. Deshalb ist die Staatenwelt absehbar zwar nicht das einzige, aber das wichtigste Strukturmuster der IB.

Die Theoriedebatte in den IB ist heute so lebendig wie nie zuvor. Bei aller Vielfalt zeichnet sie sich aber durch eine Gemeinsamkeit aus: Sie lebt aus der mentalen Sprengung des zum individuellen Akteur reifizierten Staates im Bild der realistischen und neorealistischen Theorie. Und sie lässt erkennen, dass die sozialwissenschaftlichen Politiktheorien und vor allem auch die Länder vergleichende Politikwissenschaft zum Gegenstand der IB viel zu sagen oder bereits viel gesagt haben. Die IB betreiben den Einstieg in den politikwissenschaftlichen Mainstream.

Abkürzungsverzeichnis

ABM	Anti-Ballistic Missiles
AKP	Afrika, Karibik, Pazifik
APEC	Asian-Pacific Economic Cooperation
APT	ASEAN Plus Three
ARF	Asia Regional Forum
ASEAN	Association of Southeast Asian States
AU	Afrikanische Union (African Union)
CSSR	Tschechoslowakische Sozialistische Republik
DDR	Deutsche Demokratische Republik
ECOMOG	ECOWAS Monitoring Group
ECOWAS	Economic Community of West African States
EFTA	European Free Trade Association
EG	Europäische Gemeinschaft
EU	Europäische Union
EVG	Europäische Verteidigungsgemeinschaft
EVSP	Europäische Verteidigungs- und Sicherheitspolitik
EWG	Europäische Wirtschaftsgemeinschaft
FARC	Fuerzas Armadas Revolucionarias de Colombia
G 8	Group of Eight
GASP	Gemeinsame Außen- und Sicherheitspolitik
GATT	General Agreement on Tarriffs and Trade
IB	Internationale Beziehungen
IWF	Internationaler Währungsfonds
KSZE	Konferenz für Sicherheit und Zusammenarbeit in Europa
MERCOSUR	Südamerikanischer Markt (Mercado Común del Sur)
NAFTA	North American Free Trade Association
MERCOSUR	Mercado Común del Cono Sur
NATO	North Atlantic Treaty Organization
NGO	Non-governmental Organization
LRA	Lord's Resistance Army
OAS	Organization of American States
OAU	Organization of African Unity

OPEC	Organization of the Petroleum Exporting States
OSZE	Organisation für Sicherheit und Zusammenarbeit in Europa
PLO	Palestine Liberation Organization
SADC	South Africa Development Community
SALT	Strategy Arms Limitation Talks
UN	United Nations (Vereinte Nationen)
UNESCO	United Nations Educational, Scientific, and Cultural Organization
UNHCR	United Nations High Commissioner for Refugees
UNICEF	United Nations Children's Fund
WTO	World Trade Organization (Welthandelsorganisation)
WEU	Westeuropäische Union

Literatur

Allison, Graham T. 1971: Essence of Decision: Explaining the Cuban Missile Crisis, Boston.
Almond, Gabriel A.1966: Comparative Politics: A Developmental Approach, Boston.
Ambrosius, Lloyd E. 1991: Wilsonian Statecraft: Theory and Practice of Liberal Internationalism, Wilmington.
Ashley, Richard K. 1986: The Proverty of Neorealism, in: Robert O. Keohane (Hrsg.), Neorealism and Critics, New York, S. 255-300.
Asmus, Ronald D., und Robert C. Nurick 1996: NATO Enlargement and the Baltic States, in: Survival, 38. Jg., S. 121-142.
Autesserre, Séverine 2007: Congo: Explaining Peace Building Failures, 2003-2006, in: Review of the African Political Economy, Nr. 113, S. 423-441.
Axelrod, Robert 1988: Die Entwicklung der Kooperation, Frankfurt/M. und New York.
Axelrod, Robert, und Robert A. Keohane 1986: Achieving Cooperation under Anarchy, in: Kenneth A. Oye (Hrsg.), Cooperation under Anarchy, Princeton, S. 226-254.
Axt, Heinz Jürgen 1999: Frankreich in der Europäischen Union, in: Marieluise Christadler und Henrik Uterwedde (Hrsg.), Länderbericht Frankreich, Opladen, S. 465-483.
Ayoob, Mohammed 1998: Subaltern Realism: International Relations Theory Meets the Third World, in: Stephanie G. Neumann (Hrsg.), International Relations Theory and the Third World, Basingstoke und London, S. 31-54.
Ayoob, Mohammed 1995: The Third World Security Predicament: State Making, Regional Conflict, and the International System, London.
Bach, Daniel C. 2007: Nigeria's Manifest Destiny in West Africa: Dominance without Power, in: Africa-Spectrum, 42. Jg., S. 301-321.
Bagby, Laurie M. Johnson 1994: The Use and Abuse of Thykidides in International Relations, in: International Organization, 48. Jg., S. 131-153.
Baldwin, David A. 1993a: Neoliberalism, Neorealism, and World Politics, in: David A. Baldwin (Hrsg.), Neorealism and Neoliberalism: The Contemporary Debate, New York, S. 3-28.
Baldwin, David A. (Hrsg.) 1993b: Neorealism and Neoliberalism: The Contemporary Debate, New York.
Balmaceda, Mercedes 1998: Oil, Gas, and the Linkage between Domestic and Foreign Policies, in: Europe-Asia Studies, 50. Jg., S. 257-286.
Balzer, Harley 2005: The Putin Thesis and Russian Energy Policy, in: Post-Soviet Affairs, 21. Jg., S. 210-225.
Baregu, Mweriga 2006: Congo in the Great Lakes Conflict, in: Gilbert M. Khadiagala (Hrsg.), Security Dynamics in Africa's Great Lakes Region, London, S. 59-80.

Barkin, J. Samuel, und Bruce Cronin 1994: The State and the Nation: Changing Norms and the Rules of Sovereignty in International Relations, in: International Organization, 48. Jg., S. 107-130.

Barnett, Michael M. 1998: Dialogues in Arab Politics: Negotiations in Regional Order, New York.

Barnett, Michael, und Raymond Duvall 2005: Power in International Politics, in: International Organization, 59. Jg., S. 39-75.

Barnett, Michael, und Martha Finnemore 2007: Political Approaches, in: Thomas G. Weiss und Sam Daws (Hrsg.): The Oxford Handbook on the United Nations, Oxford und New York, S. 41-57.

Barnett, Michael, und Martha Finnemore 2004: Rules for the World: International Organizations in Global Politics, Ithaca und London.

Barylski, Robert V. 1994: The Russian Federation and Eurasia's Islamic Crescent, in: Europe-Asia Studies, 46. Jg., S. 389-416.

Barzilai, Gad 1996: Wars, International Conflicts, and Political Order, A Jewish Democracy in the Middle East, Albany.

Bassin, Mark 1991: Russia between Europe and Asia: The Ideological Construction of Geographical Space, in: Slavic Review, 50. Jg., S. 1-17.

Bauer, Raymond A., Ithiel de Sola Pool und Raymond A. Dexter 1967: American Business and Public Policy, New York.

Bayne, Nicholas 2000: Hanging In There: The G 7 and G 8 Summit in Maturity and Renewal, Aldershot.

Bayne, Nicholas 2000: Why did Seattle Fail? Globalization and the Politics of Trade, in: Government and Opposition, 35. Jg., S. 131-151.

Beck, Martin 2002: Von theoretischen Wüsten, Oasen und Karawanen. Der Vordere Orient in den Internationalen Beziehungen, in: Zeitschrift für Internationale Beziehungen, 9. Jg., S. 305-320.

Behrens, Henning und Paul Noack 1984: Theorien der internationalen Politik, München.

Bellers, Jürgen 1996: Klassische Staatsentwürfe. Außenpolitisches Denken von Aristoteles bis heute, Darmstadt.

Benedek, Wolfgang 1995: Die neue Welthandelsorganisation (WTO) und ihre internationale Stellung, in: Vereinte Nationen, 1/1995, S. 13-19.

Berger, Peter L., und Thomas Luckmann 1977: Die gesellschaftliche Konstruktion der Wirklichkeit. Eine Theorie der Wissenssoziologie, Frankfurt/M.

Berger, Thomas U. 1993: From Sword to Chrysanthemum: Japan's Culture of Anti-Militarism, in: International Security, 17. Jg., S. 119-150.

Bernard, Mitchell, und John Ravenhill 1995: Beyond Product Cycles and Flying Geese: Regionalization, Hierarchy, and the Industrialization of East Asia, in: World Politics, 47. Jg., S. 171-209.

Bernauer, Thomas, und Dieter Ruloff (Hrsg.) 1999: Handel und Umwelt. Zur Frage der Kompatibilität internationaler Regime, Opladen.

Besson, Waldemar 1964: Von Roosevelt bis Kennedy. Grundzüge der amerikanischen Außenpolitik, Frankfurt/M.

Best, Jacqueline 2007: Legitimacy Dilemmas: The IMF's Pursuit of Country Ownership, in: Third World Quarterly, 28. Jg., S. 469-488.

Betts, Richard K. 1993/94: Wealth, Power and Instability: East Asia and the United States after the Cold War, in: International Security, 18. Jg., S. 34-77.
Beyme, Klaus von 1983: Die Sowjetunion in der Weltpolitik, Frankfurt/M.
Black, Peter, und Kevin Avruch 1998: Culture, Power and International Negotiations, in: Dominique Jacquin-Berdal, Andrew Oros und Marco Verweij (Hrsg.), Culture in World Politics, Houndmills und Basingstoke, S. 34-60.
Bleiker, Roland 1998: Neorealist Claims in Light of Ancient Chinese Philosophy: The Cultural Dimension of International Theory, in: Dominique Jacquin-Berdal und Marco Verweij (Hrsg.), Culture in World Politics, Houndmills und Basingstoke, S. 89-115.
Boogards, Matthejs, und Markus Crepaz 1997: Consociational Interpretations of the European Union, in: European Union Politics, 3. Jg., S. 357-381.
Boucher, David 1998: Political Theories of International Relations: From Thykidides to the Present, Oxford und New York.
Boughton, James M. 2001: Silent Revolution: The International Monetary Fund, 1979-1989, Washington, D.C.
Breckinridge, Robert E. 1997: Reassasing Regimes: The International Regime Aspects of the European Union, in: Journal of Common Market Studies, 35. Jg., S. 173-187.
Bull, Hedley 1977: The Anarchical Society: A Study of Order in World Politics, London.
Bull, Hedley 1966a: Society and Anarchy in International Relations, in: Herbert Butterfield und Martin Wight (Hrsg.), Diplomatic Investigations: Essays in the Theory of International Relations, London, S. 35-50.
Bull, Hedley 1966b: The Grotian Conception of International Society, in: Herbert Butterfield und Martin Wight (Hrsg.), Diplomatic Investigations: Essays in the Theory of International Relations, London, S. 51-73.
Bulmer-Thomas, Victor 2001: Regional Integration in Latin America and the Caribbean, in: Bulletin of Latin American Research, 20. Jg., S. 360-369.
Burges, Sean W. 2004: Without Sticks or Carrots: Brazilian Leadership in South America During the Cardoso Era, in: Latin American Research Review, 25. Jg., S. 24-32.
Burley, Ann-Marie 1993: Regulating the World: Multilateralism, International Law, and the Projection of the New Deal Regulatory State, in: John Gerard Ruggie (Hrsg.), Multilateralism Matters: The Theory and Practice of an Institutional Form, New York, S. 125-156.
Burton, John 1972: World Society, London.
Burton, John 1967: International Relations: A General Theory, Cambridge.
Burton, John 1965: Systems, States, Diplomacy and Rules, Cambridge.
Butterfield, Herbert, und Martin Wight 1966 (Hrsg.), Essays in the Theory of International Relations, London.
Buzan, Barry, Charles Jones und Richard Little 1993: The Logic of Anarchy: From Neorealism to Structural Realism, New York.
Bünte, Marco 2006: Japans Rolle in Südostasien, in: Verena Blechinger-Talcott, Christiane Frantz und Mark Thompson (Hrsg.), Politik in Japan. System, Reformprozesse und Außenpolitik im internationalen Vergleich, Frankfurt/M. und New York, S. 209-224.

Callahan, William A. 2004: Contingent States: Greater China and Transnational Relations, Minneapolis und London.
Callahan, William A. 2003: Beyond Cosmopolitism and Nationalism: Diasporic Chinese and Neo-Nationalism in China and Thailand, in: International Organization, 57. Jg., S. 481-517.
Campbell, Horace 2008: China in Africa: Challenging US Global Hegemony, in: Third World Quarterly, 29. Jg., S. 89-105.
Cardoso, Fernando H., und Enzo Faletto 1976: Abhängigkeit und Entwicklung in Lateinamerika, Frankfurt/M.
Carr, Edward Hallett 1939: The Twenty Years' Crisis. 1919-1939, New York (London).
Carranza, Mario E. 2003: Can Mercosur Survive? Domestic and International Constraints on Mercosur, in: Latin American Politics and Society, 45. Jg., Nr., S. 67-103.
Christadler, Marieluise, und Henrik Uterwedde (Hrsg.) 1999: Länderbericht Frankreich, Opladen.
Clapham, Christopher 2000: Degrees of Statehood, in: Sarah Owen Vandersluis (Hrsg.), The State and Identity Construction in International Relations, Houndmills und New York, S. 31-48.
Clapham, Christopher 1996: Africa and the International System: The Politics of State Survival, Cambridge und New York.
Clausewitz, Carl von 1980 (Erstausg. 1832): Vom Kriege, Bonn.
Cohen, Raymond 1998: Conflict Resolution across Cultures: Bridging the Gap, in: Dominique Jaquin-Berdal, Andrew Oros und Marco Verweij (Hrsg.), Culture in World Politics, Houndmills und Beasingstoke, S. 116-133.
Collins, Kathleen 2004: The Logic of Clan Politics: Evidence from the Central Asian Trajectory, in: World Politics, 56. Jg., S. 224-261.
Collins, Kathleen 2003: The Political Role of Clans in Central Asia, in: Comparative Politics, 36. Jg., S. 171-190.
Cortell, Andrew P., und James W. Davis 1996: How Do International Institutions Matter? The Domestic Impact of International Rules and Norms, in: International Studies Quarterly, 40. Jg., S. 451-478.
Coulmas, Florian, und Judith Stalpers 1998: Das neue Asien. Ein Kontinent findet zu sich selbst, Frankfurt/M. und New York.
Cox, Robert W. (Hrsg.) 1997: The New Realism; Perspectives on Multilateralism and World Order, Tokyo, New York und Paris.
Crone, Donald 1993: Does Hegemony Matter? The Reorganization of the Pacific Political Economy, in: World Politics, 45. Jg., S. 501-525.
Curtis, Gerald L. 1999: The Logic of Japanese Politics: Leaders, Institutions, and the Limits of change, New York.
Cyr, Arthur I. 2000: After the Cold War: American Foreign Policy, Europe and Asia, Houndmills und Basingstoke.
Czempiel, Ernst-Otto 2004: Internationale Beziehungen: Begriff, Gegenstand und Forschungsabsicht, in: Manfred Knapp und Gerd Krell (Hrsg.), Einführung in die Internationale Politik. Studienbuch, München, 4. überarb. u. erw. Aufl., München, S. 2-26.

Czempiel, Ernst-Otto 1999: Kluge Macht. Außenpolitik für das 21. Jahrhundert, München.
Czempiel, Ernst-Otto 1998: Friedensstrategien. Eine systematische Darstellung außenpolitischer Theorien von Machiavelli bis Madariaga, 2. Aufl., Opladen.
Czempiel, Ernst-Otto 1994: Die Reform der UNO. Möglichkeiten und Mißverständnisse, München.
Czempiel, Ernst-Otto 1991: Gleichgewicht oder Symmetrie?, in: Jahrbuch für Politik, 1. Jg., S. 127-150.
Czempiel, Ernst-Otto 1989: Machtprobe: Die USA und die Sowjetunion in den achtziger Jahren, München.
Czempiel, Ernst-Otto 1981: Internationale Politik, Paderborn.
David, Steven R. 1998: The Primacy of International War, in: Stephanie G. Neuman (Hrsg.), International Relations Theory and the Third World, Basingstoke und London, S. 77-101.
Deng, Yong 2008: China's Struggle for Status: The Realignment of International Relations, Cambridge und New York.
Destler, I.M. 1986: American Trade Politics: System under Stress, Washington, D.C. und New York.
Deudney, Daniel 1997: Geopolitics and Change, in: Michael W. Doyle and G. John Ikenberry (Hrsg.), New Thinking in International Relations Theory, Boulder and Oxford, S. 91.-123.
Deutsch, Karl W. 1968: Analyse internationaler Beziehungen. Konzeptionen und Probleme der Friedensforschung, Frankfurt/M.
Dittmer, Lowell 2002: East Asia in the „New Era" of World Politics, in: World Politics, 55. Jg., S. 38-65.
Dobson, Alan 1998: Die „Special Relationship": Zur Entwicklung der britisch-amerikanischen Sonderbeziehung seit 1945, in: Hans Kastendiek, Karl Rohe und Angelika Volle (Hrsg.), Länderbericht Großbritannien, Frankfurt/M. und New York, S. 420-436.
Doyle, Michael W. 1997: Ways of War and Peace: Realism, Liberalism, and Socialism, New York und London.
Doyle, Michael, und G. John Ikenberry 1997a: Introduction: The End of the Cold War, the Classical Tradition, and International Change, in: Michael W. Doyle und G. John Ikenberry (Hrsg.), New Thinking in International Relations Theory, Boulder und Oxford, S. 1-19.
Doyle, Michael, und G. John Ikenberry (Hrsg.) 1997b: New Thinking in International Relations Theory, Boulder und Oxford.
Druwe, Ulrich, und Volker Kunz (Hrsg.) 1994: Rational choice in der Politikwissenschaft. Grundlagen und Anwendungen, Opladen.
Dumbrell, John 1999: Varieties of Post-Cold War American Isolationism, in: Government and Opposition, 34. Jg., S. 24-43.
Dunn, David J. 2004: From Power Politics to Conflict Resolution: The Work of John Burton, Houndmills und New York.
Easton, David 1965: A Systems Analysis of Political Life, New York.

Efinger, Manfred, Volker Rittberger, Klaus Dieter Wolf und Michael Zürn 1990: Internationale Regime und internationale Politik, in: Volker Rittberger (Hrsg.), Theorien der internationalen Beziehungen, Bestandsaufnahme und Forschungsperspektiven, Opladen, S. 263-285.

Ehteshami, Anonshiravan, und Raymond Hinnebusch 1998: Syria and Iran: Middle Powers in a Penetrated System, Padston.

Eisenstadt, Shmuel N. 1987: Die Transformation der israelischen Gesellschaft, Frankfurt/M.

Eke, Steven M., und Taras Kuzio 2000: Sultanism in Eastern Europe: The Socio-Political Roots of Authoritarian Populism in Belarus, in: Europe-Asia Studies, 52. Jg., S. 523-547.

Elsenhans, Hartmut 1984: Abhängiger Kapitalismus oder bürokratische Entwicklungsgesellschaft, 2. Aufl., Frankfurt/M. und New York.

Encarnation, Dennis J., und Mark Mason 1990: Neither MITI nor America: The Political Economy of Capital Liberalization in Japan, in: International Organization, 44. Jg., S. 24-54.

Engels, Friedrich 1976 (Erstausg. 1884): Der Ursprung der Familie, des Privateigentums und des Staates, in: Karl Marx und Friedrich Engels, Ausgewählte Schriften in zwei Bänden, Bd. 2, Berlin, S. 155-301.

Evans, Alfred B. 2008: Putin's Legacy and Russia's Identity, in: Europe-Asia Studies, 60. Jg., S. 899-913.

Falter, Jürgen 1982: Der „Positivismusstreit" in der amerikanischen Politikwissenschaft. Entstehung, Ablauf und Resultate der sogenannten Behavioralismus-Kontroverse in den Vereinigten Staaten 1945-1975, Opladen.

Faust, John R., und Judith F. Kornberg 1995: China in World Politics, London.

Feldstein, Martin 1998: Refocusing the IMF, in: Foreign Affairs, 77. Jg., March/April, S. 20-33.

Ferguson, Yale 1998: Looking Backwards at Contemporary Politics, in: Dominique Jacquin-Berdal, Andrew Oros und Marco Verweij (Hrsg.), Culture in World Politics, Houndmills und Basingstoke, S. 11-33.

Ferguson, Yale H., und Richard W. Mansbach 1996: The Past as a Prelude to the Future? Identities and Loyalties in Global Politics, in: Yosef Lapid und Friedrich Kratochwil (Hrsg.), The Return of Culture and Identity in IR Theory, London, S. 21-44.

Finnemore, Martha 1996: Constructing Norms of Humanitarian Intervention, in: Peter J. Katzenstein (Hrsg.), The Culture of National Security: Norms and Identity in World Politics, New York, S. 153-185.

Finnemore, Martha, und Kathryn Sikkink 2001: Taking Stock: The Constructivist Research Program in International Relations and Comparative Politics, in: Annual Review of Political Science, 4. Jg., S. 391-416.

Fischer, Markus 1992: Feudal Europe, 800-1300: Communal Discoursce and Conflictual Practices, in: International Organization, 46. Jg., S. 427-466.

Fishman, Robert M. 1990: Rethinking State and Regime: Southern Europe's Transition to Democracy, in: World Politics, 42. Jg., S. 422-440.

Flikke, Geir 1999: Patriotic Left-Centrism: The Zigzags of the Communist Party of the Russian Federation: in: Europe-Asia Studies, 51. Jg., S. 275-298.

Forde, Steven 1998: Hugo Grotius on Ethics and War, in: American Political Science Review, 92. Jg., S. 639-648.

Frank, André Gunder 1969: Kapitalismus und Unterentwicklung in Lateinamerika, Frankfurt/M.

Franz, Christiane, und Kerstin Martens 2006: Nichtregierungsorganisationen (NGOs), Wiesbaden.

Fravel, M. Taylor 2005: Regime Insecurity and International Cooperation, in: International Security, 30. Jg., S. 46-83.

Friedrich, Stefan 2000: Aussenpolitik, in: Brunhild Staiger (Hrsg.), Länderbericht China. Geschichte, Politik, Wirtschaft, Gesellschaft, Kultur, Darmstadt, S. 103-134.

Fröhlich, Stefan 2008: Die Europäische Union als globaler Akteur, Wiesbaden.

Gaddis, John Lewis 1997: We Know Now: Rethinking Cold War History, Oxford.

Gaddis, John Lewis 1992: The United States and the End of the Cold War, New York und Oxford.

Gaddis, John Lewis 1987: The Long Peace: Inquiries into the History of the Cold War, New York und Oxford.

Galtung, Johan 1981: A Structural Theory of Imperialism Ten Years Later, in: Journal of International Studies, 9. Jg., S. 181-196.

Galtung, Johan 1971: A Structural Theory of Imperialism, in: Journal of Peace Research, 8. Jg., S. 81-94.

Gareis, Sven Bernhard, und Johannes Varwick 2002: Die Vereinten Nationen, Opladen.

Geertz, Clifford 1987: Dichte Beschreibung. Beiträge zum Verstehen kultureller Systeme, Frankfurt/M.

Gheciu, Alexandra 2005: Security Institutions as Agents of Socialization? NATO and the New Europe, in: International Organization, 59. Jg., S. 973-1012.

Glaubitz, Joachim 1998a: Auf dem Weg zur Weltmacht – China im Spannungsfeld von Japan, Russland und den USA, in: Carsten Herrmann Pillath und Michael Lackner (Hrsg.(, Länderbericht China. Politik, Wirtschaft und Gesellschaft im chinesischen Kulturrau, Bonn. S. 515-533.

Glaubitz, Joachim 1998b: Japan und China. Zwischen Misstrauen und Kooperation, in: Manfred Pohl und Hans Jürgen Mayer (Hrsg.), Länderbericht Japan. Geografie und Geschichte, Politik, Wirtschaft, Gesellschaft, Kultur, 2. Aufl., Bonn, S. 195-207.

Goldstein, Judith, und Robert O. Keohane (Hrsg.) 1993: Ideas and Foreign Policy: Beliefs, Institutions, and Political Change, Ithaca und London.

Gonzalez, Guadalupe, und Stephen Haggard 1998: The United States and Mexico: A Pluralistic Security Community, in: Emanuel Adler und Michael Barnett (Hrsg.), Security Communities, Cambridge und Melbourne, S. 295-232.

Goodarzi, Jubin M. 2006: Syria and Iran: Diplomatic Alliance and Power Politics in the Middle East, London und New York.

Gourevitch, Peter 1978: The Second Image Reversed: The International Sources of Domestic Politics, in: International Organization, 32. Jg., S. 889-912.

Grabendorff, Wolff 2002: Von Gewinnern und Verlierern. Globalisierungserfahrungen in Lateinamerika, in: Peter Birle, Jörg Faust, Günther Maihold und Jürgen Rüland (Hrsg.), Globalisierung und Regionalismus in Asien und Lateinamerika, Opladen, S. 255-268.

Grieco, Joseph M. 1997: Realist International Theory and the Study of World Politics, in: Michael W. Doyle and G. John Ikenberry (Hrsg.), New Thinking in International Relations Theory, Boulder und Oxford, S. 163-201.
Grieco, Joseph M. 1996: State Interests and Institutional Rule Trajectories: A Neorealist Interpretation of the Maastricht Treaty and European Economic and Monetary Union, in: Security Studies, 5. Jg., S. 261-305.
Grieco, Joseph M. 1988: Anarchy and the Limits of Cooperation: A Realist Critique of the Newest Liberal Institutionalism, in: International Organization, 42. Jg., S. 485-507.
Griffith, Martin (Hrsg.) 2008: Encyclopaedia of International Relations and Global Politics, London und New York.
Griffiths, Martin 1999: Fifty Key Thinkers in International Relations, London und New York.
Gurowitz, Amy 1999: Mobilizing International Norms: Domestic Actors, Immigrants, and the Japanese State, in: World Politics, 51. Jg., S. 413-445.
Guzzini, Stefano 1998: Realism in International Relations and International Political Economy: The Continuing Story of a Death Foretold, London und New York.
Haass, Richard N. 1997: The Reluctant Sheriff: The United States after the Cold War, New York.
Haas, Ernst B. 1958: The Uniting of Europe: Political, Social, and Economic Forces, 1950-1957, London.
Haas, Peter M. 1992: Introduction: Epistemic Communities and International Policy Coordination, in: International Organization, 46. Jg., S. 1-35.
Hacke, Christian 2005: Von Kennedy bis Bush. Grundzüge amerikanischer Außenpolitik, 3. Aufl., Stuttgart.
Hacke, Christian 2004: Die Außenpolitik der Bundesrepublik Deutschland. Von Konrad Adenauer bis Gerhard Schröder, Berlin.
Hacke, Christian 1995: Die großen Mächte, in: Karl Kaiser und Hans-Peter Schwarz (Hrsg.), Die neue Weltpolitik, Baden-Baden, S. 316-336.
Hacker, Jens 1983: Der Ostblock. Entstehung, Entwicklung und Struktur 1939-1980, Baden-Baden.
Hall, Rodney Bruce, und Friedrich V. Kratochwil 1993: Medieval Tales: Neorealist „Science" and the Abuse of History, in: International Organization, 47. Jg., S. 479-491.
Halliday, Fred 2005: The Middle East in International Relations: Power, Politics and Ideology, Cambridge und New York.
Halliday, Fred, und Justin Rosenberg 1998: Realism Revisited: Interview with Ken Waltz, in: Review of International Studies, 24. Jg., S. 371-386.
Hamashita, Takeshi 1997: The Intra-Regional System in East Asia in Modern Times, in: Peter J. Katzenstein und Takashi Shiraishi (Hrsg.), Network Power: Japan and Asia, Ithaka und London, S. 113-135.
Hamilton, Gary 1999: Asian Business Networks in Transition, or: What Alan Greenspan Does Not Know about the Asian Business Crisis, in: T. J. Pemple (Hrsg.), The Politics of the Asian Economic Crisis, Ithaca und London, S. 45-61.
Hanrieder, Wolfram F. 1995: Deutschland, Europa, Amerika. Die Außenpolitik der Bundesrepublik Deutschland 1949-1994, Paderborn.
Hartmann, Jürgen 2006: Politik in China, Wiesbaden.

Hartmann, Jürgen 2003: Geschichte der Politikwissenschaft. Grundzüge der Fachentwicklung in den USA und in Europa, Opladen.
Hartmann, Jürgen 2001: Das politische System der Europäischen Union. Eine Einführung, Frankfurt/M. und New York.
Hartmann, Jürgen 1998: Politik auf den Trümmern der Zweiten Welt. Russland, Osteuropa und die asiatische Peripherie, Frankfurt/M. und New York.
Hartmann, Jürgen 1992: Politik in Japan. Das Innenleben einer Wirtschaftsweltmacht, Frankfurt/M. und New York.
Hastedt, Glenn P. 2006: American Foreign Policy: Past, Present, Future, 6. Aufl., Upper Saddle River.
Hatch, Walter, und Kozo Yamamura 1996: Asia in Japan's Embrace, Building a Regional Production Alliance, Cambridge und New York.
Hauner, Milan 1990: What Is Asia to US? Russia's Asian Heartland Yesterday and Today, Boston.
Hayes-Renshaw, Fiona, und Helen Wallace 2006: The Council of Ministers, 2. Aufl., Houndmills und New York.
Heilmann, Sebastian 1998: Modernisierung ohne Demokratie? Zukunftsperspektiven des politischen Systems und der Kommunistischen Partei, in: Carsten Herrmann-Pillath und Michael Lackner (Hrsg.), Länderbericht China. Politik, Wirtschaft und Gesellschaft, Bonn, S. 186-205.
Heilmann, Sebastian 2004: Das politische System der VR China, 2. Aufl., Wiesbaden.
Herz, John H. 1959: International Politics in the Atomic Age, New York und London.
Herz, John H. 1957: Rise and Demise of the Territorial State, in: World Politics, 9. Jg., S. 473-493.
Higgott, Richard A., und Kim Richard Nossal 1998: Australia and the Search for a Security Community in the 1990s, in: Emanuel Adler and Michael Barnett (Hrsg.): Security Communities, Cambridge und Melbourne, S. 265-294.
Hill, Fiona 2006: Moscow Discovers Soft Power, in: Current History, 105. Jg., S. 341-347.
Hinton, Harold C. 1994: China as an Asian Power, in: Thomas W. Robinson und David Shambaugh (Hrsg.), Chinese Foreign Policy: Theory and Practice, Oxford. S. 348-372.
Hix, Simon 2005: The Political System of the European Union, 2. Aufl., Houndmills und London.
Hobbes, Thomas 1992 (Erstausg. 1651): Leviathan oder Stoff, Form und Gewalt eines kirchlichen und bürgerlichen Staates, hrsg. u. eingel. von Iring Fetscher, 5. Aufl., Frankfurt/M.
Hoensch, Jörg K. 1977: Sowjetische Osteuropapolitik 1945-1975, Kronberg, Ts.
Hofmeier, Rolf 2004: Regionale Kooperation und Integration, in: Mir A. Ferdowski (Hrsg.), Afrika – ein verlorener Kontinent?, München, S. 189-224.
Hoffmann, Stanley 2000: Towards a Common European Foreign and Security Policy?, in: Journal of Common Market Studies, 38. Jg., S. 189-198.
Hogarth, Robin M., und Melvin W. Reder (Hrsg.) 1987: The Contrast between Economics and Psychology, Chicago und London.

Howe, Christopher (Hrsg.) 1996: China and Japan: History, Trends, and Prospects, Oxford.
Hummel, Hartwig 2006: Japan und die Weltwirtschaftspolitik, in: Verena Blechinger-Talcott, Christiane Frantz und Mark Thompson (Hrsg.), Politik in Japan. System, Reformprozesse und Außenpolitik im internationalen Vergleich, Frankfurt/M. und New York, S. 193-208.
Huntington, Samuel P. 1998: Kampf der Kulturen. Die Neugestaltung der Weltpolitik im 21. Jahrhundert, 2. Aufl., München.
Huntington, Samuel P. 1982/83: American Ideals versus American Institutions, in: Political Science Quarterly, 97. Jg., S. 1-37.
Huntington, Samuel P. 1974: Paradigms of American Politics: Beyond the One, the Two, and the Many, in: Political Science Quarterly, 89. Jg., S. 1-26.
Iriye, Hidenory 1996: Sino-Japanese Controversy since the 1972 Diplomatic Normalization, in: Christopher Howe (Hrsg.), China and Japan: History, Trends, and Prospects, Oxford, S. 60-82.
Iriye, Akira 1992: China and Japan in the Global Setting, Cambridge und London.
Jachtenfuchs, Markus, und Beate Kohler-Koch (Hrsg.) 1996: Europäische Integration, Opladen.
Jackson, Robert H. 1999: Sovereignty in World Politics: A Glance at the Conceptual and Historical Landscape, 47. Jg., S. 431-456.
Jackson, Robert H. 1990: Quasi-States: Sovereignty, International Relations and the Third World, Cambridge.
Jackson, Robert H., und Carl G. Rosberg 1982/83: Why Africa's Weak States Persist, in: World Politics, 35. Jg., S. 1-24.
Jacquin-Berdal, Dominique, Andrew Oros und Marco Verweij (Hrsg.) 1998: Culture in World Politics, Houndmills und Basingstoke.
Jakobeit, Cord, und Aparslan Yenal (Hrsg.) 1993: Gesamteuropa. Analysen, Probleme und Entwicklungsperspektiven, Opladen.
Jellinek, Georg 1976 (Erstaufl. 1900): Allgemeine Staatslehre, 3. Aufl., Kronberg, Ts.
Jervis, Robert 1988: Realism, Game Theory, and Cooperation, in: World Politcs, 40. Jg., S. 317-349.
Jervis, Robert 1976: Perception and Misperception in International Politics, Princeton.
Johnson, Chalmers 1995: Japan. Who Governs? The Rise of the Developmental State, New York und London.
Johnson, Chalmers 1982: MITI and the Japanese Miracle: The Growth of Industrial Policy, Stanford.
Johnson, Douglas H. 2003: The Root Causes of Sudan's Civil War, Bloomington.
Jones, David Martin 1998. Democratization, Civil Society, and Illiberal Middle Class Culture in Pacific Asia, in: Comparative Politics, 30. Jg., S. 147-169.
Junker, Detlef, Dieter Nohlen und Helmut Sangmeister (Hrsg.) 1994: Lateinamerika am Ende des 20. Jahrhunderts, München.
Kagan, Robert 2008: Die Demokratie und ihre Feinde, Berlin.
Kagan, Robert 2003: Macht und Ohnmacht. Europa in der neuen Weltordnung, 4. Aufl., Berlin.

Kahler, Miles 1997: Inventing International Relations: International Relations Theory after 1945, in: Michael W. Doyle und G. John Ikenberry (Hrsg.), New Thinking in International Relations Theory, Boulder und Oxford, S. 20-53.

Kahler, Miles (Hrsg.) 1986: The Politics of International Debt, Ithaca und London.

Kaiser, Karl, und Hans-Peter Schwarz (Hrsg.) 1995: Die neue Weltpolitik, Bonn, S. 166-176.

Kant, Immanuel 1968: Kant-Werke, Bd. VII, Frankfurt/M. und Darmstadt.

Karl, Terry Lynn 1997: The Paradox of Plenty: Oil Booms and Petro States, Berkeley, Los Angeles und London.

Kastendiek, Hans, Karl Rohe und Angelika Volle (Hrsg.) 1998: Länderbericht Großbritannien, Frankfurt/M. und New York.

Katzenstein, Peter J. 1996a: Cultural Norms and National Security: Police and Military in Postwar Japan, Ithaca und London.

Katzenstein, Peter J. 1996b: Introduction: Alternative Perspectives on National Security, in: Peter J. Katzenstein (Hrsg.), The Culture of National Security: Norms and Identity in World Politics, New York, S. 1-32.

Katzenstein, Peter J. (Hrsg.) 1996c: The Culture of National Security: Norms and Identity in World Politics, New York.

Katzenstein, Peter J. 1997: Introduction: Asian Regionalism in Comparative Perspective, in: Peter J. Katzenstein und Takashi Shiraishi (Hrsg.), Network Power: Japan and Asia, Ithaca und London, S. 1-44.

Katzenstein, Peter J., und Takashi Shiraishi (Hrsg.) 1997: Network Power. Japan and Asia, Ithaca und New York.

Kaul, Volker 2007: Diamantenhandel und der Krieg in Kongo/Zaire, in: Africa Spectrum, 42. Jg., S. 49-71.

Kazantsev, Andrei 2008: Russian Policy in Central Asia and the Caspian Sea Region, in: Europe-Asia Studies, 60. Jg., S.1073-1088.

Keck, Otto 1991: Der neue Institutionalismus in der Theorie der Internationalen Politik, in: Politische Vierteljahresschrift, 32. Jg., S. 635-653.

Keegan, John 1991: Das Antlitz des Krieges, Frankfurt/M. und New York.

Keller, Patrick 2008: Neokonservatismus und amerikanische Außenpolitik. Ideen, Krieg und Strategie von Ronald Reagan bis George W. Bush, Paderborn.

Kennan, George F. 1952: Amerikanische Außenpolitik 1900-1950, Zürich.

Kennedy, Paul 1989: Aufstieg und Fall der großen Mächte. Ökonomischer Wandel und militärischer Konflikt von 1500 bis 2000, Frankfurt/M.

Keohane, Robert O. (Hrsg.) 1989: International Institutions and State Power: Essays in International Relations Theory, Boulder, San Francisco und London.

Keohane, Robert O. (Hrsg.) 1986: Neorealism and Its Critics, New York.

Keohane, Robert O. 1988: International Institutions: Two Approaches, in: International Studies Quarterly, 32. Jg., S. 379-396.

Keohane, Robert O., und Lisa L. Martin 1995: The Promise of Institutionalist Theory, in: International Security, 20. Jg., S. 39-51.

Keohane, Robert O., und Helen V. Milner (Hrsg.) 1996: Internationalization and Domestic Politics, Cambridge.

Keohane, Robert O., und Joseph S. Nye 1977: Power and Interdependence: World Politics in Transition, Boston und Toronto.
Kerr, David 1995: The New Eurasianism: The Rise of Geopolitics in Russia's Foreign Policy, in: Europe-Asia Studies, 47. Jg., S. 977-988.
Kevenhörster, Paul 1998: Grundzüge der japanischen Außenpolitik. Akteure und Instrumente, in: Manfred Pohl und Hans-Jürgen Mayer (Hrsg.), Länderbericht Japan. Geografie, Geschichte, Politik, Wirtschaft, Gesellschaft, Kultur, 2. Aufl., Bonn, S. 144-163.
Khadiagala, Gilbert M. (Hrsg.) 2006: Security Dynamics in Africa's Great Lakes' Region, London.
Kharkhordin, Oleg 1998: Civil Society and Orthodox Christianity, in: Europe-Asia Studies, 51. Jg., S. 949-968.
Kirkpatrick, Jeane J. 1980: Dictatorships & Double Standards, Washington, D.C.
Kissinger, Henry A. 1962: Das Gleichgewicht der Großmächte. Metternich, Castlereagh und die Neuordnung Europas 1812-1822, Düsseldorf und Wien.
Kjellen, Rudolf 1915: Die Großmächte der Gegenwart, Leipzig und Berlin.
Klaff, René 1998: Hintergründe und Auswirkungen der Atompolitik in Südasien, in: Zeitschrift für Politikwissenschaft, 8. Jg., S. 1005-1031.
Knapp, Manfred 2004: Die Rolle der Vereinten Nationen in den internationalen Beziehungen, in: Manfred Knapp und Gert Krell (Hrsg.), Einführung in die internationale Politik. Ein Studienbuch, 3. Aufl., München, S. 476-504.
Knapp, Manfred 1993: Europäische Sicherheit in der bipolaren Welt der Nachkriegszeit, in: Cord Jakobeit und Alparslan Yenal (Hrsg.), Gesamteuropa. Analysen, Probleme und Entwicklungsperspektiven, Opladen, S. 79-97.
Knapp, Manfred, und Gert Krell (Hrsg.) 2004: Einführung in die internationale Politik. Ein Studienbuch, 4. Aufl., München.
Kohler-Koch, Beate 2000: Internationale Beziehungen/Internationale Politik, in: Everhard Holtmann (Hrsg.), Politik-Lexikon, 3. Aufl., München, S.279-282.
Koslowski, Rey, und Friedrich Kratochwil 1994: Understanding Change in International Politics: The Soviet Empire's Demise and the International System, in: International Organization, 48. Jg., S. 215-247.
Krasner, Stephen D. 1999: Sovereignty: Organized Hypocrisy, Princeton.
Krasner, Stephen D. 1995/96: Compromising Westphalia, in: International Security, 20. Jg., S. 115-151.
Krasner, Stephen D. 1993: Westphalia and All That, in: Judith Goldstein und Robert O. Keohane (Hrsg.), Ideas and Foreign Policy: Beliefs, Institutions, and Political Chance, Ithaca und London, S. 235-264.
Krasner, Stephen D. 1992: Realism, Imperialism, and Democracy, in: Political Theory, 20. Jg., S. 38-52.
Krasner, Stephen D. 1988: Sovereignty: An Institutional Perspective, in: Comparative Political Studies, 21. Jg., S. 66-94.
Krasner, Stephen D. 1985: Structural Conflict: The Third World against Global Liberalism, Berkeley, Los Angeles und London.
Krasnov, Gregory V., und Josef C. Brada 1997: Implicit Subsidies in Russian-Ukrainian Energy Trade, in: Europe-Asia Studies, 49. Jg., S. 825-843.

Krell, Gert 2004: Weltbilder und Weltordnung. Einführung in die Theorie der internationalen Beziehungen, 3. Aufl., Baden-Baden.
Kupchan, Charles A. 1999: After Pax Americana: Benign Power, Regional Integration, and the Sources of Stable Multipolarity, in: International Security, 23. Jg., S. 40-79.
Kurtenbach, Sabine, Klaus Bodemer und Detlef Nolte (Hrsg.) 2000: Sicherheitspolitik in Lateinamerika. Vom Konflikt zur Kooperation, Opladen.
Lapid, Yosef, und Friedrich Kratochwil (Hrsg.) 1996: The Return of Culture and Identity in IR Theory, London.
Lawson, Stephanie 1993: Conceptual Issues in the Comparative Study of Regime Change and Democratization, in: Comparative Politics, 25. Jg., S. 183-205.
Layne, Christopher 1993: The Unipolar Illusion: Why New Great Powers Will Arise, in: International Security, 18. Jg., S. 5-51.
Legro, Jeffrey W. 2000: Whence American Internationalism?, in: International Organization, 54. Jg., S. 253-289.
Legro, Jeffrey 1996: Culture and Preferences in the International Cooperation Two-Step, in: American Political Science Review, 90. Jg., S. 118-137.
Lemarchand, René 1999: Fire in the Great Lakes, in: Current History, 98. Jg., S. 195-201.
Lenin, Wladimir I. 1971 (Erstausg. 1917): Marxismus-Leninismus. Grundsätzliches aus Schriften und Reden, Berlin (DDR).
Lepgold, Joseph 1998: Is Anyone Listening? International Relations Theory and the Problem of Relevance, in: Political Science Quarterly, 113. Jg., S. 43-62.
Lewis, Bernard 1994: Der Atem Allahs. Die islamische Welt und der Westen – Kampf der Kulturen?, Wien und München.
Li, Xing 200: The Conundrum of the Chinese-United States Relationship, in: Journal of International Relations and Development, 3. Jg., S. 325-346.
Link, Werner 1998: Die Neuordnung der Weltpolitik. Grundprobleme globaler Politik an der Schwelle zum 21. Jahrhundert, 2. Aufl., München.
Linklater, Andrew, und Hidemi Suganami 2006: The English School of International Relations: A Contemporary Assessment, Cambridge.
Lipset, Seymour M. 1996: American Exceptionalism: A Double-Edged Sword, New York und London.
Lipset, Seymour M. 1990: Continental Divide: The Values and Institutions of the United States and Canada, London und New York.
Lipson, Charles 1985: Bankers' Dilemma: Private Cooperation in Rescheduling Sovereign Debts, in: World Politics, 38. Jg., S. 200-225.
Lipson, Charles 1984: International Cooperation in Economic and Security Affairs, in: World Politics, 37. Jg., S. 1-23.
List, Martin 1999: Baustelle Europa. Einführung in die Analyse europäischer Kooperation und Integration, Opladen.
List, Martin, Wolfgang Behrens, Maria Reichardt, und Georg Simonis 1995: Internationale Politik. Probleme und Grundbegriffe, Opladen.
Locke, John 1989 (Erstersch. 1690): Zwei Abhandlungen über die Regierung, hrsg. u. eingel. von Walter Euchner, Frankfurt/M.
Lukyanov, Fyodor 2008: Russia-EU: The Partnership That Went Astray, in: Europe-Asia Studies, 60. Jg., S. 1107-1119.

Maaß, Citha D. 1995: Die Außenpolitik, in: Dieter Rothermund (Hrsg.), Indien. Kultur, Geschichte, Politik, Wirtschaft, Umwelt, München, S. 450-471.
Machiavelli, Niccoló 1963 (Erstausg. 1532): Der Fürst, übers. u. eingel. von Rudolf Zorn, Stuttgart.
Malfliet, Katlijn, und Ria Laenen (Hrsg.) 2007: Elusive Russia: Current Developments in Russian State Identity and Institutional Reform under President Putin, Leuven.
Malone, David M. 2007: Security Council, in: Thomas G. Weiss und Sam Daws (Hrsg.): The Oxford Handbook on the United Nations, Oxford und New York, S. 117-135.
Mansilla, H. C. F. 2000: Die lateinamerikanische Identität im Zeitalter der Globalisierung: Ethnokulturelle Fragen und internationale Beziehungen, in: Zeitschrift für Politikwissenschaft, 10. Jg., S. 101-121.
Marshall, Katherine 2008: The World Bank: From Reconstruction to Equity, London und New York.
Matthies, Volker 1995: Regionale Anarchie als globales Problem, in: Karl Kaiser und Hans-Peter Schwarz (Hrsg.), Die neue Weltpolitik, Bonn, S. 166-176.
Mattli, Walter 1999: The Logic of Regional Integration: Europe and Beyond, Cambridge.
Maul, Heinz Eberhard 1998: Sicherheitspolitik und Streitkräfte, in: Manfred Pohl und Hans Jürgen Mayer (Hrsg.), Länderbericht Japan. Geografie, Geschichte, Politik, Wirtschaft, Gesellschaft, Kultur, 2. Aufl., Bonn, S. 155-163.
May, Bernhard 1995: Die neuen Herausforderungen für den Freihandel, in: Karl Kaiser und Hans-Peter Schwarz (Hrsg.), Die neue Weltpolitik, Bonn, S. 236-246.
Mayer, Hans Jürgen 1998: Japan und die USA: Eine Partnerschaft mit Haken und Ösen, in: Manfred Pohl und Hans Jürger Mayer (Hrsg.), Länderbericht Japan: Geografie, Geschichte, Politik und Wirtschaft, Kultur, 2. Aufl., Bonn, S. 184-207.
McCalla 1996: NATO's Persistence after the Cold War, in: International Organization, 50. Jg., S. 445-475.
McDougall, Derek 2007: Asia Pacific in World Politics, Boulder und London.
McNeill, William H. 1984: Krieg und Macht. Militär, Wirtschaft und Gesellschaft vom Altertum bis heute, München.
Mearsheimer, John J. 2001: The Tragedy of Great Power Politics, New York und London.
Mearsheimer, John J. 1994/95: The False Promise of International Institutions, in: International Security, 19. Jg., S. 5-49.
Medick-Krakau, Monika 1995: Amerikanische Außenhandelspolitik im Wandel. Handelsgesetzgebung und GATT-Politik 1945-1988, Berlin.
Mendras, Marie 2007: Authority and Identity in Russia: in Katlijn Malfliet und Ria Laenen (Hrsg.), Elusive Russia: Current Developments in Russian State Identity and Institutional Reform under President Putin, Leuven, S. 13-31.
Menzel, Ulrich 2001: Zwischen Idealismus und Realismus. Die Lehre von den Internationalen Beziehungen, Frankfurt/M.
Mercer, Jonathan 2005: Rationality and Psychology in International Politics, in: International Organization, 59. Jg., S. 77-106.
Merkel, Wolfgang, und Andreas Busch (Hrsg.) 1999: Demokratie in Ost und West. Für Klaus von Beyme, Frankfurt/M.

Meyers, Reinhard 2005: Internationale Beziehungen/Internationale Politik, in: Dieter Nohlen und Rainer-Olaf Schulze (Hrsg.), Lexikon der Politik, Bd.1, 3. Aufl., München, S. 402-412.

Meyers, Reinhard 1990: Metatheoretische und methodologische Betrachtungen zur Theorie der internationalen Beziehungen, in: Volker Rittberger (Hrsg.), Theorien der internationalen Beziehungen. Bestandsaufnahme und Forschungsperspektiven, Politische Vierteljahresschrift, 31. Jg., Sonderheft 21, Opladen, S. 48-68.

Migdal, Joel S. 1988: Strong Societies and Weak States: State-Society Relations and State Capabilities in the Third World, Princeton.

Milner, Helen V. 1993: The Assumption of Anarchy in International Relations Theory: A Critique, in: David A. Baldwin (Hrsg.), Neorealism and Neoliberalism: The Contemporary Debate, New York, S. 143-169.

Milner, Helen V., und Keohane, Robert O. 1996: Internationalization and Domestic Politics: An Introduction, in: Robert O. Keohane und Helen V. Milner (Hrsg.), Internationalization and Domestic Politics, New York und Melbourne, S. 3-24.

Minkenberg, Michael 1999: Zwischen Weltpolitik und Innenpolitik: Die amerikanisch-chinesischen Beziehungen nach dem Kalten Krieg, in: Zeitschrift für Politikwissenschaft, 9. Jg., S. 73-100.

Mitrany, David 1948: The Functional Approach to World Organization, in: International Affairs, 24. Jg., S. 350-363.

Mitrany, David 1933: The Progress of International Government, London.

Mols, Manfred 1997: Regionalismus im asiatisch-pazifischen Raum, in: Zeitschrift für Politikwissenschaft, 7. Jg., S. 1043-1066.

Mols, Manfred 1996: Integration und Kooperation in zwei Kontinenten. Das Streben nach Einheit in Lateinamerika und Südostasien, Stuttgart.

Mommsen, Margareta 1999: Das „System Jelzin" – Struktur und Funktionsweise des russischen „Superpräsidentialismus", in: Wolfgang Merkel und Andreas Busch (Hrsg.), Demokratie in Ost und West. Für Klaus von Beyme, Frankfurt/M., S. 290-309.

Monten, Jonathan 2005: The Roots of the Bush-Doctrine: Power, Nationalism, and Democracy Promotion in U.S.Strategy, in: International Security, 29. Jg., S. 112-156.

Moravcsik, Andrew 2002: In Defence of the „Democratic Deficit": Reassessing Legitimacy in the European Union, in: Journal of Common Market Studies, 40. Jg., S. 603-624.

Moravcsik, Andrew 1999: A New Statecraft; Supranational Entrepreneurs and International Cooperation, in: International Organization, 53. Jg., S. 267-306.

Moravcsik, Andrew 1993: Preferences and Power in the European Community: A Liberal Intergovernmentalist Approach, in: Journal of Common Market Studies, 31. Jg., S. 473-524.

Moravcsik, Andrew 1991: Negotiating the Single European Act; National Interests and Conventional Statecraft in the European Community, in: International Organization, 45. Jg., S. 19-56.

Morgenthau, Hans J. 1963 (Erstausg. 1948): Macht und Frieden. Grundlegung einer Theorie der internationalen Politik (Originaltitel: Politics among Nations), Gütersloh.

Motyl, Alexander J. 1999: Why Empires Reemerge: Imperial Collapse and Imperial Revival in Comparative Perspective, in: Comparative Politics, 32. Jg., S. 127-145.
Motyl, Alexander J. 1997: Structural Constraints and Starting Points: The Logic of System Change in Ukraine and Russia, in: Comparative Politics, 30. Jg., S. 433-447.
Möller, Kay 2005: Die Außenpolitik der Volksrepublik China 1949-2004, Wiesbaden.
Müller, Harald 1993: Die Chance der Kooperation. Regime in den internationalen Beziehungen, Darmstadt.
Nasr, Vali R. 2006: The Shia Revival: How Conflicts within Islam Will Shape the Future, New York.
Nasr, Vali R. 2000: International Politics, Domestic Imperatives, and Identity Mobilization, in: Comparative Politics, 32. Jg., S. 171-190.
Neher, Clark D., und Marley Ross 1995: Democracy and Development in Southeast Asia, Boulder.
Nettl, J. P. 1967/68: The State as a Conceptual Variable, in: World Politics, 20. Jg., S. 559-592.
Neuman, Stephanie G. (Hrsg.) 1998: International Relations Theory and the Third World, Houndmills und London.
Niebuhr, Reinhold 1960: The Children of Light and the Children of Darkness; A Vindication of Democracy and a Critique of Its Traditional Defence, New York.
Nordlinger, Eric A. 1995: Isolationism Reconsidered: American Foreign Policy for a New Century, Princeton.
Nordlinger, Eric A. 1981: On the Autonomy of the Democratic State, Cambridge und London.
North, Douglas 1990: Institutional Change and Economic Performance, Cambridge. Nye, Joseph S. 2004: Soft Power: The Means to Success in World Politics, New York.
Nugent, Neill 2001: The European Commission, Houndmills und New York.
Nye, Joseph S. 2004: Soft Power: The Means to Success in World Politics, New York.
Nye, Joseph S. 2002: The Paradox of American Power: Why the World's Only Superpower Cant't Go It Alone, Oxford.
Nye, Joseph S. 1999: Redefining the National Interest, in: Foreign Affairs, 78. Jg., S. 22-36.
Nye, Joseph S. 1990: Bound to Lead: The Changing Nature of American Power, New York.
Oelsner, Andrea 2005: International Relations in Latin America: Peace and Security in the Southern Cone, New York und London.
Okruhlik, Gwenn 1999: Rentier Wealth, Unruly Law, and the Rise of Opposition, in: Comparative Politics, 31. Jg., S. 295-315.
Olcott, Martha Brill 1995: Central Asia: The Calculus of Independence, in: Current History, 94. Jg., S. 337-342.
Opalally, Deepa Mary 1993: Confronting Conflict: Domestic Factors and U.S. Policymaking in the Third World, Westport und London.
Oye, Kenneth A. (Hrsg.) 1986: Cooperation under Anarchy, Princeton.
Parish, Randall R. 2006: Democrats, Dictators, and Cooperation: The Transformation of Argentine-Chilean Relations, in: Latin American Politics and Society, 48. Jg., Nr.1, S. 143-174.

Parsons, Talcott 1953: The Social System, New York und London.
Pawelka, Peter 1993: Der Vordere Orient und die internationale Politik, Stuttgart.
Payne, Richard J. 1995: The Clash with Distant Cultures: Values, Interests, and Force in American Foreign Policy, Albany.
Peet, Richard 2008: The World Trade Organization, in: International Political Economy, 3. Jg., S. 13-48.
Peet, Richard 2003: Unholy Trinity: The IMF, World Bank and WTO, London und New York.
Pempel, T. J. (Hrsg.) 1999: The Politics of the Asian Economic Crisis, Ithaca und London.
Pempel, T. J. 1997: Japan and the Emerging Asian Regionalism, in: Peter J. Katzenstein und Takashi Shiraishi (Hrsg.), Network Power: Japan and Asia, Ithaca und London, S. 47-82.
Perthes, Volker 2008: Iran – Eine politische Herausforderung, Frankfurt/M.
Perthes, Volker 1990: Politik und Gesellschaft in Syrien 1970-1989, Hamburg.
Peterson, John, und Bromberg, Elizabeth (Hrsg.) 1999: Decision-Making in the European Union, Houndmills und London.
Philpott, Daniel 2000: The Religious Roots of Modern International Relations, in: World Politics, 52. Jg., S. 206-245.
Philpott, Daniel 1999: Westphalia, Authority, and International Society, in: Politcal Science, 47. Jg., S. 566-589.
Pillath, Carsten Hermann, und Michael Lackner (Hrsg.) 1998: Länderbericht China. Politik, Wirtschaft und Gesellschaft im chinesischen Kulturraum, Bonn.
Pohl, Manfred, und Hans-Jürgen Mayer (Hrsg.) 1998: Länderbericht Japan. Geografie, Geschichte, Politik, Wirtschaft, Kultur, 2. Aufl., Bonn.
Popper, Karl 1973: Objektive Erkenntnis. Ein evolutionärer Entwurf, Hamburg.
Putnam, Robert D. 1988: Diplomacy and Domestic Politics: The Logic of Two-Level Games, in: International Organization, 42. Jg., S. 427-460.
Rangsimaporn, Paradorn 2006: Interpretations of Eurasianism: Justifying Russia's Role in East Asia, in: Europe-Asia Studies, 58. Jg., S. 371-389.
Reed, Steven R. 1993. Making Common Sense of Japan, Pittsburgh und London.
Ricci, David M. 1984: The Tragedy of Political Science: Politics, Scholarship, and Democracy, New Haven und London.
Rittberger, Volker 1994: Internationale Organisationen. Politik und Geschichte, Opladen.
Rittberger, Volker (Hrsg.) 1990: Theorien der Internationalen Beziehungen. Bestandsaufnahme und Forschungsperspektiven, Politische Vierteljahresschrift, 31. Jg., Sonderheft 21, Opladen.
Rivarola, Andrés 2007: Global Shift: The UN System and the New Regionalism in Latin America, in: Latin American Politics and Society, 49. Jg., Nr. 1, S. 89-112.
Rivera, Sharon Werning 2000: Elites in Post-communist Russia: A Changing of the Guard?, in: Europe-Asia-Studies, 52. Jg., S. 413-432.
Robinson, Thomas W., und Shambaugh, David (Hrsg.) 1994: Chinese Foreign Policy: Theory and Practice, Oxford.
Rosecrance, Richard 1987: Der neue Handelsstaat. Herausforderungen für Politik und Wirtschaft, Frankfurt/M. und New York.

Rosenau, James N. 1997: Along the Domestic-Foreign Frontier: Exploring Governance in a Turbulent World, Cambridge.
Rosenau, James W. (Hrsg.) 1967: Domestic Sources of Foreign Policy, London.
Rotberg, Robert I. 2004: The Failure and Collapse of Nation States, in: Robert I. Rotberg (Hrsg.), When States Fail: Causes and Consequences, Princeton und Oxford, S. 1-45.
Rothermund, Dieter (Hrsg.) 1995: Indien. Kultur, Geschichte, Politik, Wirtschaft, Umwelt, München.
Ruggie, John Gerard (Hrsg.) 1998: Constructing the World Polity: Essays in International Institutionalization, London und New York.
Ruggie, John Gerard 1996: Winning the Peace: America and World Order in the New Era, New York.
Ruggie, John Gerard (Hrsg.) 1993: Multilateralism Matters: The Theory and Practice of an Institutional Form, New York.
Ruggie, John Gerard 1992: Multilateralism: The Anatomy of an Institution, in: International Organization, 46. Jg., S. 562-598.
Ruloff, Dieter 1999: Kompatibilitätsprobleme internationaler Regime, in: Thomas Bernauer und Dieter Ruloff (Hrsg.), Handel und Umwelt. Zur Frage der Kompatibilität internationaler Regime, Opladen, S. 13-40.
Rumer, Eugene B. 2007: Russian Foreign Policy Beyond Putin, London.
Rutland, Peter 1999: Moscow Casts a Long Shadow, in: Transitions, 6. Jg., March edn., S. 27-31.
Sakwa, Richard, und Mark Webber 1999: The Commonwealth of Independent States, 1991-1998: Stagnation and Survival, in: Europe-Asia Studies, 51. Jg., S. 379-415.
Samuels, Richard J. 1994: „Rich Nation, Strong Army": National Security and the Technological Transformation of Japan, Ithaca und London.
Sánchez-Andrés, Antonio 2000: Restructuring the Defence Industry and Arms Production in Russia, in: Europe-Asia Studies, 52. Jg., S. 897-914.
Sangmeister, Hartmut 1994: Auf dem Weg in den Weltmarkt: Regionale Wirtschaftsintegration im Cono Sur, in: Detlef Junker, Dieter Nohlen und Hartmut Sangmeister (Hrsg.), Cambridge und New York.
Sartori, Giovanni 1976: Parties and Party Systems: A Framework for Analysis, Cambridge.
Schecter, Jerrold L. 1998: Russian Negotiating Behavior: Continuity and Transition, Washington, C.D.
Schieder, Siegfried 2006: Neuer Liberalismus, in: Siegfried Schieder und Manuela Spindler (Hrsg.) 2006: Theorien der Internationalen Beziehungen, 2. Aufl., Wiesbaden, S.169-198.
Schieder, Siegfried, und Manuela Spindler (Hrsg.) 2006: Theorien der Internationalen Beziehungen, 2. Aufl., Wiesbaden.
Schlichte, Klaus 1998: La Francafrique – Postkolonialer Habitus und Klientelismus in der französischen Afrikapolitik, in: Zeitschrift für Internationale Beziehungen, 5. Jg., S. 309-343.

Schraeder, Peter J. 2007: African International Relations, in: April A. Gordon und Donald A. Gordon (Hrsg.), Understanding Contemporary Africa, 4. Aufl., Boulder und London, S. 155-202.

Schrieberg, David 1997: Dateline Latin America: The Growing Fury, in: Foreign Policy, Spring, S. 161-175.

Schröder, Hans-Henning 1999: El'tsin and the Oligarchs: The Role of Financial Groups in Russian Politics between 1993 and July 1997, in: Europe-Asia Studies, 51. Jg., S. 957-988.

Schröder, Hans-Henning 1995: Sowjetische Rüstungs- und Sicherheitspolitik zwischen „Stagnation" und „Perestroika". Eine Untersuchung der Wechselbeziehungen von auswärtiger Politik und innerem Wandel in der UdSSR (1979-1991), Baden-Baden.

Schroeder, Paul 1994: Historical Reality vs. Neo-Realist Theory, in: International Security, 19. Jg., S. 108-148.

Schwartz, Herman 1994: Small States in Big Trouble: State Reorganization in Australia, Denmark, New Zealand and Sweden in the 1980s, in: World Politics, 46. Jg., S. 527-555.

Schwarz, Hans-Peter 1994: Die Zentralmacht Europas. Deutschlands Rückkehr auf die Weltbühne, Berlin.

Segal, Gerald 1999: Does China Matter?, in: Foreign Affairs, 78. Jg., S. 24-36.

Seidelmann, Reimund 2005: Außenpolitik, in: Dieter Nohlen und Rainer-Olaf Schulze (Hrsg.), Lexikon der Politik, Bd.1, 3. Aufl., München, S. 44-47.

Senghaas, Dieter (Hrsg.) 1972: Imperialismus und strukturelle Gewalt. Analysen über abhängige Reproduktion, Frankfurt/M.

Shain, Yossi 1995: Ethnic Diasporas and the U.S. Foreign Policy, Political Science Quarterly, 109. Jg., S. 811-841.

Shambaugh, David 2005a: Return to the Middle Kingdom? China and Asia in the Early Twenty-First Century, in: David Shambaugh (Hrsg.), Power Shift: China and Asia's New Dynamic, Los Angeles und London, S. 23-47.

Shambaugh, David (Hrsg.) 2005b: Power Shift: China and Asia's New Dynamic, Los Angeles und London.

Shambaugh, David 2004/2005: China Engages East Asia: Reshaping the Regional Order, in: International Security, 29. Jg., S. 64-99.

Shambaugh, David 1999/2000: China's Military Views the World, in: International Security, 24. Jg., S. 52-79.

Shambaugh, David 1996: China and Japan towards the Twenty-First Century: Rivals for Pre-Eminence or Complex Interdependence?, in: Christopher Howe (Hrsg.), China and Japan: History, Trends and Prospects, Oxford, S. 83-97.

Shambayati, Hootan 1994: The Rentier State, Interest Groups, and the Paradox of Autonomy: State and Business in Turkey and Iran, in: Comparative Politics, 26. Jg., S. 307-332.

Shaw, Carolyn 2004: Cooperation, Conflict and Consensus in the Organization of American States, Houndmills und New York.

Shepsle, Kenneth A. 1989: Studying Institutions: Some Lessons from the Rational Choice Approach, in: Journal of Theoretical Politics, 1. Jg., S. 131-147.

Shevtsova, Lilia 2006: Russia's Ersatz Democracy, in: Current History, 105. Jg., S. 307-314,
Shiraishi, Takashi 1997: Japan and Southeast Asia, in: Peter J. Katzenstein und Takashi Shiraishi (Hrsg.), Network Power: Japan and Asia, Ithaca und London, S. 169-194.
Shlapentokh, Vladimir 2007: China in the Russian Mind Today: Ambivalence and Defeatism, in: Europe-Asia Studies, 59. Jg., S. 1-21.
Shlapentokh, Vladimir 1995: Russia, China, and the Far East, in: Communist and Post-Communist Studies, 28. Jg., S. 307-318.
Shoch, James 2000: Contesting Globalization: Organized Labor, NAFTA, and the 1997 and 1998 Fast-Track Fights, in: Politics & Society, 28. Jg., S. 119-150.
Shore, Sean M. 1998: No Fences Make Good Neighbors: The Development of the Canadian-US Security Community, 1871-1940, in: Emanuel Adler und Michael Barnett (Hrsg.), Security Communities, Cambridge und Melbourne, S. 33-367.
Simon, Herbert A. 1987: Rationality in Psychology and Economics, in: Robin M. Hogarth und Melvin W. Reder (Hrsg.), The Contrast between Economics and Psychology, Chicago und London, S. 25-40.
Simon, Herbert 1985: Human Nature in Politics: The Dialogue of Psychology with Political Science, in: American Political Science Review, 79. Jg., S. 293-304.
Singh, Hari 2000: Hegemons and the Construction of Regions, in: Sarah Owen Vanderluis (Hrsg.), The State and Identity Construction in International Relations, Houndmills und London, S. 129-154.
Smith, Peter A. 2000: Talons of the Eagle: Dynamics of U.S.-Latin American Relations, 2. Aufl., New York und Oxford.
Snidal, Duncan 1986: The Game Theory of International Politics, in: Kenneth A. Oye (Hrsg.), Cooperation under Anarchy, Princeton, S. 25-57.
Snyder, Glenn H. 2002: Mearsheimer's World: Offensive Realism and the Struggle for Security, in: International Security, 27. Jg., S. 149-173.
Snyder, Richard N., H. W. Bruck und Burton Sapin 1962: Foreign Policy Decision-Making, New York.
Solingen, Etel 2008: The Genesis, Design and Effects of Regional Institutions: Lessons from East Asia and the Middle East, in: International Studies Quarterly, 52. Jg., S. 261-294.
Somit, Albert, und Joseph Tanenhaus 1967: The Development of American Political Science. From Burgess to Behavioralism, Boston.
Sørensen, Georg 2008: The Case for Combining Material Forces and Ideas in the Study of IR, in: European Journal of International Relations, 14. Jg., S. 5-32.
Sorensen, Theodore C. 1994: Foreign Policy in a Presidential Democracy, in: Political Science Quarterly, 109. Jg., S. 515-528.
Staiger, Brunhild (Hrsg.) 2000: Länderbericht China. Geschichte, Politik, Wirtschaft, Gesellschaft, Kultur, Darmstadt.
Stavenhagen, Rudolfo 1997. Peoples' Movements: The Anti-Systemic Challenge, in: Robert W. Cox (Hrsg.), The New Realism: Perspectives on Multilateralism and World Order, Tokyo, New York und Paris, S. 20-37.
Stent, Angela E. 2008: Restoration and Revolution in Putin's Foreign Policy, in: Europe-Asia Studies, 60. Jg., S. 1089-1106.

Stockton, Paul 1995: Beyond Micromanagement: Congressional Budgeting for a Post-Cold War Military, in: Political Science Quarterly, 110. Jg., S. 233-259.
Strange, Susan 1997a: Casino Capitalism, Manchester und New York.
Strange, Susan 1997b: Territory, State, Authority and Economy: A Realist Ontology of Global Political Economy, in: Richard W. Cox (Hrsg.), The New Realism: Perspectives on Multilateralism and World Order, Tokyo, New York und Paris, S. 3-19.
Stubbs, Richard 2002: ASEAN plus Three: Emerging East Asian Regionalism? Asian Survey, 42. Jg., S. 440-445.
Stubbs, Richard 1999: War and Economic Development: Export-orientied Industrialization in East and Southeast Asias, in: Comparative Politics, 32. Jg., S. 337-355.
Sugita, Atsushi 2006: Janus at Large: Neo-Liberalism and Statism in Contemporary Japan, in: Glenn D. Hook und Harukiyu Hasegawa (Hrsg.), Japanese Responses to Globalization: Politics, Security, Economics and Business, Houndmills und New York, S. 19-34.
Takahashi, Yoshiaki 2006: Globalization of Japanese and East Asian Enterprises: Towards an Economic Integration in East Asia, in: Glenn D. Hook und Harukiyu Hasegawa (Hrsg.), Japanese Responses to Globalization: Politics, Security, Economics and Business, Houndmills und New York, S. 230-253.
Taliaferro, Jeffrey W. 2000/2001: Security Seeking under Anarchy, in: International Security, 25. Jg., S. 128-161.
Tetzlaff, Rainer 2000: „Failing States" in Afrika. Kunstprodukte aus der Kolonialzeit und europäische Verantwortung, in: Internationale Politik, 55. Jg., S. 8-16.
Tetzlaff, Rainer 1995: Die Dekolonisation und das neue Staatensystem, in; Karl Kaiser und Hans-Peter Schwarz (Hrsg.), Die neue Weltpolitik, Baden-Baden, S. 34-55.
Tetzlaff, Rainer, und Cord Jakobeit 2005: Das nachkoloniale Afrika. Politik-Wirtschaft-Gesellschaft, Wiesbaden.
Thacker, Strom C. 1999: The High Politics of IMF Lending, in: World Politics, 52. Jg., S. 38-75.
Tibi, Bassam 1992: Islamischer Fundamentalismus, moderne Wissenschaft und Technologie, Frankfurt/M.
Tilly, Charles 1992: Coercion, Capital, and European States: AD 990-1992, Cambridge and Oxford.
Tishkov, Valery 1997: Ethnicity, Nationalism and Conflict in and after the Soviet Union, London, Thousand Oaks and New Delhi.
Treisman, Daniel 1998: Dollars and Democratization: The Power of Money in Russia's Transnational Elections, in: Comparative Politics, 31. Jg., S. 1-22.
Tsebelis, George 1990: Nested Games: Rational choice in Comparative Politics, Berkeley, Los Angeles und Oxford.
Tuozzo, Maria Fernanda 2004: World Bank, Governance Reforms and Democracy in Argentina, in: Bulletin of Latin American Research, 23. Jg., S. 100-118.
Tussie, Diana, und Ignacio Labaqui 2005: The Free Trade Area of the Americas: The Hunt for the Hemispheric Grand Bargain, in: Louise Fawcett und Monica Serrano (Hrsg.), Regionalism and Governance in the Americas' Continental Drift, Houndmills und New York, S. 69-92.

Vandersluis, Sarah Owen (Hrsg.) 2000: The State and Idenity Construction in International Relations, Houndmills und London.
Varwick, Johannes, und Wichard Woyke 2000: Die Zukunft der NATO. Transatlantische Sicherheit im Wandel, Opladen.
Volle, Angelika 1998: Der mühsame Weg Großbritanniens nach Europa, in: Hans Kastendiek, Karl Rohe und Angelika Volle (Hrsg.), Länderbericht Großbritannien, Frankfurt/M. und New York, S. 459-475.
Vreeland, James Raymond 2007: The International Monetary Fund: Politics of Conditional Lending, London und New York.
Wagner, R. Harrison 1993: What Was Bipolarity?, in: International Organization, 47. Jg., S. 77-106.
Wallace; Helen 1985: Negotiations and Coalition Formation in the European Community, in: Government and Opposition, 20. Jg., S. 453-472.
Wallerstein, Immanuel 1988: The Modern World System, Vol. 3: The Second Era of Great Expansion of the Capitalist World Economy, New York.
Wallerstein, Immanuel 1980: The Modern World System, Vol. 2. Mercantilism and the Consolidation of the European World-Economy, New York.
Wallerstein, Immanuel 1974: The Modern World System, Vol. 1: Capitalist Agriculture and the Origins of the European World-Economy in the Sixteenth Century, New York 1974.
Walt, Stephen D. 1987: The Origins of Alliances, Ithaca und London.
Walter, Jochen 2005: Politik als System? Systembegriffe und Systemmetaphern in der Politikwissenschaft und in den Internationalen Beziehungen, in: Zeitschrift für Internationale Beziehungen, 12. Jg., S. 275-300.
Waltz, Kenneth N. 1993: The Emerging Structure of International Politics, in: International Security, 18. Jg., S. 44-79.
Waltz, Kenneth N. 1990: Realist Thought and Neorealist Theory, in: Journal of International Affairs, 44. Jg., S. 21-37.
Waltz, Kenneth N. 1979: Theory of International Politics, Reading.
Waltz, Kenneth N. 1959: Man, the State and War: A Theoretical Analysis, New York und London.
Weber, Max 1976: Soziologische Grundbegriffe, Tübingen.
Weggel, Oskar 1996 (Erstausg. 1922): Das nachrevolutionäre China. Mit konfuzianischen Spielregeln ins 21. Jahrhundert, Hamburg.
Wehler, Hans-Ulrich 1984: Grundzüge der amerikanischen Außenpolitik 1750-1900, Frankfurt/M.
Wellons, Philip A. 1986: International Debt: The Behavior of Banks in a Politicized Environment, in: Miles Kahler (Hrsg.), The Politics of International Debt, Ithaca und London, S. 95-126.
Wendt, Alexander 2006: Social Theory of International Politics, 11. Neudruck, Cambridge und New York.
Wendt, Alexander 1995: Constructing International Politics, in: International Security, 20. Jg., S. 71-81.
Wendt, Alexander 1994: Collective Identity Formation and the International State, in: American Political Science Review, 88. Jg., S. 384-396.

Wendt, Alexander 1992: Anarchy Is what States Make of It: The Social Construction of Power Politics, in: International Organization, 46. Jg., S. 391-425.
Wendt, Alexander 1987: The Agent-Structure Problem in International Relations Theory, in: International Organization, 41. Jg., S. 335-370.
White, Stephen 2000: Russia, Elections, Democracy, in: Government and Opposition, 35. Jg., S. 302-325.
Wight, Martin 1966: Why Is There no International Theory, in: Martin Wight und Herbert Butterfield (Hrsg.), Essays in the Theory of International Relations, London, S.1-33.
Wight, Martin, und Hedley Bull (Hrsg.) 1977: Systems of States, Leicester.
Wildavsky, Aaron 1987: Choosing Preferences by Constructing Institutions: A Cultural Theoryd of Preference Formation, in: American Political Science Review, 81. Jg., S. 3-21.
Williams, Michael C. 1996: Hobbes and International Relations, A Reconsideration, in: International Organization, S. 213-236.
Wilzewski, Jürgen 1999: Triumph der Legislative. Zum Wandel der amerikanischen Sicherheitspolitik 1981-1991, Frankfurt/M. und New York.
Windfuhr, Michael 1999: Der Einfluss von NGOs auf die Demokratie, in: Wolfgang Merkel und Andreas Busch (Hrsg.), Demokratie in Ost und West. Für Klaus von Beyme, Frankfurt/M., S. 520-548.
Wohlforth, William C. 1994/95: Realism and the End of the Cold War, in: International Security, 19. Jg., S. 91-129.
Wolfers, Arnold 1962: Discord and Collaboration: Essays on International Politics, Baltimore und London.
Wood, Steve, und Wolfgang Quaisser 2008: The New European Union: Confronting the Challenges of Integration, Boulder.
Woodall, Brian 1996: Japan under Construction: Corruption, Politics and Public Works, Berkeley, Los Angeles und Oxford.
Woyke, Wichard 2000a: Außenpolitik, in: Everhard Holtmann (Hrsg.), Politik-Lexikon, 3. Aufl., München, S. 50-53.
Woyke, Wichard 2000b: Die deutsch-französischen Beziehungen seit der Wiedervereinigung. Das Tandem fasst wieder Tritt, Opladen.
Woyke, Wichard 1987: Frankreichs Außenpolitik. Von de Gaulle bis Mitterand, Opladen.
Zakaria, Fareed 1998: From Wealth to Power: The Unusual Origins of America's World Role, Princeton.
Zangl, Bernhard, und Michael Zürn 1994: Theorien des rationalen Handelns in den Internationalen Beziehungen, in: Ulrich Druwe und Volker Kunz (Hrsg.), Rational choice in der Politikwissenschaft. Grundlagen und Anwendungen, Opladen, S. 81-111.
Zangl, Bernhard, und Michael Zürn 1999: Interessen in der internationalen Politik: Der akteursorientierte Institutionalismus als Brücke zwischen interesseorientierten und normorientierten Handlungstheorien, in: Zeitschrift für Politikwissenschaft, 9. Jg., S. 923-950.
Zhao, Quansheng 1995: Japanese Policymaking: Informal Mechanisms and the Making of China Policy, Oxford und New York.

MIX
Papier aus verantwortungsvollen Quellen
Paper from responsible sources
FSC® C105338

If you have any concerns about our products,
you can contact us on
ProductSafety@springernature.com

In case Publisher is established outside the EU,
the EU authorized representative is:
**Springer Nature Customer Service Center GmbH
Europaplatz 3, 69115 Heidelberg, Germany**

Printed by Libri Plureos GmbH
in Hamburg, Germany